教学生活化视阈下
增强地方高校思政课亲和力和
针对性研究

韩中谊 ◎ 著

九州出版社
JIUZHOUPRESS

图书在版编目（CIP）数据

教学生活化视阈下增强地方高校思政课亲和力和针对性研究 / 韩中谊著. -- 北京：九州出版社，2023.10

ISBN 978-7-5225-2227-2

Ⅰ．①教… Ⅱ．①韩… Ⅲ．①地方高校－思想政治教育－研究－中国 Ⅳ．① G641

中国国家版本馆 CIP 数据核字（2023）第 188353 号

教学生活化视阈下增强地方高校思政课亲和力和针对性研究

作　者	韩中谊 著
责任编辑	陈春玲
出版发行	九州出版社
地　址	北京市西城区阜外大街甲35号 （100037）
发行电话	（010）68992190/3/5/6
网　址	www.jiuzhoupress.com
印　刷	湖北金港彩印有限公司
开　本	710毫米×1000毫米　16开
印　张	14.75
字　数	225千字
版　次	2023年10月第1版
印　次	2023年10月第1次印刷
书　号	ISBN 978-7-5225-2227-2
定　价	98.00元

　　本著作系教育部 2020 年度高校思想政治理论课教师研究专项"教学生活化视阈下增强地方高校思政课亲和力和针对性研究"（编号：20JDSZK014）、广东省教育科学规划课题"新时代美好生活观的意识形态功能和作用机制研究"（编号：2022GXJK028）的研究成果。同时，本著作的出版还获得了 2022 年度佛山科学技术学院学术著作出版资助基金的资助。

自　序

国家"十四五"规划纲要指出："推进高等教育分类管理和高等学校综合改革，构建更加多元的高等教育体系。""建设高质量本科教育，推进部分普通本科高校向应用型转变。"[①] 相对于部属高校而言，地方高校是我国高等教育的主体部分。地方高校之中，有些进入"双一流"建设行列，朝着研究型、研究教学型方向发展，也有更多地方高校需要往应用型方向转型，以服务区域经济社会发展为目标，着力为地方培养高素质应用型技术技能型人才。后者还存在本科和专科办学层次。地方应用型普通本科高校主要履行人才培养和教育教学研究的职能，以本科教育为主体，可能具有一定数量的硕士研究生。本书所指的地方高校，如无特别说明，仅仅是指地方应用型普通本科高校（以下简称"地方高校"）。

地方高校思政课改革创新，要以思政课教师素质提升为基本支撑。思政课是落实立德树人根本任务的关键课程，思政课教师责任重大、使命光荣。教育者要先受教育，要让有信仰的人讲信仰。办好思政课关键在教师，关键在发挥教师的积极性、主动性、创造性[②]。在教师素质提升上，思政课教师要按照"六要"标准严格要求自己，坚定理想信念，提高政治站位，提高自身素质，增强学科认同，夯实自身本领，才能更好增强思政课教师的亲和力，从而用人格魅力影响学生，引导学生思想成长，塑造学生健全人格，成为学生的良师益友。

地方高校思政课改革创新，要以增强思政课思想性和理论性为旨归，以增强思政课亲和力和针对性为关键。著者以为，为了增强地方高校思政课亲

[①] 中华人民共和国国民经济和社会发展第十四个五年规划和2035年远景目标纲要 [N]. 人民日报，2021-3-13(12).

[②] 习近平. 论党的宣传思想工作 [M]. 北京：中央文献出版社，2020:378.

和力和针对性，推进思政课教学生活化是重要切入视角之一。立足教学生活化视阈，地方高校思政课教学要以思政教育和学生生活间的联系为切入点，突出青年大学生的主体地位，促进学生精神生活富足的实现，整合学生生活经验并在理论指引下加以生活化叙事，贴近学生生活来设计课内外教学体系，激发学生的美好生活体验升级教学模式，活用生活中所能接触的地方特色素材来拓展教学内容，依托网络生活空间来丰富思想政治教育载体。

本书基于如上基本认识，除总体阐述地方高校思政课改革创新的宏观背景、根本遵循和路径选择外，具体分六章展开叙述。

在教学目标设定上，思政课教师要让学生意识到：思政课教学有助于提升社会认知和科学思维，并服务于生活需要；有助于提升综合素质而使生活更加美好；有助于实现个人价值和社会价值有机统一、个人梦想和国家民族梦想有机统一，使教育为青年大学生高层次自我实现需要服务。鉴于此，地方高校思政课改革创新，既要明确地方高校思政课的育人目标体系，牢记立德树人的根本任务和铸魂育人的教育功能，也需要把思政课根本目标与大学生群体联系起来，将宏观教学目标与地方经济社会发展实际结合起来，将思政课教学社会目标与大学生个体实际结合起来。用个体目标来联结根本目标、学段目标、区位目标，用思政课的根本目标、学段目标、区位目标来定位个体目标，能够使地方高校思政课教学功能更被学生乐意接纳，使思政课教学目标更针对学生实际，从而增强地方高校思政课育人目标的亲和力和针对性。

在教学理念更新上，地方高校思政课要以"两个结合"统领基于理论的生活化叙事，实现思想理论与鲜活素材、抽象观念与日常生活、宏大叙事与微观叙事相结合。一方面，"两个结合"有利于理解马克思主义中国化时代化的时代课题、理论特质和核心范畴，成为思政课教学的核心内容，而且拓展了马克思主义中国化时代化历史进程的叙事脉络，丰富了中国式现代化和中国共产党人精神谱系发展的叙事框架，成为思政课开展理论叙事教学的重要依托。思政课教学要以"两个结合"的时代课题、理论特质、核心范畴、叙事脉络为纲，规范"讲故事"的内在逻辑，彰显思政课程的主旨、主题、主线，保证高校思政课的思想性与理论性。另一方面，地方高校思政课也要在"两个结合"的思想体系和叙事脉络下容纳更多贴近学生生活、更加喜闻乐见的丰富素材，结合地方文化、地方党史、地方实践中的具体人物、事件、精神，在充实"两个结合"的丰富素材中使理论讲述有血有肉，使宏大叙事真切可感，体现地方高校思政课的亲和力和针对性。

在教学体系建构上，地方高校思政课要立足学生日常生活，化教材体系为教学体系，构建符合地方高校和学生思想实际的理论教学和实践教学体系。一方面，课堂教学要选取反映现实的鲜活素材，在问题导向和由器入道中循循善诱；要探究思想理论的实践来源，在分析现状和提出方略中启迪智慧；要阐明思想理论的指导作用，在理论引领和成效检视中增强认同；要把握思想理论的科学体系，在融会贯通和理论探究中守正创新；要推进思想理论的矢志践行，在踔厉奋发和勇毅前行中共建社会。循循善诱、启迪智慧、增强认同、守正创新、共建社会的理论教学体系，有利于提升地方高校思政课教学亲和力和针对性。另一方面，地方高校思政课实践教学要结合学生思维成长规律，设置经典品读、人物访谈、宣讲辩论、社会调查、专题探究、社会服务的实践环节，要结合地方特色，依托地方资源，拟定思政课实践选题，要贴近地方高校教学实际完善实践教学方案，从而体现实践教学的层次性、探究性和趣味性，推进地方高校思政课实践教学创新。此外，地方高校形势政策教育，还可以结合社会现象和热议话题，进行形式更加灵活多样、内容更加丰富多彩的教学创新，透过现象看本质，答疑解惑强信心。

在教学模式升级上，地方高校思政课要用好新时代共创共享美好生活的思想资源，构筑美好生活情境，激活学生的美好生活体验。新时代美好生活观的话语叙述、生活转向、解释张力和系统建构，有助于推动思想政治教育教学的效率提升、模式升级、资源延展和内容充实。新时代美好生活观能够让学生更加直观感受到党领导下的国家发展进步的伟大变革和非凡成就，在古今中外的比较视野中更加珍惜新时代美好生活的来之不易，感受体悟到美好生活蕴含的共同富裕与全面发展的价值之"善"、基于生活需求与生产供给辩证规律的理论之"真"、党团结带领人民走中国特色社会主义道路的路径之"实"，最终激发肩负使命与实践行动的持久动力，从而有利于激发学生对中国共产党领导的政治认同、对党史国史的情感认同、对社会主义核心价值观的价值认同、对中国特色社会主义的"四个自信"。

在丰富教学内容和教学方法上，地方高校思政课一方面要利用时政资源、党史资源、中华优秀传统文化资源，增强思政课的时代气息、历史厚度、文化含量；另一方面要活用地方特色资源，探究地方特色资源融入思政课的价值意义、教学理念、内容设计、方法创新，打造地方特色、联系实际、自成体系又回归教材、彰显思想、突出主旨的地域特色课程。结合地方历史文化、党史、新时代改革创新开展理论叙事，善用理论讲授、知识抢答、话题讨论、直观演示、读书指导、参观走访、任务驱动、自主探究等教学法，能够深入浅出讲好中国故事，讲透思想理论，增强政治认同，展现时代担当。

在拓展教学载体上，地方高校思政课不仅要用好理论教学和实践教学的主渠道，也要积极开展网络教学，彰显网络思政优势。网络教育的常规手法是建设网络课程，近年来依托超星学习通、优学院等平台建设网络优质思政课程，形成网络教学对课堂教学、实践教学的有效互补，取得了诸多成效。思政课教师在继续推进网络课程建设之外，还要树立"互联网＋"思维，转变思想政治教育工作方式方法，主动出击、迎难而上，发挥"学习强国"各级平台的权威资源优势、特色资源优势和网络思政优势，推进思政课教学创新。本书以党史学习教育为例，强调大学生应依托"学习强国"全国和地方平台，进行有深度又接地气的自主学习，从而在常态化网络学习中潜移默化提升大学生思想觉悟、理论水平、文明素养、科学思维。

本著作系教育部 2020 年度高校思想政治理论课教师研究专项"教学生活化视阈下增强地方高校思政课亲和力和针对性研究"（编号：20JDSZK014）、广东省教育科学规划课题"新时代美好生活观的意识形态功能和作用机制研究"（编号：2022GXJK028）的研究成果，获得广东省委教育工委党史进校园系列活动典型案例二等奖、广东省教育厅高校思政课党史教育优质课例展示活动三等奖、佛山市学习宣传贯彻党的二十大精神征文二等奖、佛山市精品"大思政课"慕课大赛二等奖。

本研究立足教学生活化视阈，结合地方应用型普通本科高校实际，围绕增强思政课亲和力和针对性的热点问题展开，具有一定的理论意义和运用价值。然而，增强思政课亲和力和针对性，是较为宏大且需持续实践探索的课题。限于著者学术积累和教研功底，一些初步结论尚待检验，对相关理论问题的探讨仍显不够系统全面，对教学一线的实际问题也仍待进一步解答，恳请学界同仁斧正。

C目录
ontents

第一章

把握趋势明晰思路，精准稳妥推进思政课改革创新

党的二十大报告指出，党的十八大以来的十年，意识形态领域形势发生全局性、根本性转变①。同时，意识形态领域存在不少挑战②。鉴于此，思想政治理论课要放在"两个大局"的时代背景和培养社会主义建设者和接班人的高度来认识。推动地方高校思政课改革创新，要深入学习领会习近平总书记在学校思想政治理论课教师座谈会、全国高校思想政治工作会议、全国教育大会等的系列重要讲话精神，提高政治站位，坚持正确政治方向，提升思政课教师素质；要把"三性一力""八个相统一"作为根本遵循，切实做到以增强思政课亲和力和针对性为关键，以增强思政课思想性和理论性为旨归；还可以立足教学生活化视阈，推进教学目标体系建构和教学理念更新，优化课堂教学体系、内容、方法和模式，推进实践教学、网络教学与课堂教学的优势互补。

第一节 地方高校思政课改革创新的宏观背景

习近平总书记在学校思想政治理论课教师座谈会上指出，"随着我国日益扩大开放、日益走近世界舞台中央，我国同世界的联系更趋紧密、相互影响更趋深刻，意识形态领域面临的形势和斗争也更加复杂。学校是意识形态工

---

①习近平. 高举中国特色社会主义伟大旗帜 为全面建设社会主义现代化国家而团结奋斗：在中国共产党第二十次全国代表大会上的报告 [M]. 北京：人民出版社，2022：10.

②习近平. 高举中国特色社会主义伟大旗帜 为全面建设社会主义现代化国家而团结奋斗：在中国共产党第二十次全国代表大会上的报告 [M]. 北京：人民出版社，2022：14—15.

作的前沿阵地，可不是一个象牙之塔，也不是一个桃花源。办好思政课，就是要开展马克思主义理论教育，用习近平新时代中国特色社会主义思想铸魂育人"①。加强高校思政课建设，要放在国内外形势下来审视其重要性和迫切性，阐明思政课的重要功能，梳理思政课改革创新的可喜成绩与现实挑战。如此，我们才能更好地理解思政课改革创新的宏观背景。

一、思政课建设扎根思想理论创新沃土

《关于新时代加强和改进思想政治工作的意见》指出："党的十八大以来，思想政治工作有效发挥了统一思想、凝聚共识、鼓舞斗志、团结奋斗的重要作用，全党全社会思想上的团结统一更加巩固。"②党的二十大报告进一步指出："我们确立和坚持马克思主义在意识形态领域指导地位的根本制度，新时代党的创新理论深入人心，社会主义核心价值观广泛传播，中华优秀传统文化得到创造性转化、创新性发展，文化事业日益繁荣，网络生态持续向好，意识形态领域形势发生全局性、根本性转变。"③尤其值得强调的是，我们党始终坚持守正创新，创立了习近平新时代中国特色社会主义思想，不断开辟马克思主义中国化时代化新境界。"十个明确""十四个坚持""十三个方面成就"的内容概括，以及习近平新时代中国特色社会主义思想的世界观和方法论，构成了这一思想的科学体系。从铸魂育人的角度来说，中国梦、社会主义核心价值观、党的初心使命、中国特色社会主义"四个自信""四个全面"战略布局、中国式现代化、坚持以人民为中心、人民美好生活、人类命运共同体等守正创新成果，是习近平新时代中国特色社会主义思想的重要内容，是在马克思主义为指导、立足中国实际、坚定文化自信自强的基础上，挖掘中华优秀传统文化、革命文化和社会主义先进文化的重要资源，是在"以立为本、立破并举"的创新中形成的。习近平总书记在全国宣传思想工作会议上讲话

---

① 习近平. 论党的宣传思想工作 [M]. 北京：中央文献出版社，2020：375—376.

② 中共中央、国务院印发《关于新时代加强和改进思想政治工作的意见》[N]. 人民日报，2021-7-13(01).

③ 习近平. 高举中国特色社会主义伟大旗帜 为全面建设社会主义现代化国家而团结奋斗：在中国共产党第二十次全国代表大会上的报告 [M]. 北京：人民出版社，2022：10.

指出："我们必须把人民对美好生活的向往作为我们的奋斗目标，既解决实际问题又解决思想问题。"①党的十八大以来的思想理论守正创新，切实达到了更好强信心、聚民心、暖人心、筑同心的良好效果。思想理论的守正创新，为思政课建设提供了丰厚资源和信心源泉。

（一）"暖人心"：在叙述发展成就中增强思想话语感染力

"中国共产党人的初心和使命，就是为中国人民谋幸福，为中华民族谋复兴。"②习近平总书记在党的十九大报告中郑重提出党的初心使命，形象阐述了我们党因初心而生、为使命而行的光辉历史和责任担当，很好表达了我们党坚持以人民为中心，始终同人民群众想在一起干在一起的赤子之心、公仆之心，阐明了党的领导下中华民族从站起来、富起来到强起来的伟大飞跃的奋进目标。这一论述极大密切了党同人民的血肉联系，有助于人民群众理解国家取得辉煌成就、社会全面进步、人民生活幸福背后的根本政治保障，在唤起情感共鸣和价值认同中感受到浓浓的获得感和幸福感。

再比如，习近平总书记早在第十八届中央政治局常委第一次集体会见中外记者时就指出："我们的人民热爱生活，期盼有更好的教育、更稳定的工作、更满意的收入、更可靠的社会保障、更高水平的医疗卫生服务、更舒适的居住条件、更优美的环境，期盼孩子们能成长得更好、工作得更好、生活得更好。人民对美好生活的向往，就是我们的奋斗目标。"③十年来，习近平总书记对人民生活牵挂于心，更是在历次基层视察中走遍集中连片贫困地区，走访困难群众，以打赢脱贫攻坚战为根基全面建成小康社会，以乡村振兴和现代化建设扎实推进共同富裕。美好生活叙事既有深邃的理论根据和优越的制度安排，又以人民群众的生活体验为支撑，拥有诸多直接可感的数据、案例和故事，成为非常"接地气"的生活化表达，实现了国家目标向基层实践、个体生活的相互转换。美好生活叙事给人民群众提供了参与、表达、沟通的场域，能够让人联系自身不断改善的生活，珍惜来之不易的幸福美好生活，调动其

① 习近平.论党的宣传思想工作[M].北京：中央文献出版社，2020：338.
② 习近平.习近平谈治国理政（第三卷）[M].北京：外文出版社，2020：1.
③ 习近平.习近平谈治国理政（第一卷）[M].北京：外文出版社，2018：4.

经验知识和切身感受，深入浅出地体知建设历程和发展成就，激发和增强获得感和幸福感，自觉维护安定团结、繁荣发展的良好局面，培育对党和国家的感恩意识和"四个自信"的情感认同，增强思想理论的感染力。

（二）"聚民心"：在凝聚目标共识中提升凝聚力和引领力

如何实现思想理论继承性与发展性的统一，更好发挥思想理论的凝心聚气功能，是党的十八大以来思想理论创新的重要课题。实现中华民族伟大复兴的中国梦、社会主义现代化强国目标、"两步走"战略安排等理论创新，是对如上课题的有效突破。

"实现中华民族伟大复兴，就是中华民族近代以来最伟大的梦想。"[①]"实现中华民族伟大复兴的中国梦，就是要实现国家富强、民族振兴、人民幸福。"[②]"中国梦"不仅唤起了广大人民对苦难深沉又不断奋进的近现代史的记忆，唤起对中华五千年辉煌文明的自豪感和中华民族自信自强的底气，更是在新的历史方位中彰显了中华民族伟大复兴的光明前景。在党的十九大上，习近平总书记立足新时代新征程的发展阶段，提出在全面建成小康社会的基础上，分两步建成社会主义现代化强国，实现中华民族伟大复兴，构成了"两步走"战略安排[③]。在党的二十大报告中，则是在"两步走"战略的基础上，进一步细化了全面建设社会主义现代化国家的总体目标、未来五年的主要任务和要坚持的重大原则[④]。"两步走"战略安排，是中华民族伟大复兴梦想在新时代新征程的具体谋划部署，指明了民族复兴梦想的时间表和路线图，也明确了实现中华民族伟大复兴决不是轻轻松松、敲锣打鼓就可以实现的，教育人民征途漫漫、唯有奋斗，社会主义是干出来的，幸福是奋斗出来的。

"中国梦""社会主义现代化强国"和"两步走"战略安排，不仅指明了国家和民族发展的奋斗目标与正确方向，也从历史进程的叙事中赋予我们艰巨的历史重任，赋予每个勤劳智慧的中华儿女人生出彩的机会。这有利于最

① 习近平. 习近平谈治国理政（第一卷）[M]. 北京：外文出版社，2018：36.

② 习近平. 习近平谈治国理政（第一卷）[M]. 北京：外文出版社，2018：39.

③ 习近平. 习近平谈治国理政（第三卷）[M]. 北京：外文出版社，2020：22.

④ 习近平. 高举中国特色社会主义伟大旗帜 为全面建设社会主义现代化国家而团结奋斗：在中国共产党第二十次全国代表大会上的报告 [M]. 北京：人民出版社，2022：24—28.

大程度凝聚思想共识，强化中国特色社会主义伟大旗帜和中国梦的引领，让人民群众在投身中华民族伟大复兴伟业、捕捉时代发展机遇中实现个人价值与社会价值的统一，实现个人梦想和国家民族梦想的有机统一。

（三）"筑同心"：在弘扬中国价值中维护我国政治文化安全

坚持与西方文化的对话交流是文明交流互鉴的题中之义，但是，鉴于当前西方意识形态渗透的严峻形势，批判有害思潮，阐释中国特色，弘扬中国价值，又是全球化时代维护我国政治文化安全的重要任务。

社会主义核心价值观，从三个层面用 24 字概括，是社会主义核心价值体系的内核，是社会主义核心价值体系的高度凝练和集中表达。社会主义核心价值观也吸纳了中华优秀传统文化精神，契合人民群众的思维方式和价值观念，还吸收了人类历史发展创造的共同思想文化成果。这一理论创新体现了继承性、民族性和包容性，又立足唯物史观和科学社会主义视角，传承了我们党在革命、建设和改革时期创造的精神财富，针对中国国情和时代发展需要赋予社会主义核心价值观具体内容与实现路径，在实质内涵创新中彰显中国特色社会主义文化自信自觉。从功能上说，这一创新探索彰显了社会主义核心价值观的中国内涵、中国特色和中国气派，有利于在文明交流互鉴的环境下展现中华文明和社会主义意识形态的独特魅力，巩固广大中华儿女的共同思想价值根基。

再比如，"人类命运共同体"理念[①]，蕴含中华文明爱好和平、协和万邦的历史和文化基因，符合马克思主义对人类美好社会的未来构想，契合西方文化关于"共同体"的思维方式和价值想象。只有用相互尊重、平等协商的方式实现国际友好交往，用和而不同、求同化异的方式进行友好协商和管控分歧，用自身的发展带动其他国家的发展，用同舟共济、互利共赢的方式实现共同繁荣，用优秀的文化成果柔性影响世界，并实现文明的交流互鉴，才是符合国际正义、受到爱好和平的世界人民欢迎的。

---

① 习近平 . 论坚持推动构建人类命运共同体 [M]. 北京：中央文献出版社，2018：414.

（四）"强信心"：以中国式现代化全面推进中华民族伟大复兴

党的二十大报告指出："以中国式现代化全面推进中华民族伟大复兴。"[①]现代化的共同特征在于，经过工业化、城市化过程，带来生产力水平提高、经济快速发展和人民生活水平改善。作为中国共产党领导的社会主义现代化，中国式现代化既有各国现代化的共同特征，更有基于自己国情的中国特色，体现出跟西方现代化模式的差异性。更为重要的是，中国式现代化始终从中国国情出发想问题、作决策、办好事，直面人口规模巨大的艰巨性和复杂性；着力维护和促进社会公平正义，扎实推进全体人民共同富裕，得到人民衷心拥护；推进物质文明和精神文明相协调，促进物的全面丰富和人的全面发展；坚定不移走生产发展、生活富裕、生态良好的文明发展道路，实现中华民族永续发展；不走一些国家通过战争、殖民、掠夺、霸权等方式实现现代化的老路，在坚定维护世界和平与共同发展中谋求自身发展。

"中国式现代化"以及蕴含其中的"坚持以人民为中心""高质量发展""共同富裕""精神文明""生态良好""和平发展"等理念和路径，彰显了新时代新征程中国共产党的使命任务，揭示了中国式现代化的价值追求，使人民对"人口规模巨大的现代化"充满自豪和满怀期待，使"共同富裕""物质富足和精神富有""人与自然和谐共生"等赢得人民的衷心拥护，让"和平发展"受到世界各国的普遍欢迎。中国式现代化不仅有利于有效落实新时代新征程的目标任务和工作部署，坚定发展目标和价值追求，继续吹响实现社会主义现代化强国和中华民族伟大复兴中国梦的号角，实现改革发展不停步不动摇；也有利于辩证看待发展过程中出现的矛盾和问题，彰显全面深化改革的历史决心和伟大魄力，明晰改革路径，阐明发展方式，在改革进入深水区的背景下引领人民群众认清发展形势，消除发展疑虑，增强发展信心。中国式现代化增强了人民群众对国家未来和个人发展的信心，具有巨大的宣传动员意义。

---

① 习近平. 高举中国特色社会主义伟大旗帜 为全面建设社会主义现代化国家而团结奋斗：在中国共产党第二十次全国代表大会上的报告 [M]. 北京：人民出版社，2022：21.

二、思政课建设紧跟宣传思想领域形势

（一）宣传思想领域面临的挑战

党的二十大报告指出："在充分肯定党和国家事业取得举世瞩目成就的同时，必须清醒看到，我们的工作还存在一些不足，面临不少困难和问题。"其中，"意识形态领域存在不少挑战"。这是我们党和国家"已经采取一系列措施加以解决、今后必须加大工作力度"的重要方面。[①]

第一，面对西方的价值观输出，我们倡导和践行社会主义核心价值观，开展党史学习教育，弘扬中国共产党人的精神谱系，取得了显著成效。但是，继续巩固我国的政治文化安全、培育文化自信和价值观自信的任务依然不能松懈，继续讲好蕴含中国价值和中国智慧的中国故事、传播好中国声音的使命依然艰巨，中华优秀传统文化、革命文化和社会主义先进文化资源仍待进一步挖掘并不断丰富人民精神食粮。只有如此，才能更好地应对国内外各种错误思潮，化被动为主动，不断提升国家文化软实力。

第二，中国特色哲学社会科学仍待加快构建。改革开放40多年来，我国取得的经济社会发展成就举世瞩目，中国特色社会主义实践素材丰硕、成绩斐然，但是，构建中国特色哲学社会科学学科体系、学术体系、话语体系的任务依然艰巨，对现实问题和中国发展规律的理论阐释仍需强化。我们亟待吸收过去革命、建设和改革历史中思想文化建设方面的成功经验，旗帜鲜明坚持以马克思主义为指导，坚持植根中国做学问，增强学科主体性原创性，在遵循思想文化建设和学术发展规律中不断守正创新。

第三，全面深化改革进入深水区，更要坚定发展信心不动摇。一方面，党和国家以最广大人民的根本利益为出发点和落脚点，以坚持人民为中心、维护社会公平正义为价值追求，以极大的魄力破除改革发展的重重阻力，努力让改革发展成果更多更好惠及全体人民；另一方面，我国处在经济增长速

---

① 习近平. 高举中国特色社会主义伟大旗帜 为全面建设社会主义现代化国家而团结奋斗：在中国共产党第二十次全国代表大会上的报告 [M]. 北京：人民出版社，2022:14-15.

度换挡期、结构调整阵痛期、前期刺激政策消化期，面对的压力大、任务重，但越是吃劲时刻，越要坚定信心、凝聚共识、迎难而上。当前宣传思想工作，要塑造坚定信心又具历史耐心、锐意改革又循序渐进、崇尚正义又理性平和的社会心态，提振人民群众对我国高质量发展的信心。

第四，网络和新媒体安全防线需要不断筑牢。网络的隐形化、随意性、无序性、高度传播性等大大增加了其引导和治理的难度。网络社会的特征是去中心化，负面信息传播特别迅速。我们要做到既有效维护网民的表达权利，又避免境外势力的操弄和少数人在网络上带节奏，就需要进一步完善网络建设的技术规范和制度规范。

（二）加强思政课建设的重要意义

鉴于高校是意识形态工作的前沿阵地，基于思想文化建设的薄弱环节，我们就能够更好理解依托思政课开展马克思主义理论教育、用习近平新时代中国特色社会主义思想铸魂育人的重要意义。

首先，思政课要放在"两个大局"的时代背景和培养社会主义建设者和接班人的高度来认识。习近平总书记指出："培养人才，根本要依靠教育。教育就是要培养中国特色社会主义事业的建设者和接班人，而不是旁观者和反对派。"[①] "教育是国之大计、党之大计。培养什么人、怎样培养人、为谁培养人是教育的根本问题。育人的根本在于立德。全面贯彻党的教育方针，落实立德树人根本任务，培养德智体美劳全面发展的社会主义建设者和接班人。"[②] "当前形势下，办好思政课，要放在世界百年未有之大变局、党和国家事业发展全局中来看待，要从坚持和发展中国特色社会主义、建设社会主义现代化强国、实现中华民族伟大复兴的高度来对待。"[③] 包括思政课教学在内的高校思想政治教育，看似是教育教学领域的内部事，但其实不然。良好的高校思政课教学和思想政治工作，能够输送又红又专的优秀人才，使青年大学

---

① 新华社. 习近平会见清华大学经济管理学院顾问委员会海外委员和中方企业家委员 [N].人民日报，2017-10-31 (01).

② 习近平. 高举中国特色社会主义伟大旗帜 为全面建设社会主义现代化国家而团结奋斗：在中国共产党第二十次全国代表大会上的报告 [M]. 北京：人民出版社，2022: 34.

③ 习近平. 论党的宣传思想工作 [M]. 北京：中央文献出版社，2020: 375.

生成为社会主义事业的建设者和接班人，成为勇担民族复兴大任的时代新人。反之，则可能成为中国特色社会主义事业的旁观者，成为西方敌对势力在华的代言人，成为危害国家安全和人民利益的破坏者。因此，鉴于思政课是高校开展思想政治教育的主渠道，思政课建设成效直接关系高校思想政治教育的质量，进而影响党和国家事业。高校思政课应该义无反顾承担起"为党育人、为国育才"的神圣职责。

其次，加强思政课建设的重要背景是要切实维护校园意识形态安全。高校是意识形态斗争的前沿阵地，存在境外势力假借学术论坛、文化交流等渠道组织意识形态渗透活动。意识形态的阵地我们不去占领，敌人就会占领。因此，通过思政课强化学生思想政治教育，才能让学生认清西方势力妄图搞乱中国的险恶用心，把握国际复杂形势，掌握人类社会发展规律，悟透科学社会主义原理；才能让学生增强价值观自信，增进历史自信，使"普世价值论""历史虚无主义"等错误思潮得以被有效抵制，宗教渗透、学术伪装的手段得以被识破；才能更好地立足中西历史文化和现实国情对比，自觉增强中国特色社会主义的道路自信、理论自信、制度自信、文化自信，深刻理解中国式现代化开创人类文明新形态的价值意义。

再次，高校思政课能够发挥理论教育优势，用学术讲道理、讲政治。思政课的核心是意识形态的灌输与教化，但高校思政课相对于其他学段而言又有其特点。高校思政课面对的对象是具有良好科学文化素质的大学生群体，要发挥高等教育的特殊优势，遵循高等教育教学规律，回应青年大学生的所思所想，用丰富的课程体系加强马克思主义理论教育、"四史"教育、思想道德与法治教育、国际国内形势教育，用理论思辨、学术话语、丰富叙事阐明思想理论的深刻内涵，用严密的学术论证和教学设计实现价值引领。只有加强高校思政课教学，才能让青年大学生了解我们所处的基本国情、主要矛盾、奋斗目标、价值追求和实践路径，掌握共产党执政规律、社会主义建设规律、人类社会发展规律，自觉接受党的领导，投身以中国式现代化全面推进中华民族伟大复兴的伟大事业中去；才能认清发展形势，消除发展疑虑，坚定发展目标，增强发展信心，统一思想、凝聚共识，为全面建设社会主义现代化贡献青春力量。

三、思政课建设需要在改进中不断加强

（一）思政课建设的积极成效

习近平总书记在学校思想政治理论课教师座谈会上指出："这些年来，思政课建设成效是显著的，教学方法不断创新，教师乐教善教、潜心育人，教师队伍规模和素质稳步提升，大中小学思政课一体化建设初显成效。"[①] "很多学校在思政课上积极采用案例式教学、探究式教学、体验式教学、互动式教学、专题式教学、分众式教学等，运用现代信息技术等手段建设智慧课堂等，取得了积极成效。"[②]《关于深化新时代学校思想政治理论课改革创新的若干意见》指出："党的十八大以来，以习近平同志为核心的党中央高度重视思政课建设，作出一系列重大决策部署，各地区各部门和各级各类学校采取有力措施认真贯彻落实，思政课建设取得显著成效。"[③]

按照习近平总书记加强思想政治教育和思政课建设的重要决策部署，全国各地的思政课建设如火如荼推进。以著者所在省份为例，广东大力推进思政课建设，取得了显著成效。

广东省委高度重视思政课建设，主持召开广东省学校思想政治理论课教师座谈会和建设推进会，把思政课作为落实立德树人根本任务的关键课程纳入省委常委会议事日程，持续推进思政课建设落实落细。广东各级领导亲自到各高校讲授"思政第一课"，亲临思政课教学一线听取相关情况汇报，解决现实问题，为思政课教学提供政治保障。

广东以问题为导向，研究制定《广东省学校思政课建设行动计划（2019—2021年）》《关于加强新时代马克思主义学院建设的若干措施》等相关文件，做好思政课建设的系统规划和总体设计，深入推进思政课"思路创优、机制

---

① 习近平. 论党的宣传思想工作 [M]. 北京：中央文献出版社，2020：376.

② 习近平. 论党的宣传思想工作 [M]. 北京：中央文献出版社，2020：383.

③ 中共中央办公厅、国务院办公厅印发《关于深化新时代学校思想政治理论课改革创新的若干意见》[EB/OL]. 中国政府网，http://www.gov.cn/zhengce/2019-08/14/content_5421252.htm. 2019-8-14.

创优、师资创优、教法创优"，有力有效推动习近平新时代中国特色社会主义思想在校园落地生根。

广东落实"六要"标准，在人才选拔、培养、管理、激励等方面下功夫，把好思政课教师政治关、品德关、业务关，开展全员培训，建立完善让思政课教师想教好、能教好的激励机制，着力打造政治素质过硬、业务能力精湛、育人水平高超的思政课教师队伍。

广东省教育厅印发《统筹推进大中小学思想政治理论课一体化建设的工作措施（试行）》，提出成立广东省学校思政课教学指导委员会、组建大中小学思政课一体化教学改革创新联合体、建立大中小学思政课教师集体备课机制等11条措施，循序渐进、螺旋式上升地开设大中小学思政课，推进大中小学思政课一体化建设。

广东建立高校马克思主义学院协同创新联盟、思政课名师工作室，分区域在广东省有关高校布点建设11个思政课区域协同创新中心，开展思政课教学研究、教学展示、理论研讨活动，旨在重点突破、以点带面、共建共享，推进广东高校思政课建设协同创新，整体水平迈上新台阶。

广东实施"南粤示范思政课程建设计划"，建设"必修＋选修"相结合的高质量思政课课程群，研发精品思政课"马克思主义中国化进程与青年学生使命担当"，系统讲述各个时期马克思主义的发展和青年使命，引导学生用习近平新时代中国特色社会主义思想立德铸魂，引导学生认识到新时代赋予当代青年的新使命，引导学生为实现"两个一百年"奋斗目标、实现中华民族伟大复兴的中国梦而奋斗。

广东大力推进教学改革创新。以党史学习教育为例，广东各高校用党的奋斗历程和伟大精神激励青年学子，善用"大思政课"不断创新思政课堂，开展形式多样的党史学习教育活动，如引进专业师资力量，结合学科专业进行党史学习教育；带领学生走出课堂，将思政课与现场教学相结合；以舞台剧、图书展等形式丰富党史学习教育途径，让红色教育深入人心。

广东省大力推进"三全育人"体制机制建设试点工作，"三全育人"体制机制不断完善，学校育人基础更加深厚，育人成效更加彰显。广东省积极推进高校课程思政建设，坚持试点先行、示范引领，课程思政政策体系日益健全，课程建设成果丰硕。

（二）地方高校思政课教学面临的挑战

习近平总书记在学校思想政治理论课教师座谈会上指出："思政课建设中的一些问题亟待解决。有的地方和学校对思政课重要性认识还不够到位；课堂教学效果还需要提升，教学研究力度需要加大、思路需要拓展；教材内容还不够鲜活，针对性、可读性、实效性有待增强；教师选配和培养工作还存在短板，队伍结构还要优化，整体素质还要提升；体制机制还有待完善，评价和支持体系有待健全，大中小学思政课一体化建设需要深化；民办学校、中外合作办学思政课建设还相对薄弱；各类课程同思政课建设的协同效应还有待增强，教师的教书育人意识和能力还有待提高，学校、家庭、社会协同推动思政课建设的合力没有完全形成，全党全社会关心支持思政课建设的氛围不够浓厚。"[①]

习近平总书记的重要讲话一针见血。四年多来，各地和高校对思政课更加重视，教师队伍配齐建强有更多硬核举措，体制机制、评价和支持体系等外部支撑更有保障。结合著者所见的地方高校层面思政课建设现状来看，地方高校思政课的外在支撑保障机制日益完善，当前更迫切的问题还是要落实到思政课内涵建设上来，需要思政课教师攻坚克难、久久为功，立足思想政治教育教学规律，持续推进思政课改革创新。其中，如下问题和挑战尤其值得关注。

一是在教学目标上，结合地方和学生特点设置高校思政课教学具体目标的必要性和可行性仍可探索。高校思政课具有共同的核心育人目标，这就是强化政治认同，培养社会主义建设者和接班人。在地方高校层面，思政课核心目标在教学中的细化落实仍有探索空间，尤其是如何打通学生个人与国家、社会的联系，结合地方高校大学生思维特点和地方高校人才培养目标定位，让思政课的意识形态功能和铸魂育人目标更加入脑入心，仍是值得探究的问题。此外，如何彰显思政课在坚定理想信念、明确人生追求、分析国情地情、把握发展趋势、捕捉时代机遇等现实功能，以此强化学生的学习动机，也是

---

① 习近平. 论党的宣传思想工作 [M]. 北京：中央文献出版社，2020：376.

值得关注的问题。

二是在教学内容上，宏大叙事与微观叙事的结合仍显不够紧密，思想理论与学生生活的关联仍待强化。高校思政课采用统编教材，授课内容有严格规范。一些思政课老师思想上存在一定的"惰性"，采取简单"拿来"而不做消化，造成授课照本宣科、生搬硬套；有的割裂了思想理论与革命、建设、改革的丰富实践的联系；有的授课案例较少，理论讲解显得枯燥；有的案例多出自现成的案例库，较少立足所在省份和所在地市学生日常生活实际加以选取；有的案例虽出自地方素材或学生日常生活，但又缺乏理论的提升，跟教材的主题主线的紧密度不够。这些因素综合造成学生对教学内容的兴趣不高，学习动力不足。

三是在教学方法上，结合地方高校学生思维特点的教学方法仍待创新。地方应用型普通本科高校学生相对于"双一流"高校而言，理论思辨、概念分析与推演论证的思维未必是优势，但实践能力较强，形象思维见长，更为期望从历史叙事、当前时事等案例分析中形象地理解理论。如何采取视频、图片等丰富多彩的教学呈现形式，更好地用案例式教学、启发式教学、体验式教学等方法，强化课堂的互动交流，仍是教学组织时要着重创新的方面。

四是在教学形式上，实践教学和网络教学的运用及其与课堂教学的协同仍待强化。思政课教学内容较多，课堂教学的时间较为有限。我们要引导学生形成自主学习的意识和能力，强化拓展性阅读、探究性学习，培养理论联系实际、分析和解决问题的能力。在这个意义上，实践教学和网络教学环节的设计及其与思政课堂教学的融合协同就显得尤为迫切。地方高校如何依托地方丰厚的历史文化资源和具体鲜活的实践案例展开实践教学，建设具有地方特色的网络课程资源库，具有较大的现实意义。

此外，高校思政课课程体系与基础教育阶段的有效衔接也需要任课老师有更多的关注。高校思政课教师一方面要确实把握思政课教学螺旋式上升的内在要求，避免与中小学阶段思政课内容的简单重复，彰显大学课堂的说理性、探究性；另一方面也要关注到高校思政课主干课程之间内容的衔接和互补，使各门课程突出重点、讲出特色。如上要求操作起来，实际上并非易事。这需要思政课教师对大中小一体化教学内容有深入了解，对发展心理学等理论方法有一定研究，也对高校思政课课程体系有系统全面的把握。

第二节　地方高校思政课改革创新的根本遵循

思政课建设的现实问题，是推进思政课改革创新的客观依据。习近平总书记在全国高校思想政治工作会议上强调："做好高校思想政治工作，要因事而化、因时而进、因势而新。要遵循思想政治工作规律，遵循教书育人规律，遵循学生成长规律，不断提高工作能力和水平。要用好课堂教学这个主渠道，思想政治理论课要坚持在改进中加强，提升思想政治教育亲和力和针对性，满足学生成长发展需求和期待。"[①]时隔两年多，习近平总书记在学校思想政治理论课教师座谈会上进一步指出，"推动思想政治理论课改革创新，不断增强思政课的思想性、理论性和亲和力、针对性"[②]，并具体提出了坚持政治性和学理性相统一、价值性和知识性相统一、建设性和批判性相统一、理论性和实践性相统一、统一性和多样性相统一、主导性和主体性相统一、灌输性和启发性相统一、显性教育和隐性教育相统一的要求[③]。"三性一力""八个相统一"，是地方高校思政课改革创新的根本遵循。

关于"三性一力"的关系，有论者指出，思政课的思想性是"本"，本质上是进行马克思主义理论教育，实现其合政治性与合目的性。其理论性是"原"，阐明思想政治教育的体系、结构层次、逻辑及教育规律，确保其科学性与真理性。其亲和力和针对性是"用"，考察其现状和实际成效，提升其认同度与实效性。坚持以政治性为统摄、以学理性为依托、以亲和力为保障，三者辩证统一[④]。关于"八个相统一"，也有从新时代思政课建设规律的角度加以诠释的专著[⑤]。本书将结合原文原著和学者阐释，侧重从教学层面加以分析。

[①] 习近平.论党的宣传思想工作 [M].北京：中央文献出版社，2020:277.

[②] 习近平.论党的宣传思想工作 [M].北京：中央文献出版社，2020:382.

[③] 习近平.论党的宣传思想工作 [M].北京：中央文献出版社，2020:382-387.

[④] 周小李.高校思想政治教育"情商"——亲和力研究 [M].北京：人民出版社，2023.

[⑤] 冯刚.理直气壮开好思政课——把握新时代思政课建设规律 [M].北京：人民出版社，2019.

一、以增强思政课思想性和理论性为旨归

（一）增强思政课的思想性

思想性是思政课的本质特征，增强思想性是思政课改革创新的重要要求。思政课的思想性主要体现在三个方面。

一是强调思政课的政治引领功能。"政治引导是思政课的基本功能。"[1] 思政课教学要引导学生坚定马克思主义信仰，坚持中国特色社会主义信念，增强"四个意识"，坚定"四个自信"，做到"两个维护"，衷心拥护党的领导和中国特色社会主义制度，厚植爱国主义情怀，自觉投身建设社会主义现代化强国、实现中华民族伟大复兴的奋斗之中。

二是强调思政课的价值引领功能。"思政课重在塑造学生的价值观。"[2] 思政课教学要引导学生培育和践行社会主义核心价值观，坚持依法治国与以德治国相结合，弘扬以伟大建党精神为源头的中国共产党人精神谱系，发扬伟大民族精神、中华民族传统美德、人文精神，弘扬以改革创新为核心的时代精神，弘扬社会主义先进文化，深化爱国主义、集体主义、社会主义教育，坚守中国特色社会主义共同理想。

三是强调思政课的思想引领功能。"思政课的任务是传导主流意识形态。"[3] 思政课的政治引导功能的实现，必然以主流意识形态的内容教育学生。思政课要引导学生深入理解其根源依据：中国共产党领导能、中国特色社会主义好、马克思主义和中国化马克思主义行，需要通过讲述百年奋斗伟大成就和历史经验、马克思主义中国化时代化理论创新成果、社会主义现代化物质和精神成果、中华民族伟大复兴的日臻实现等内容来实现。通过主流意识形态的灌输并实现学生思想觉悟的升华，才能激发大学生矢志不渝感党恩、听党话、跟党走，承担起实现中华民族伟大复兴的时代新人的神圣职责。

---

① 习近平 . 论党的宣传思想工作 [M]. 北京：中央文献出版社，2020：383.
② 习近平 . 论党的宣传思想工作 [M]. 北京：中央文献出版社，2020：383.
③ 习近平 . 论党的宣传思想工作 [M]. 北京：中央文献出版社，2020：384.

（二）增强思政课的理论性

习近平总书记指出："思政课的本质是讲道理，要注重方式方法，把道理讲深、讲透、讲活。"[1] 理论性是高校思政课的基本内核，也是区别于其他学段思政课的重要特征。以学术（知识）的方式讲道理，以讲道理（学理）的方式讲政治，辅于批判性和答疑解惑，是体现高校思政课理论性的具体形式。

一是体现思政课的学理性。思政课的学理性，就是"并不是要把课讲成简单的政治宣传"[2]，而是要求思政课教师以学理（讲道理）的方式讲政治，核心是讲清楚"中国共产党为什么能、中国特色社会主义为什么好，关键是马克思主义行，是中国化时代化的马克思主义行"的深刻道理；展开来说则是要讲清楚人类社会从低级向高级发展的历史进程、内在动力和内在规律，讲清楚科学社会主义基本原则的真理性，讲清楚"两个结合"的基本路径和思想方法的科学性，用丰富翔实的史料讲清楚历史和人民作出"四个选择"的历史必然性，在不同制度对比中讲清楚中国特色社会主义制度的优越性，讲清楚中国共产党人牢记初心使命、以自我革命推进社会革命、推进全过程人民民主、科学民主高效决策和强大执行力等的政治智慧，等等。这些理论、观点、结论蕴含的科学性和真理性，具有严密的学术逻辑、坚实的史料支撑、伟大实践的检验、眼见为实的亲身见证，能够经得起学生各种"为什么"的追问和深思。高校思政课教师的扎实功底就体现在透彻的学理分析，从中展现真理的强大力量，从而回应学生所思、说服学生所疑、引导学生所信。

二是坚持思政课的知识性。思政课的学理性离不开具体知识传授的必要支撑。掌握了基本的知识体系才能对更深层次的学理进行有效论证。思政课的知识性，就是要求思政课教师以学术（知识）的方式讲道理，讲清楚思政课的知识架构，并用丰富的素材内容有血有肉地呈现基本知识，调动学生对思政课知识的关注兴趣，满足学生对知识的基本渴求。思政课教学内容要传播马克思主义立场、观点、方法，讲清楚中国共产党领导人民进行的革命、

---

① 新华社. 坚持党的领导 传承红色基因 扎根中国大地 走出一条建设中国特色世界一流大学新路 [N]. 人民日报，2022-4-26(01).

② 习近平. 论党的宣传思想工作 [M]. 北京：中央文献出版社，2020：383.

建设、改革的历史进程、历史变革、历史成就，讲清楚中国共产党不断推进马克思主义基本原理同中国具体实际相结合、同中华优秀传统文化相结合的历史进程和基本经验，讲清楚马克思主义中国化时代化理论成果的形成过程、主要内容、精神实质、历史地位和指导意义，讲清楚马克思主义中国化时代化理论成果既一脉相承又与时俱进的理论品质，深入讲好习近平新时代中国特色社会主义思想的形成背景、科学体系、历史地位及其蕴含的世界观和方法论，透彻理解中国共产党在新时代新征程坚持的基本理论、基本路线、基本方略，以及讲述中华优秀传统文化、革命文化、社会主义先进文化、社会主义道德、社会主义法治的丰富内涵，等等。

三是突出思政课的批判性。思政课的学理性和知识性，重在正面建构学生的知识框架和观念体系，明白其中的深刻道理。与此同时，思政课还要善于答疑解惑，从反面批判国际上存在的、社会上流传的各种失之偏颇的观点和思潮。思政课要"直面各种错误观点和思潮，旗帜鲜明进行剖析和批判"，"要教育引导学生正确看待、辩证认识、理性分析现实问题，辨明大是大非、真假黑白，在对假恶丑现象的批判中弘扬真善美"。[①] 思政课还要坚持问题导向，选好切入角度，深入研究解答学生关注的、有疑惑的问题，用事实和道理条分缕析地讲解清楚，并引导学生举一反三、触类旁通，在学思并举中不断求索。

（三）坚持思想性与理论性相统一

思想性是思政课的本质特征。思政课缺乏思想性，哪怕保留其严整的学术知识框架，那也依然丧失了灵魂。理论是思想的载体，是高校思政课的基本内核。思政课缺乏理论性，就会照本宣科、流于口号，哪怕再有价值的思想，也难以让大学生入脑入心入魂。坚持思想性与理论性相统一，着重体现在"八个相统一"中的如下三个方面。

一是坚持政治性与学理性相统一。一方面，思政课不能只有政治性而无学理性，比如把思政课完全讲成简单的口号宣传，缺乏学生喜闻乐见的教学逻辑和教学话语支撑，照本宣科就会显得内容空洞、枯燥无味，注定不受学生欢迎；另一方面，思政课也不能用学理性弱化政治性，比如把《中国近现代史纲要》

---

① 习近平. 论党的宣传思想工作 [M]. 北京：中央文献出版社，2020: 384.

讲成简单的历史故事课，或者化约为各种小故事小细节的考据和堆砌，沦为论说无关痛痒的小问题甚至伪问题，打着重构历史的旗号放大细节和断章取义，丢掉唯物史观和大历史观的视角方法，偏离了阐明历史和人民所作出"四个选择"的历史必然性，则再精致的学术外表也丢失了思政课的灵魂。

二是坚持价值性和知识性相统一。"知识是载体，价值是目的，要寓价值观引导于知识传授之中。"[①] 一方面，只有空洞的价值观说教，没有科学的知识体系来支撑论证说理，没有深入人心的鲜活故事引发情感共鸣，价值观教育就会难以令人信服，教育效果也就会大打折扣；另一方面，只强调知识性而忽略价值观引导，就相当于用理论演示课、知识传输课、技能训练课、实验操作课的标准来讲思政课，就背离了立德树人、铸魂育人的核心目标。此时思政课可能就会变成为了应付考试让学生死记硬背知识点的课程，以理服人、以情动人的课程魅力不能体现，知识的实操性又可能不及专业课，从而给学生枯燥乏味的刻板印象。

三是坚持建设性和批判性相统一。思政课的学理性和知识性，重在正面建构学生的知识框架和观念体系，让其明白其中的深刻道理；思政课的政治性和价值性，也是在立足知识和学理的基础上正面灌输政治观念和价值追求。这些正面的思想政治教育是非常必要的，但不注重剖析和批判错误观点和思潮，对事物带有好奇心且思维特别活跃的部分大学生又可能被各种错误观念和思潮所蛊惑，无形中被带节奏陷入某些政治圈套。反之，如果政治课只是充满"火药味"，即只是批判西方思潮和社会乱象，但又不能有效论证正确主张、应对之策，展现马克思主义的真理魅力和中国特色社会主义的内在优势，则不仅不利于培养大学生理性平和的心态，而且可能让有些大学生认为政治课只是批判西方政治和价值观，起到适得其反的负面作用，难以让学生对社会主义意识形态入脑入心。

---

① 习近平. 论党的宣传思想工作 [M]. 北京：中央文献出版社，2020：384.

二、以增强思政课亲和力和针对性为关键

思政课改革创新要以增强思政课亲和力和针对性为关键。增强亲和力和针对性，是思想政治教育向日常生活世界回归，使之与理性思维和观念世界相互渗透和协同，实现有效灌输的本质要求，也是高校思政课联系实际、贴近受众、深入浅出、因材施教，满足学生成长需求和期待的教改要求。然而，亲和力和针对性不足是当前高校思政课教学的短板，亟待我们承担使命，深度剖析，追本溯源，精准施策，在增强思政课亲和力、针对性中承载思想性、理论性。

（一）思政课亲和力和针对性的研究现状

关于思政课的亲和力和针对性，我们可以先总结一下学界的既有研究。

关于思想政治教育（含思政课）针对性，该研究起步较早，它源于20世纪90年代以来全球化、信息化和西方思潮渗透的背景下，受众的思想、心理、个性、情感偏好出现新变化、新特点，造成新形势下思想政治教育面临新挑战、新任务，亟待通过思想政治教育的针对性提升实效性。其主要内容是坚持教学相长、以人为本、实事求是、与时俱进的原则，根据教育对象思想、认知、需求、个性、环境的差异，实施不同内容、形式、方法、过程的教育，使思想政治教育有的放矢、对症下药 [1]。在教学实践层面，研究学生特点和需求、教材体系向教学体系的转化、突出学生主体性、启发式教学、研究型教学等成为主要焦点。

相比之下，思想政治教育亲和力和思政课亲和力的研究则起步较晚：1998—2016年有6篇CSSCI来源期刊（含扩展版）篇名提及思想政治教育亲和力，最早为2004年，3篇提及教育亲和力。直到2016年12月习近平总书记在全国高校思想政治工作会议上提出"提升思想政治教育亲和力和针对

---

[1] 管新华，许煜华. 高校思想政治理论课基于"05方案"的教学针对性研究成果综述 [J]. 思想政治教育研究，2017(04)：52—55.

性”①，学界对思想政治教育和思政课亲和力的研究才快速增加。

一是思想政治教育亲和力研究。它较为宏观，主要聚焦思想政治教育亲和力内涵、要素、结构、影响因素、困境、归因、形成机理、培育机制、提升路径等研究论域，其范围既包括思政课程，也牵涉课程思政、思政工作等环节，其理论框架、运行规律对于增强思政课亲和力具有借鉴意义。

二是思政课亲和力研究。思政课亲和力研究多数聚焦于探讨高校思政课。整体分析高校思政课亲和力的提升路径。第一，从剖析课程基本要素出发，分析教材、教师、教学（内容、形式）、评价、保障机制等存在的问题和短板②，创新教学理念、加强顶层设计、强化师资建设、推进教法创新、优化机制保障③，研究教学内容针对性、方法灵活性、语言生动性、情感融入性、评价开放性④，从而提升教材、教师、教学内容和教学方法的亲和力⑤。第二，从辨析亲和力的层次入手，将其划分为说服力、吸引力、感染力三个维度并分别采取策略提升⑥。第三，从探究影响因素入手，从主体、中介、学生等影响因素出发提出对策⑦。第四，从生成机制出发，强调教师作为最根本的能动要素，要在教学、观念、话语风格方面加以转换⑧。借助特定理论和方法推进高

---

① 习近平. 论党的宣传思想工作 [M]. 北京：中央文献出版社，2020: 277.

② 吴潜涛，王维国. 增强亲和力、针对性，在改进中加强思想政治理论课 [J]. 思想理论教育导刊，2017(02): 7—9.

③ 刘川生. 以习近平新时代中国特色社会主义思想为指导努力提升高校思想政治理论课亲和力与针对性 [J]. 中国高教研究，2018(02): 1—6.

④ 罗会德. 提升思想政治理论课亲和力的路径分析 [J]. 思想理论教育，2017(10): 68—72.

⑤ 涂刚鹏. 提升思想政治理论课亲和力的四个着力点 [J]. 学校党建与思想教育，2018(03): 69—72.

⑥ 佘远富，李亿. 以提升亲和力为导向的高校思政课教学创新与实践 [J]. 江苏高教，2018(09): 99—102.

⑦ 陈妍，洪雁. 高校思想政治理论课亲和力影响因素分析及其对策 [J]. 学校党建与思想教育，2019(11): 61—63.

⑧ 张青. 亲和力：提升高校思想政治理论课教学质量的重要维度 [J]. 思想教育研究，2017(09): 80—84.

校思政课亲和力研究。如供给侧结构性改革视域[①]、主体间性视角[②]，借助马克思主义"灌输理论"[③]、马克思主义接受理论[④]加以探讨，或者借鉴产品设计领域用户体验相关理论探索思政课亲和力提升的体验路径[⑤]。集中探讨具体教学改革措施增强高校思政课亲和力。如课程体系重构[⑥]，培养教师魅力[⑦]，弹幕语言的运用[⑧]，情景剧教学法的运用[⑨]等。

（二）思政课亲和力和针对性的内涵及其生成机制

参考学界研究成果，著者将思政课亲和力和针对性的内涵及其生成由浅及深理解为五个层面。

一是情绪层面的悦纳感。高校思政课教学内容理论性强，叙事宏大。拉近思政课与学生的心理距离，感受到思想理论跟自身日常生活紧密相关，思想上不抵触，自觉端正学习态度，将思政课作为学生成长成才必不可少的课程（接纳和理解作为立德树人关键课程的思政课的开设意图），是生成思政课亲和力的前提。

---

① 王小满，张泽一. 供给侧改革视域下的高校思政课"亲和力"提升策略 [J]. 社会科学家，2017（05）：114—118.

② 邵西梅. 主体间性视角下高校思想政治理论课亲和力提升 [J]. 思想政治教育研究，2018（03）：101—104.

③ 罗红杰. 提升思想政治理论课亲和力的再思考——基于马克思主义"灌输理论"的审思 [J]. 理论月刊，2019（08）：32—37.

④ 刘洁. 接受视角下提升"概论"课亲和力和针对性的对策思考 [J]. 思想理论教育导刊，2017（09）：136—138+146.

⑤ 王智腾. 新时代高校思政课亲和力提升的体验路径研究 [J]. 中国高等教育，2020（07）：45—47.

⑥ 梁纯雪，眭依凡. 课程体系重构：基于增强思政理论课针对性和亲和力的调查和思考 [J]. 中国高教研究，2018（11）：63—70+77.

⑦ 雷骥. 提升思想政治理论课亲和力应着重培养教师四种魅力 [J]. 思想政治教育研究，2018（02）：54—57.

⑧ 冯文艳，戴艳军. 弹幕语言对提升高校思想政治理论课话语亲和力的启示 [J]. 思想教育研究，2018（02）：97—101.

⑨ 周琳娜，王仁姣. 以思政课情景剧教学法提升社会主义核心价值观教育亲和力 [J]. 思想政治教育研究，2019（01）：87—90.

二是知识层面的吸引力。高校思政课要善于把马克思主义的世界观和方法论与学生启迪智慧、分析现象、解决问题结合起来，善于将政治思想理论蕴含的知识、战略、智慧与学生洞察未来发展趋势、把握发展机遇、做好专业学习、职业选择、人生规划结合起来，善于将思想、道德、法律素养提升与学生塑造健全人格、为人为学品质、有序社会参与结合起来。思政课教学中彰显思政课知识的"有用性"，能够激发学生对思政课教学内容的持续关注，更加积极投入到思政课学习当中来。

三是情感层面的感染力。高校思政课要善于由小及大、由浅及深讲好中国故事、激发情感共鸣。思政课教学中要善于讲好历史文化人物和红色英雄人物的励志故事，讲好家乡发展变化、家庭生活改善、个人发展机遇的生活故事，善于讲好中华儿女在不同历史时期"感党恩、听党话、跟党走"和中国共产党人不忘初心、不负人民的感人故事，善于讲好中华民族从站起来、富起来到强起来伟大飞跃历史进程中不怕牺牲、敢于斗争、顽强奋斗、创造辉煌的感人故事，讲好在党的领导下东方文明古国再次迎来中华民族伟大复兴光明前景的奋进故事。通过"讲故事"的方式让学生喜欢"故事"，激发学生的情感从而触动学生的灵魂，促进学生对思想理论的学习"热情"，对"道理"的接纳和认同，从而有效增强思政课的感染力。

四是价值层面的认同感。思政课的本质是讲道理，关键是价值引领，让学生思想觉悟升华。高校思政课要通过真理的力量说服人，用情感的力量感染人，通过精心的内容设计和灵活的方法形式，最终让学生对马克思主义真学真信，让"感党恩、听党话、跟党走"转化为内在自觉，让"四个自信"自然流露于个人精神世界和日常文化生活之中，让"中国价值"成为识破"普世价值"本质和抵制西方自由、民主价值观输出的思想武器，让思想道德修养成为有效抵制拜金主义、享乐主义、极端个人主义思潮的屏障。

五是教学互动的和谐感。高校思政课要改变"填鸭式教学"、流于形式的口号宣传等不足，因应学生的学习特点和心理需要，增加课堂问答、主题演讲、话题辩论、模拟展示等教学互动环节，让教师主导和学生主体地位统一起来，还要因地制宜、因时制宜丰富课堂教学之外的教学载体，增加课前参观、课后实践、网络互动等教学形式。如此，才能让学生对思政课有更好的学习体验，保持更主动的学习状态和更持久的学习热情。

除了从如上五个层面界定亲和力的内涵之外，我们还可以从教学要素的角度加以描述。从教学要素来看，著者在本书中将思政课亲和力分为教师亲和力、教学目标亲和力、教学理念亲和力、教学体系亲和力、教学模式亲和力、教学内容亲和力、教学方法亲和力、教学载体亲和力等层面。具体的内容将在相应章节展开。

（三）增强思政课亲和力和针对性的具体要求

学原著，读原文。从习近平总书记在学校思想政治理论课教师座谈会上的讲话来看，思政课亲和力和针对性，最为核心的要求主要体现为如下几个方面。

一是坚持理论性和实践性相统一，增强思政课教学体系的亲和力和针对性。传统思政课，理论性是其底色，当前更关键的是增强思政课的实践性，构建"大思政课"育人格局，把思政小课堂同社会大课堂结合起来，引导学生在日常生活中感悟思政课大道理。具体来说，思政课教学的主要途径是课堂教学，这个传统我们要坚持并通过不断改进教学内容和方法来不断加强。然而，课堂教学虽然可以采取情境教学法，利用多媒体手段，但总还是跟参观历史遗址、体验社会现场、深入社会调研隔着一层。站在学生视角来看，学生对故乡和学校周边的场馆更加熟悉，鲜活生动的实践素材更加贴近生活，学生参与的调研形式更让学生乐意主动捕捉思政元素。并且，在校内外实践活动当中，学生更能够真正做到理论联系实际，在具体实际中感受思想理论的指导作用，了解思想理论之所以提出的现实依据和所要解决的针对性问题。因此，地方高校思政课要结合地方实际，依托地方资源，拟定思政课实践选题，推进地方高校思政课实践教学创新。这将有利于改变学生对思政课形式单一的刻板印象，增强教学体系的亲和力和针对性。

二是坚持统一性与多样性相统一，增强思政课教学目标、内容的亲和力和针对性。一方面，思政课教学采用共同的核心育人目标、统一的课程设置、指定的教材、稳定的学理内容框架、规范的教学管理方式，有利于确保教学的规范性、科学性、权威性。另一方面，思政课教学尤其是地方高校的思政课教学，又要在灵活多样中加以探索。第一，高校思政课的核心目标是意识形态的灌输与教化，增强政治认同，培养社会主义建设者和接班人。在地方高校思政课教学层面，我们要结合地方高校大学生群体实际，结合地方高校人才培养目标定位，以及尊重大学生个人实际，将育人目标具体化，则更能被地方高校学生所乐意接纳。第二，地方高校思政课教学内容应该与教材紧密结合，保留基本的理论框架和主体内容，又要因地制宜、因时制宜、因材施教，将教材体系转化为教学体系，挖掘更多贴近学生生活、更加喜闻乐见的丰富素材，结合地方文化、地方党史、地方实践中的具体人物、事件、精神，使理论讲述变得有血有肉，使宏大叙事更加真切可感。

三是主导性和主体性相统一，增强思政课教学形式的亲和力和针对性。当前，"00后"大学生更加自立自主，填鸭式教学的古板形式，或者一言堂式地将思想强加于学生，已经难以适应思想政治理论课教学的需要。一方面，思政课教学应当扩大学生参与、增强师生互动和小组互动，运用问答、讨论、辩论等方式，体现学生作为学习主体的地位；另一方面，我们在调动学生参与的同时也不能忘记学科宗旨。如果尊重多元结论而缺乏寻求共识的努力，揭示社会存在问题而没能突出国家所作的持续努力，说明时代发展导致既有具体制度的相对滞后而不能彰显现行体制机制在历史中的贡献以及当前所作出的改革探索实践，那就不可能实现思想引领、价值引领的教学目的。因此，高校思政课要坚持教师主导的前提下突出学生的主体地位。在强调思政课教师作为学生良师益友的同时，思政课教师的教书育人职责、塑造思政课教师的柔性权威、成为学生思想成长引路人的功能一定要持续加强。

四是要坚持灌输性和启发性相统一，增强思政课教学方法的亲和力。一方面，思想政治教育的本质是意识形态的灌输与教化。地方高校思政课教学要旗帜鲜明地强调用马克思主义中国化时代化理论成果尤其是习近平新时代中国特色社会主义思想武装头脑、教育学生。另一方面，这种理论灌输应该是思想政治教育的柔性灌输，不能是简单的口号宣传、照本宣科式的生硬灌输。思政课教学要设置开放性问题，激发学生问题意识，运用启发式、探究性教学法，尊重多元性思考和开放性结论，善于在讲故事中引导学生运用发展性眼光理性看待社会现象与难点问题，启发学生在多元开放中扩大共识、理性求同，达成共鸣，从而促进学生在思想上乐于接受理论知识、投身改革实践，把握发展机遇，实现自身价值。

五是显性教育和隐性教育相统一，拓展思政课教学载体，完善高校思政课协同保障机制。基于高校思想政治教育的新形势、新任务，高校思想政治工作要放在"两个大局"的时代背景和培养社会主义建设者和接班人的高度来认识。包括高校思政课在内的高校"大思政"工作责任重大、使命光荣、任务艰巨。一方面，思政课作用不可替代，思政课教学必须加强、不能削弱，只能通过改革创新来增强实效，思政课教师责任重大。我们既要用好课堂教学主渠道，通过调动学生美好生活体验让其加以学思践悟，又要在引导学生校园文化生活、参观爱国主义教育基地、开展社会调研、投身志愿服务等环节中进行思想政治教育，在网络空间中渗透思政元素对学生加强思想引导。另一方面，高校其他课程甚至包括理工科专业课程也要牢记立德树人的根本任务，所有老师都要有不仅"教书"更要"育人"的意识，挖掘更多"思政"元素打造课程思政，与思政课相向而行、同频共振。例如，在面对"卡脖子"问题时激发学生的科技创新意识和爱国报国情怀，在讲述专业知识的社会功能时强调学生学好知识要为人民造福、为国家发展效力。只有坚持思政课程与课程思政同向同行，才能实现全员全程全方位育人。

三、以提升思政课教师的综合素质为支撑

习近平总书记指出："强教必先强师。要把加强教师队伍建设作为建设教育强国最重要的基础工作来抓，健全中国特色教师教育体系，大力培养造就一支师德高尚、业务精湛、结构合理、充满活力的高素质专业化教师队伍。"[1] "思政课是落实立德树人根本任务的关键课程。思政课作用不可替代，思政课教师队伍责任重大。"[2] "办好思想政治理论课关键在教师，关键在发挥教师的积极性、主动性、创造性。"[3] 广大思政课教师按照习近平总书记提出

---

① 新华社. 加快建设教育强国 为中华民族伟大复兴提供有力支撑 [N]. 人民日报，2023-5-30(01).

② 习近平. 论党的宣传思想工作 [M]. 北京：中央文献出版社，2020：373.

③ 习近平. 论党的宣传思想工作 [M]. 北京：中央文献出版社，2020：378.

的"六要"(政治要强、情怀要深、思维要新、视野要广、自律要严、人格要正[①])标准严格要求自己，坚定理想信念，提高政治站位，提升素质，增强学科认同，夯实自身本领，增强思政课教师亲和力，成为学生的良师益友。

（一）坚定理想信念，传播先进思想

思政课教师首先要"政治强"，深刻理解"中国共产党为什么能，中国特色社会主义为什么好，归根到底是马克思主义行，是中国化时代化的马克思主义行"[②]的思想要义和理论逻辑；确立科学的世界观方法论、无产阶级的党性原则、全心全意为人民服务的精神融为一体的崇高的科学信仰；自觉学原著、读原文，用马克思主义中国化时代化理论成果尤其是习近平新时代中国特色社会主义思想武装头脑、融会贯通、联系实际、分析现象、解决问题；承续马克思主义理论教育与历史教育相结合的传统，把学习党史为核心的"四史"与学习马克思主义基本原理、学习党的创新理论贯通起来。坚定马克思主义信仰和共产主义、社会主义的理想信念，才能使思政课教师在科学世界观和方法论指引下睿智、明德、敬业，把准政治方向、站稳政治立场，真正让有信仰的人坚守信仰、践履信仰，进而言传身教、传播信仰。

（二）提高政治站位，始终为党育人

全面贯彻党的教育方针，落实立德树人根本任务，努力培养担当民族复兴大任的时代新人，培养德智体美劳全面发展的社会主义建设者和接班人，这是社会主义办学方向对高校和高校教师的要求。高校思政课教师要坚持正确政治方向，贯彻党的教育方针，严格执行国家教育政策，担负为党育人、为国育人的神圣使命，在课堂讲授、学术研究中确实做到在党爱党、在党言党、在党忧党、在党为党，用学理的方式讲政治，弘扬主旋律、传播正能量，讲好中国故事，彰显中国自信，勇于跟丑化历史、诋毁英雄、侮辱国族的行为作斗争，敢于与历史虚无主义、普世价值论等错误论调展开论战，善于对拜金主义、享乐主义、极端个人主义等思潮加以剖析和引导。只有如此，才能

---

① 习近平. 论党的宣传思想工作 [M]. 北京：中央文献出版社，2020：379—382.

② 习近平. 高举中国特色社会主义伟大旗帜 为全面建设社会主义现代化国家而团结奋斗：在中国共产党第二十次全国代表大会上的报告 [M]. 北京：人民出版社，2022：16.

让学生真正从理性、情感、信仰层次认同党的思想理论和大政方针政策，在内心深处埋下真善美的种子，扣好人生的第一颗扣子，成为真正"又红又专"、将来有益于国家民族、不负人民嘱托和期待的时代新人。

（三）提升自身素养，履行教师职责

思政课教师承担的教学任务较重，要牢记教师的神圣职责，增强育人为本的责任意识，讲奉献、顾大局、挑重担，积极带头多上课、上好课，要切实仁爱学生，关心学生成长，教育学生成才，成为学生健康成长指导者和引路人，不可因为学术研究与社会服务而弱化了人才培养的教师本分；要加强师德师风建设，自觉践行社会主义核心价值观，弘扬中华传统美德与社会主义道德，以德立身、以德立学、以德施教，用人格魅力感召学生，以身作则为学生树立良好典范；要攻坚克难、竭尽所能、坐得住冷板凳、不怕失败，不图虚名，不患得患失，不斤斤计较；要紧跟时代脉搏，了解前沿动态，掌握学生特点，善用科技手段；要终身学习、涉猎广泛、认真备课，常讲常新。只有如此，方能真正用坚定的理想信念和深沉的家国情怀感召学生，用创新思维和广博视野启发学生，用严格自律和高尚人格感染学生，消除学生的抵触情绪和刻板印象，引导学生融入课程，参与课堂，以德服人、以情动人，在潜移默化中塑造学生人格、启迪学生思维、引领学生思想。

（四）增强学科认同，提振授课信心

"办好思政课，有不少问题需要解决，但最重要的是解决好信心问题。"[①]中国特色社会主义理论体系建设的学术成果，为思政课的政治性与学理性相统一提供根本保证；中国特色社会主义巨大成就的鲜活素材、丰富实践基础上的制度创新、博大理论的规律性认识，使思政课教学内容紧跟时代脉搏，理论联系实际，解决现实问题；中华优秀传统文化的深厚滋养、革命文化和社会主义先进文化的精神财富，使思政课的价值观教育、情感教育等更为契合大众文化心理，利于教育教学话语的推陈出新；思政课建设的教育教学成就，则不断推进了教学手段、方式、方法的守正创新。思政课教师要从如上几个

---

① 习近平. 论党的宣传思想工作 [M]. 北京：中央文献出版社，2020：376.

方面深化对思想政治教育学科的理论认识，切实增强学科认同，提振思政课教师的信心。

（五）夯实自身本领，潜心教学改革

思政课教师应具有推进教学内容方法改革创新的动力、定力和能力。思政课教师既要不断创新教育教学形式，调动课堂氛围，又要避免娱乐化倾向，切实用学术讲政治，用真理力量引导学生；既要准确传达思想理论的核心要义，又要认识到思政课程与一般知识传授的差异性，切实在日常教学和考查考核等环节强调价值引领；既要回应学生所思所想和多元思潮，切实提高思政课程的针对性，又了解时代、关注社会，善用跨学科视野及其理论方法，分析解答现实问题，增强思政课程的实用性；既要遵循思政课的统一监管要求，又要在知识切入、分析推理、手段方法上发挥思政课教师的积极性和创造性；既要切实加强青少年学生不同学习阶段的思想知识衔接之研究，同时推进课堂、校园、社会、网络立体课堂建构与有效协同，又要不断探索和推进课程思政建设，实现全员全程全方位育人。

第三节　地方高校思政课改革创新的路径选择

前面详细分析了思政课思想性、理论性、亲和力、针对性的丰富内涵和坚持"八个相统一"的具体要求，探讨了思政课教师素质提升的重要性。这是我们推进思政课改革创新的根本指南，也为本著作的研究提供了根本遵循。在此基础上，本书从教学生活化的视阈，力图在增强地方高校思政课亲和力和针对性中承载思想性和理论性，推进地方高校思政课教学改革创新。这也构成了本著作的研究思路。

一、教育回归日常生活与思政课教学生活化视阈

（一）回归日常生活的哲学和教育学运思

回归日常生活世界，是 20 世纪诸多哲学流派共同推进的趋势。一般来说，国外的日常生活理论主要分为三个阵地：一是回归传统日常生活世界的研究，

主要代表为胡塞尔的现象学、维特根斯坦的分析哲学；二是批判日常生活世界异化的研究，主要代表为海德格尔的存在主义、列斐伏尔的日常生活批判；三是超越异化日常生活的研究。这成了高校思想政治教育认识日常生活的主要理论来源[①]，应当说，与如上思路对日常生活的理解不尽相同。其中，面对处于深刻的危机和异化之中的科学世界、技术世界、艺术世界等非日常生活领域，维特根斯坦和胡塞尔一样，期望回归到传统的生活世界挖掘意义和价值，企图在没有受到科学技术和工业文明渗透的日常生活领域化解危机和异化，重建人的意义世界和精神家园[②]。这一"回归日常生活"的理论思考，对思想政治教育回归日常生活的影响更为直接和深远。

从教育学角度探究"教育"与"生活"，是思想政治教育回归日常生活的另一理论源头。美国哲学家、教育家、心理学家约翰·杜威提出了著名的"教育即生活""学校即社会""从做中学"等理论观点。在他看来，学校生活是雏形的但不是真正的社会生活。学校要把经过挑选的社会生活形式搬进校园，让学生切身感受并学会不同类型的社会生活方式[③]。因此，"教育即生活"命题中的"教育"主要是狭义的学校教育，"生活"则意指经过改造的、有所选择的社会生活，或者可以理解为个人和群体不断更新的生活经验。学校教育是把经过选择的、源于生活又高于生活的内容（群体的生活经验）呈现给学习者，逐步扩大和改进经验、养成道德品质和习得知识技能，满足于当下社会生活的需要。基于此，杜威反对传统的灌输式教育方法（注：填鸭式的硬灌输），认为创造充分的条件让学习者去"经验"是教育的关键，而经验的获得是主体和对象、有机体和环境之间的相互作用，使学习者从活动中学习。教师要把教授知识的课堂变成活动的乐园，使其在积极自愿投入活动中获得知识、养成品德，实现生活、生长和经验的改造。最好的教育就是"从生活中学习、从经验中学习"[④]。此外，皮亚杰也认为，学生是在自己日常生活和学习

---

① 蔡健. 马克思日常生活思想对高校思想政治教育的启示 [D]. 南京师范大学, 2020: 15.

② 蔡健. 马克思日常生活思想对高校思想政治教育的启示 [D]. 南京师范大学, 2020: 15—16.

③ 顾红亮. 杜威"教育即生活"观念的中国化诠释 [J]. 教育研究, 2019 (04): 24—25.

④ 褚宏启. 杜威教育思想引论 [M]. 北京：教育科学出版社, 2023: 151-206.

中形成对知识的理解，学习是学习者主动地建构知识经验的过程。

受杜威教育思想的影响，我国著名教育家陶行知先生提出"生活教育"的思想。他反对脱离生活的传统教育观，试图建立生活为中心的教育，提出"用生活来教育""为生活向前向上的需要而教育""教育是生活所必须的教育""生活即教育，社会即学校，教学做合一"等观点。然而，"生活即教育"不是对"教育即生活"的简单颠倒。陶先生所谈的"教育"，更多的是包含学校教育、家庭教育、社会教育在内的"广义的教育"而言；"生活"的内涵也跟"经过改造的、有所选择的社会生活""个人和群体不断更新的生活经验"的所指不同，而是本真的、原初的人类社会生活的方方面面。"生活即教育"不仅强调在课堂中教学、在学校里模拟学习社会经验，而且强调"学生不应该被关在学校里过精致的学校生活，而应该走进社会，亲近社会，在现实的社会生活中学习，与社会生活一起成长"，更为彰显了"现实社会生活的教育意义"①。

（二）思想政治教育的日常生活论

思想政治教育的日常生活论，已经成了思想政治教育基本问题的实践视角之一②。思想政治教育回归日常生活，大概也存在着两个不同的进路。

第一种进路是在日常生活领域开展思想政治教育。日常生活所独具的基础图式、诉求张力和意义特质，使其成为思想政治教育赖以存立的场域③。日常生活分为日常消费活动、日常交往活动、日常观念活动。思想政治教育需要围绕着过度消费、社会交往的偏差、价值取向多元化、理想信仰被冲击、政治观念之淡化等现状及其原因加以探究，加强思想政治教育实效性④。思想政治教育正是在依托、借助、丰富并最终融入日常生活实现与非日常生活的

① 顾红亮. 杜威"教育即生活"观念的中国化诠释 [J]. 教育研究. 2019 (04)：24—25.

② 王学俭. 新时代思想政治教育基本问题研究 [M]. 北京：人民出版社，2021：247-263.

③ 孙婧. 生活世界：思想政治教育的真实承载 [J]. 东南大学学报 (哲学社会科学版)，2014 (02)：27—30+134.

④ 王灵伦. 日常生活理论视域下大学生思想政治教育研究 [D]. 北京交通大学，2015.

良性互动的过程中实现其价值使命[①]。提高思想政治教育的实效性、亲和力、针对性，需要重新思考思想政治教育的目标体系、教育内容及实现路径，从现实生活世界出发，融入日常观念、日常空间、日常规范和日常交往[②]，把教育的生活和生活的教育统一起来[③]，在实践基础上生成亲和力，并且以引领日常生活彰显其价值旨趣。[④]

第二种进路是侧重通过抽象观念与生活世界的联结来增强思想政治教育的实效性。相关研究的背景是：传统思想政治教育存在着过于追求形式化、理想化、教条化的问题，脱离了受教育者的凡俗生活和朴素追求，给人"假、大、空"的刻板印象[⑤]。"思想政治教育回归日常生活是指日常生活成为思想政治教育的出发点和立足点，以教育客体的日常生活为主题，围绕教育客体的日常生活，寻找教育的契机，赋予教育内容、教育形式、教育方法日常现实生活的内涵，寓教育于教育客体的日常现实生活，在日常生活世界中充分发挥教育客体的主体性。"[⑥]

（三）思政课教学生活化

按照"大思政课"的理念，思政课可分为课前、课中和课后三个阶段，包括课堂教学、网络教学、校园文化、社会实践等环节。思政课教学既依托于学校课堂教学的主渠道，也需要把思政小课堂和社会大课堂结合起来。有论者指出，生活化是高校思政课教育教学改革的主导取向，是提高思想政治

---

①叶方兴.从"悬浮"走向"融合"——论现代性语境下思想政治教育与日常生活的关系[J].探索，2019(06)：152—159.

②王学俭，刘珂.融入日常生活：思想政治教育的微观建构[J].思想教育研究，2015(02)：18—22.

③邢云文，张瑾怡.构建面向"日常生活"的大学生思想政治教育[J].思想理论教育导刊，2018(02)：121—124.

④李进荣，朱瑛.日常生活维度思想政治教育亲和力的三重逻辑生成[J].思想政治教育研究，2020(01)：129—132.

⑤蔡健.马克思日常生活思想对高校思想政治教育的启示[D].南京师范大学，2020：13.

⑥郝保权，王艳杰.思想政治教育回归日常生活的意识形态逻辑[J].理论与改革，2017(01)：177—183.

教育实效性的有效途径，要通过建构生活化的课堂、加强理论性社团建设、网络教育教学平台建设、校园文化建设和主题性社会实践活动建设等多种途径，将课堂教学与学校生活、社会生活相融通，实现教育教学生活化的价值诉求[①]。

前述在日常生活领域开展思想政治教育，更多涉及"在日常生活中"进行思想政治教育，这一理论探究有利于我们运用日常生活理论，结合"生活即教育"的教育思想，在思政课课前和课后的网络教学、实践教学、校园文化活动中进行思想政治教育。换句话说，课前和课后是"在日常生活中"（包括校园生活、社会实践、网络生活等）预习、学思、调研、展示、习得、实践，从而理论联系实际，在真实日常生活场景中理解和运用知识、思想和价值。

思政课课堂教学是开展大学生思想政治教育的主渠道。依托日常生活开展思政课课堂教学，结合"教育即生活"的教育思想，则是"挑选生活素材""援引日常生活资源""调动日常生活经验""构筑日常生活的理解情境"，在"课堂中"教学，在模拟生活情境中实现思想理论与鲜活素材、抽象观念与日常生活、宏大叙事与微观叙事相结合。在这个意义上，思政课程的学习过程，是学生主体基于一定生活情境下的价值建构过程。教师应将整个教学置于现实生活中，进行教学语言、内容、情景、方法和评价的生活化转化[②]，需要以平易却富有生机的方式构筑历史叙事、生活叙事、生命叙事的叙事体系[③]，从而密切教学与学生生活之间的联系，在生活化的教学内容、教学情境中增强大学生的价值认知和认同。

无论是在日常生活中教学，还是依托日常生活开展课堂教学，虽方式有别，但两者却可以实现优势互补、相得益彰，把教学的生活和生活的教学贯通，因事而化、因时而进、因势而新，实现铸魂育人目标。

---

① 杜向民. 论高校思想政治理论课教育教学生活化 [J]. 思想教育研究, 2010 (06): 30—33.

② 刘博. 思想政治理论课教学的生活化路径 [J]. 教育评论, 2011 (05): 93—95.

③ 杨红星，梁燕. 生活化·生态化·叙事化: 高校思想政治理论课教学探索的三个维度 [J]. 河北师范大学学报（教育科学版）, 2017 (01): 86—90.

二、教学生活化视阈下教学目标设定与理念更新

"教育"与"生活"的联结及其对教育本质的理解，有助于我们深化对教学目标和教学理念的认识，增强思政课教学目标和教学理念的亲和力和针对性。

就育人目标而言，思政课教学的主要目的不是为了应付各类考试，不是为了学生简单死记硬背记住一些知识和观点，而是要用党的创新理论来铸魂育人，促进学生的成长成才。具体而言，思政课教学是为了逐步扩大和改进经验，从而扩大学生对国家、民族、世界的了解，提升个人了解社会动态、分析社会现象、捕捉发展机遇的能力，养成学生的系统思维、战略思维、历史思维、辩证思维、创新思维、法治思维、底线思维、精准思维等，从而用更强的能力服务于生活需要；是为了提升道德觉悟、增强心理素质、塑造健全人格、形成良好精神风貌等综合素质，培育正确的情感、态度、价值观，通过教育使生活更加美好，促进人的自由全面发展；是要传承和发扬党领导人民创造的精神、思想、文化传统，激发青年大学生群体在中华民族伟大复兴进程中的使命担当，增强其爱党报国为民的意识、意志、能力和行动，服务于当下的改革创新实践和强国建设需要，服务于地方经济社会发展的需要，成为社会主义事业建设者和接班人，成为堪当民族复兴大任的时代新人，从中实现个人价值和社会价值的有机统一、个人梦想和国家民族梦想的有机统一，使教育为青年大学生的高层次自我实现需要服务。

鉴于此，地方高校思政课改革创新，既要明确地方高校思政课的育人目标体系，牢记立德树人的根本任务和铸魂育人的教育功能，也需要把思政课根本目标与大学生群体联系起来，将宏观教学目标与地方经济社会发展实际结合起来，将思政课教学社会目标与大学生个体实际结合起来。用个体目标来联结根本目标、学段目标、区位目标，用思政课的根本目标、学段目标、区位目标来定位个体目标，能够使地方高校思政课教学功能更被学生乐意接纳，使思政课教学目标更针对学生实际，增强地方高校思政课育人目标的亲

和力和针对性。

在教学理念层面，地方高校思政课要以"两个结合"统领基于理论的生活化叙事，实现思想理论与鲜活素材、抽象观念与日常生活、宏大叙事与微观叙事相结合。

一方面，"两个结合"有利于理解马克思主义中国化时代化的时代课题和理论特质，串起了马克思主义中国化时代化理论的核心范畴（时代背景、历史方位、社会主要矛盾、根本问题、中国道路、实践探索；历史根基、文化传统、价值追求、文明理想、社会心理、话语表达等），成为思政课教学的核心内容，而且拓展了马克思主义中国化时代化历史进程的叙事脉络，成为思政课开展理论叙事教学的重要依托。思政课教学要以"两个结合"的时代课题、理论特质、核心范畴、叙事脉络为纲，规范"讲故事"的内在逻辑，彰显思政课程的主旨主题主线，避免侧重叙事但主题主线不明、内容众多但核心概念不彰、运用地方素材但缺乏全局视野的倾向，保证高校思政课的思想性与理论性。

另一方面，思政课教学内容也应该加入学生能够经验到的生活素材。从思政课的思想性和理论性来看，政治理念、价值观念、思想体系、理论形态，是思政课的重要内容，但这些抽象的思想理论如果缺乏跟学生日常生活的联结，难以跟学生生活经验相匹配，学生就难以理解和接受。因此，思政课课堂教学要打破空对空的概念演绎，加入具体的人、事、物，把真实的社会实际呈现给学生，把理论的指导作用呈现给学生，把社会实践的发展到理论守正创新的历程呈现给学生，才能让学生感受到思想理论的科学性，达到入脑入心的预期效果。结合地方高校思政课教学实际来说，地方高校思政课要在"两个结合"的思想体系和叙事脉络下容纳更多贴近学生生活、更加喜闻乐见的丰富素材，结合地方文化、地方党史、地方实践中的具体人物、事件、精神，在充实"两个结合"的丰富素材中使理论讲述有血有肉，使宏大叙事真切可感，体现地方高校思政课的亲和力和针对性。

三、教学生活化视阈下课堂理论教学的优化策略

"教育即生活"的理念，可以借鉴用于思政课课堂教学的优化，增强思政课课堂教学体系、内容、方法、模式的亲和力和针对性。

在课堂教学体系建构上，我们要树立教材体系转化为教学体系的意识。地方高校大学生形象思维见长，期望教师上课时能够以比较生动形象的形式呈现出来，抓住他们的眼球，避免其陷入分神的境地。只有用具体的人物来展现责任担当，用文物遗迹来诠释伟大精神，用鲜活叙事来勾勒发展历程，用具体的案例来诠释思想理论的科学内涵，才能深入浅出地讲述思政课的教学内容，让学生结合自身生活经验加以理解和接受。因此，地方高校思政课要由历史与现实的人物、事件、故事入手，从共性现象中引出问题思考，从分析现状和提出方略中进入思想理论讲解，从呈现思想理论的巨大指导作用中强化对思想理论的深度认同。在经由如上程序开展具体专题教学的基础上，思政课教师还要通过专题之间的内在关系阐释，引导学生把握思想理论的科学体系，同时在理论探究和矢志践行中贡献大学生的智慧和力量。循循善诱、启迪智慧、增强认同、守正创新、共建社会的理论教学体系，有利于提升地方高校思政课教学亲和力和针对性。

在课堂教学方法上，应该推进活动型课堂的建构。在课堂导入环节，要善于从学生日常生活中可能存在的思想困惑出发，从学生感兴趣的社会现象出发，从学生关注的时政热点出发，设计导入案例，或者设置思考问题，调动学生关注。在理论讲授环节，要善于采用议题式教学法，将课程主题拆分成若干相互联系又层次分明的议题和内容，循序渐进、由浅及深讲解教学内容；采用案例式教学法，深入浅出呈现思想理论的科学内涵，展现思想理论的具体落实情况和巨大指导作用；采用情景式、体验式教学法，重回历史现场，再现实践场景，感受英雄人物的人格魅力和责任担当，感受重大历史事件的巨大影响和历史贡献，感受思想理论的火热实践；采用启发式、探究式教学法，设置开放性问题，激发学生问题意识，引导学生分析社会现象，思考解决方案，

理解思想理论的提出背景和价值意义，改善填鸭式教学和硬灌输的效果不理想的情况。在师生互动环节，"00后"大学生"渴望交流，崇尚平等"的意识更加强烈，因而思政课教学要扩大学生参与、增强师生互动和小组互动，善于设置学生感兴趣的问题、话题，运用问答、讨论、辩论等方式，鼓励学生主动回答，畅谈自己的看法和感受，提升学生自主学习的意识和能力，推进教师主导与学生主体地位的有机统一。

在教学模式升级方面，要激活学生美好生活体验，构筑美好生活情境，增强高校思政课教学模式的亲和力。新时代美好生活观要在"两个结合"的视域下理解其生成逻辑，把握新时代美好生活的历史沿革、价值追求、丰富内容、实现路径和创造主体。新时代美好生活观的话语叙述、生活转向、解释张力和系统建构，有助于推动思想政治教育教学的效率提升、模式升级、资源延展和内容充实。新时代美好生活观能够让学生更加直观感受到党领导下国家发展进步的伟大变革和非凡成就，在古今中外的比较视野中更加珍惜新时代美好生活的来之不易，感受体悟美好生活蕴含的共同富裕与全面发展的价值之"善"、基于生活需求与生产供给辩证规律的理论之"真"、党团结带领人民走中国特色社会主义道路的路径之"实"，最终激发学生肩负使命与实践行动的持久动力，从而有利于激发学生对中国共产党领导的政治认同、对党史国史的情感认同、对社会主义核心价值观的价值认同、对中国特色社会主义的"四个自信"。

此外，在依托地方特色资源丰富教学内容和方法方面，地方高校思政课要结合学生日常生活更能接触到的地方历史文化资源和改革创新实践素材，让学生在调动日常经验中理解宏大叙事和理论全局；要活用地方特色资源，打造优质精品课例，增强地方高校思政课教学内容的亲和力和针对性。地方特色资源（地方历史文化资源、革命文化资源、地方的先进文化和时代精神、地方改革创新实践素材）的引入，打造地方特色、联系实际、自成体系又回归教材、彰显思想、突出主旨的教学体系，能够深入浅出地讲授宏大理论的具体内涵。具体来说，以广东地方特色资源的实际应用为例，我们要分析地方特色资源融入思政课教学的显著优势和基本思路；进而以岭南文化资源、广东党史资源、新时代改革创新素材融入思政课教学为具体案例，具体探究地方特色资源融入思政课的价值意义、教学理念、内容设计、方法创新。

四、教学生活化视阈下多维立体课堂的建构思路

"生活即教育"的理念，与"大思政课"的理念具有内在契合性，可以借鉴用于推进思政课实践教学、网络教学等立体课堂建构，实现全员全程全方位育人，增强思政课教学体系和教学载体的亲和力和针对性。

按照"大思政课"育人格局建构的要求，让学生"从生活中学习、从经验中学习"的必要性和紧迫性更为突出。大学学习具有"自主学习"的特点，多数大学生期望能够增加互动，增强参与。因此，如何构建实践教学体系，是摆在教师面前的紧迫议题。实践教学的目的是转变单纯由教师主导的授课模式，是强调自主学习理念，充分调动学生的主动性积极性。在课前和课后环节，思政课教师可以结合学生思维成长规律，设置经典品读、人物访谈、宣讲辩论、社会调查、专题探究、社会服务的实践环节，形成"品—听—辨—察—研—悟"螺旋式上升的实践教学体系；可以结合地方特色，依托地方资源，拟定思政课实践选题；可以贴近地方高校教学实际完善实践教学方案。思政课实践教学的层次性、探究性和趣味性，有助于增强地方高校思政课实践教学的亲和力和针对性。

在完善理论教学和实践教学体系的同时，我们也要结合大学生网络生活实际，建设网络教学课程，用好网络学习平台，发挥网络思政优势，增强地方高校思政课教学载体的亲和力和针对性。网络教育的常规手法是建设网络课程，近年来依托超星学习通、优学院等平台建设网络优质思政课程，形成网络教学与课堂教学、实践教学的有效互补，取得了诸多成效，思政课教师要在网络课程建设继续探索，继续推进混合式教学改革创新，不仅在网络课程中提供思想政治教育的视听资源，更要努力构建师生互动、网络学习、网络考核、网络监督的机制，形成网络教学与课堂教学的有效互补。

"互联网+"时代背景下，高校思想政治教育工作面临着新挑战，也拥有了新手段，迎来了新机遇。思政课教师要树立"互联网+"思维，转变思想政

治教育工作方式方法，主动出击、迎难而上，勇于在复杂的意识形态斗争环境中占领网络阵地；要用好"学习强国"主平台的权威资源优势，挖掘地方学习平台的特色资源优势，依托网络学习平台的线上教育优势，推进地方高校思政课改革创新；要引导学生形成常态化网络学习的习惯，引导学生日常上网行为。以党史学习教育为例，大学生应依托"学习强国"全国和地方平台，进行有深度又接地气的自主学习，从而在常态化网络学习中潜移默化提升大学生思想觉悟、理论水平、文明素养、科学思维。

第二章

设定多维育人目标，增强教学目标亲和力和针对性

　　"我国思想政治教育的根本目的是提高人们的思想道德素质，促进人的自由全面发展，激励人们为建设中国特色社会主义、最终实现共产主义而奋斗。"① 思想政治教育的目的是集合的目的体系，按作用对象可以将其分为个体目的和社会目的②。本章将阐发地方高校思政课的个人目标与社会目标，继而从青年精神生活富足的角度，阐明思政课教学的个体目标与社会目标是有机统一的，使地方高校思政课教学功能更被学生乐意接纳，使思政课教学目标更针对学生实际，增强地方高校思政课育人目标的亲和力和针对性。

第一节　地方高校思政课教学的个体目标

　　虽然思政课是大学生的必修课程，是学生毕业、取得学位、考取研究生的必要条件，但思政课教学的主要目的不是为了应付各类考试，不是为了学生简单死记硬背记住一些知识和观点，而是要提升学生的社会认知，使其形成科学的思维模式，从而具有较强的综合能力，服务于生存发展的生活需要；是要提升道德觉悟、增强心理素质、塑造健全人格、形成良好精神风貌，培育正确的情感、态度、价值观，通过教育使生活更加美好，促进人的自由全面发展。

---

① 陈万柏，张耀灿. 思想政治教育学原理 [M]. 北京：高等教育出版社，2015：79.
② 陈万柏，张耀灿. 思想政治教育学原理 [M]. 北京：高等教育出版社，2015：78.

一、能力目标：有效提升社会认知和科学思维

在日常思政课教学当中，可能很多老师都会被学生问到一个问题："思政课是国家意识形态的灌输和教化，那对我个人而言，思政课究竟有什么用？"在不少学生的心目中，学习英语将来考研用得上，做外贸订单、出国旅行、留学深造用得上，阅读外文文献和学术研究用得上；学习经济学、金融学、管理学、法学等专业知识，有助于分析经济形势，捕捉发展机遇，进行投资理财，规避法律风险，维护正当权益；学习烹饪、美妆、驾驶等技能，能直接方便个人生活、装点个人形象。相比于如上工具、知识、技能，一些学生会感觉到思政课不能直接拿来用，甚至认为没有什么作用，降低了他们的学习积极性和主动性。因此，在社会风气较为浮躁、就业竞争压力增大的大背景下，适度彰显思政课的现实功能，对于提升地方高校大学生的学习动机而言，具有一定的必要性。

一是彰显思政课的社会认知功能。思政课教学的重要内容是讲解党的创新理论和新时代创新实践，呈现党的大政方针政策，讲述我国的根本制度、基本制度和具体制度，勾勒社会历史变迁与时代进步，描述世情、党情、国情、地情，反映文化传统和民族特色；其他学科的专业知识是在如上宏观理论、制度、环境的基础上的理论展开和细化实施，各行各业的发展变化都受到时代发展趋势、国家宏观政策、具体国情文化的影响。因此，作为"知识"形态的思政课程，扮演着"通识课程"的功能，应当构成学生不可或缺的基本知识体系。作为没有真正进入社会但又要即将迈向社会的大学生而言，显得尤为重要。当然，由于课堂教学时间的限制，如上内容也难以做到面面俱到和足够深入，但思政课教师应该有意识地唤起学生的自觉，引导大学生发挥自主学习能力，在日常生活中多观察，在日常网络浏览中多留意，在实习实践中多思考，在日积月累中加深对社会现实的认知，了解所在（相关）行业、专业的发展动态，发现潜在的发展机遇。

二是彰显思政课的思维训练功能。风云变幻的国际形势、纷繁复杂的社

会现象、鱼龙混杂的网络舆情、复杂多变的社会情绪、发展过程中的问题痛点、风险挑战的不确定性、目标任务的长期性艰巨性、改革路径的扩宽完善，都亟待大学生具备筛选辨别资讯、不人云亦云、不轻信谣言的意识和能力，需要形成系统全面看问题、通过现象看本质、回归历史看进步、理想平和看不足、坚定信心向未来、科学谋划辨方向、创新探索求方案、精准施策解难题的意识和能力。而就思政课教学而言，教师不仅是呈现思想理论的科学体系，而且要阐明其中的世界观和方法论，其中便包含着系统思维、战略思维、历史思维、辩证思维、创新思维、法治思维、底线思维、精准思维等。思政课教学如能在具体的案例展示、现象分析、问题化解、理论创新的日常教学活动中培养学生的思维，将能够让学生深刻感受到思政课的思想魅力。

二、素质目标：自觉筑牢思想防线和构建精神家园

围绕学生的成长成才，思政课还要提升道德觉悟、增强心理素质、塑造健全人格、形成良好精神风貌，培育正确的情感、态度、价值观，从而筑牢思想防线和精神家园。关于这一点，早已成了思想政治教育工作者的共识。本处仅结合三个案例加以说明。

一是筑牢道德和法律底线，促进健全人格的养成。

当前，青少年犯罪成为了社会热议的沉重话题。虽然其中有舆论的放大效应，但也值得教育工作者深思。青少年犯罪，与家庭环境、社会环境、教育方式等有密切关系，是复杂的、严肃的话题。仅从思想道德教育的角度而言，就是要培育学生更多的善根，抑制更多的恶源。

"己所不欲、勿施于人"，对他人受难的"恻隐""同情""不忍"，这是之为"人"的底线，也是法律惩治恶性犯罪的根基。"君子成人之美""先人后己""助人为乐""诚信待人""友善相处"，是社会公德的朴素信条。思想道德的修养，有时不需要太复杂的"大道理"，而是人类朴素的道德情感的流露，是基于良好日常生活的习得。"人非草木，孰能无情。"思政课教学不仅要"晓之以理"，也要"动之以情"。良好的思想觉悟和道德修养，有助于克制自私、贪婪、享乐、不劳而获的心态，克制嫉妒、怨恨、仇视的心理，塑造理性平和、

友善宽容、平等尊重、换位思考的处事方式，塑造更加成熟的心理和更加健全的人格。思政课对学生一生的功能，应该也包含恶念起意时的克制、偶犯小过时的省思、"举起屠刀"那一刻的"回头是岸"。

二是抵制拜金主义、享乐主义思潮，塑造自强有为、崇尚高雅的健康心态。

当前，一些学生受家庭物质条件限制，而未能满足较高品质的物质需要，此时对物质富裕的渴求本属于正常心理现象。然而，一些家庭贫困的大学生未能转化为提升自身能力、不断努力奋斗的动力，未能形成通过"延迟满足"来调适当下的心态，而是可能存在"自卑""攀比""怨恨"的消极情绪，甚至不惜用高息借贷、攀附他人的手法来满足一时的虚荣。同时，受"消费主义"思潮影响，加上一些商业广告宣传和自媒体传播的推波助澜，即使是家庭条件比较殷实的部分学生，也用所谓"名牌"甚至奢侈品来衡量自身的"身价"，美其名曰"对自己好一点"，用礼物贵重程度来衡量真心，用纸醉金迷的生活来填充本该倍加珍惜的青春时光。

这些"物化"现象，既需要我们通过高质量发展、物质更加富裕、促进社会公平正义来改善，也需要通过思政课教学加以思想引领。从物质富裕和精神富足相协调的角度来看，思政课教学要让学生形成正确的物质观、金钱观、爱情亲情友情观，培养乐观进取的健康心态，能够困顿时有"穷且益坚，不坠青云之志"的豁达，让一时困顿成为自立自强、顽强奋斗的动力；顺遂时有"富而好礼""富而后有教养"乃至"达则兼济天下"的胸怀，让财富成为促进自身成长成才的条件，而非贪图安逸、腐化堕落的源泉。

三是正视"内卷""佛系"的亚文化，形成积极奋进、有序发展的良好格局。

当前，关于"内卷""佛系"的关注和讨论很多，出现于不同的年龄层。在全球经济形势的大背景下，在人口素质整体提升、社会竞争日趋激烈、就业压力增大、群体浮躁焦虑的情绪渲染下，在"成功"标准较为单一且"结果"定义"成功"的思潮下，青年大学生"非理性的内部竞争"现象开始出现。相伴而来的，则还是有一部分青年大学生在"内卷"中感受到严重的"精神内耗"，在"快速奔跑"的赛道上力不从心，在遭遇挫折后变得自暴自弃，在遭遇迷茫后随波逐流，最终，在自我精神修复后启动"佛系"生活模式。

应当说，"内卷"或"佛系"的现象及其根源是极其复杂的，其解决之道也需要多层次的优化和多方面的共同努力。仅就高校思想政治教育教学的角度而言，一要坚定弘扬自强有为、乐观进取、积极向上的人生态度，避免自暴自弃、颓废堕落、庸碌无为的消极态度。二要引导学生改变对"成功"的较为单一粗浅的认知。三百六十行，行行出状元。无论在哪个领域，都需要高素质人才。地方高校大学生要有"天生我材必有用"的信心，根据社会环境和自身条件选好自己的发展方向；要更注重奋斗的过程，不计较一时的得失，不以财富多寡、职业分工、职位高低、成果多少来简单定义和评价成功。三要结合自身实际，在自己的能力和精力范围内力求更好、无愧无悔、有益于社会，就应当自我肯定和被社会接纳。欲速则不达，放慢脚步，重新出发，不断前行。而面对他者，要有更多的善意和祝福，认识到能力的差别、奋斗程度的差异、时代和地区境遇的不同，综合形成了千差万别的平凡人生，要善于取长补短、反观自我、广结善缘、合作共赢。

合而言之，"青少年阶段是人生的'拔节孕穗期'，这一时期心智逐渐健全，思维进入最活跃状态，最需要精心引导和栽培"①。思政课教师就是要成为大学生的知心人、引路人。从青年大学生思想道德素质培育的角度而言，情理交融呈现思想道德和法律所要求的行为规范，有助于塑造学生的善良意志和完整人格，筑牢道德和法律的底线，首先成为对社会无害的人，避免走向犯罪而丧失自由的深渊。思政课教学联系学生的物质观和金钱观，紧扣消除"内卷"或"躺平""佛系"造成的精神内耗，能够抓住学生的思想困惑，引发他们的所想所思，进而让学生从人生态度、成功标准、健康心态去理解自身的成长成才，理解树立正确的人生观和价值观的重要性，继而通过奋斗有为而成为有益有功的人。

第二节　地方高校思政课教学的社会目标

地方高校思政课教学目标可以从社会目标和个体目标来理解，社会目标又包含地方高校思政课的根本目标、学段目标、区位目标。地方高校思政课的根本目标是意识形态的灌输与教化，增强学生政治认同，培养社会主义事

---

① 习近平 . 论党的宣传思想工作 [M]. 北京：中央文献出版社，2020：372—373.

业建设者和接班人。立足大学生群体的认知水平和身份角色，高校思政课程则重在强调青年大学生群体在中华民族伟大复兴进程中的使命担当，增强其爱党报国为民的意识、意志、能力和行动；立足地方高校人才培养目标（高素质、应用型、技术技能型人才培养目标）而言，则是要引导地方高校大学生将宏大目标具体化，落实在地方经济社会发展层面，在服务地方、建设地方中贡献力量。

一、根本目标：培养社会主义建设者和接班人

习近平总书记在学校思想政治理论课教师座谈会上指出："未来三十年，我们培养的人要能够完成'两个一百年'的伟业。这就是教育的历史责任。我们党立志于中华民族千秋伟业，必须培养一代又一代拥护中国共产党领导和我国社会主义制度、立志为中国特色社会主义事业奋斗终身的有用人才。这就要求我们把下一代教育好、培养好，从学校抓起、从娃娃抓起。"[①] 党的二十大报告进一步指出，在全面建设社会主义现代化国家新征程中，教育、科技、人才是基础性、战略性支撑[②]。"教育是国之大计、党之大计。培养什么人、怎样培养人、为谁培养人是教育的根本问题。育人的根本在于立德。全面贯彻党的教育方针，落实立德树人根本任务，培养德智体美劳全面发展的社会主义建设者和接班人。"[③] 习近平总书记在二十届中共中央政治局第五次集体学习时强调："建设教育强国，是全面建设社会主义现代化强国的战略先导，是实现高水平科技自立自强的重要支撑，是促进全体人民共同富裕的有效途径，是以中国式现代化全面推进中华民族伟大复兴的基础工程。"[④] 只有建设教育强国，办好人民满意教育，提高教育质量，培养优秀人才，才能实现科技

---

① 习近平. 论党的宣传思想工作 [M]. 北京：中央文献出版社，2020：375.

② 习近平. 高举中国特色社会主义伟大旗帜 为全面建设社会主义现代化国家而团结奋斗：在中国共产党第二十次全国代表大会上的报告 [M]. 北京：人民出版社，2022：33.

③ 习近平. 高举中国特色社会主义伟大旗帜 为全面建设社会主义现代化国家而团结奋斗：在中国共产党第二十次全国代表大会上的报告 [M]. 北京：人民出版社，2022：34.

④ 新华社. 加快建设教育强国 为中华民族伟大复兴提供有力支撑 [N]. 人民日报，2023-5-30（01）.

自立自强和共创人民美好生活，社会主义现代化建设事业才能后继有人，全面建设社会主义现代化国家才能如期实现，中华民族伟大复兴才能早日实现。

培养拥护党的领导和社会主义制度、立志为中国特色社会主义事业奋斗终身的建设者和接班人，是高等教育人才培养的根本目标。2023年5月29日，习近平总书记在中共中央政治局第五次集体学习时强调，我们推进教育强国建设，要坚持不懈用习近平新时代中国特色社会主义思想铸魂育人，着力加强社会主义核心价值观教育，引导学生树立坚定的理想信念，永远听党话、跟党走，矢志奉献国家和人民①。作为落实立德树人根本任务的关键课程，高校思政课关系到高等教育的根本问题——培养什么人、怎样培养人、为谁培养人。"思想政治教育的本质在于社会主导意识形态的教化，具体体现为通过提高人的思想政治素质为社会全面进步服务。"②思政课的根本目标就是要牢记铸魂育人职责，增强学生政治认同，培养中国特色社会主义事业的建设者和接班人。我们可以从如下角度加以理解。

从意识形态的灌输和教化来看，习近平总书记在全国高校思想政治工作会议上强调，高校思想政治工作"要教育引导学生正确认识世界和中国发展大势，从我们党探索中国特色社会主义历史发展和伟大实践中，认识和把握人类社会发展的历史必然性，认识和把握中国特色社会主义的历史必然性，不断树立为共产主义远大理想和中国特色社会主义共同理想而奋斗的信念和信心；正确认识中国特色和国际比较，全面客观认识当代中国、看待外部世界"③。思政课育人的重点就是要开展马克思主义理论教育，用习近平新时代中国特色社会主义思想铸魂育人，引导学生正确认识国情和时代，学习和把握共产党执政规律、社会主义建设规律、人类社会发展规律，从而始终感党恩、听党话、跟党走，厚植爱国主义情怀，强化政治认同，增强"四个自信"，自觉坚持和发展中国特色社会主义，自觉投身建设社会主义现代化强国、实现中华民族伟大复兴的奋斗之中。

---

① 新华社.加快建设教育强国 为中华民族伟大复兴提供有力支撑[N].人民日报，2023-5-30（01）.

② 陈万柏，张耀灿.思想政治教育学原理[M].北京：高等教育出版社，2015：53.

③ 习近平.论党的宣传思想工作[M].北京：中央文献出版社，2020：277.

从通过提高人的思想道德素质为社会全面进步服务来说，"思想政治工作从根本上说是做人的工作，必须围绕学生、关照学生、服务学生，不断提高学生思想水平、政治觉悟、道德品质、文化素养，让学生成为德才兼备、全面发展的人才"[①]。"要成为社会主义建设者和接班人，必须树立正确的世界观、人生观、价值观，把实现个人价值同党和国家前途命运紧紧联系在一起"[②]。思政课要发挥铸魂育人功能，教导人格、心理、智能、品行处于成长期的青少年形成正确的思想，坚定不移走正路，成为德智体美劳全面发展的健全人才，成为国家、民族、人民需要的栋梁之材，从而勇挑重担、苦干实干，实现个人价值与社会价值相统一。

从汲取思政课教学的历史经验来说，"我们党历来重视高度重视思政课建设。在革命、建设、改革各个历史时期，我们党对思政课建设都作出过重要部署"[③]。我们党在不同时期开设思政课，都起到了政治引领、思想引领、价值引领的作用，发挥着坚定一代代人的理想信念和人生选择的良好效果。当前的思政课教学总体成效是显著的，当然也存在着一些新情况、新挑战。但是，思政课教学只能加强，不能削弱，只能迎难而上、改革创新，在传承我们党思想政治教育工作的好思路、好方法中守正创新，继续发挥思政课的重要功能。思政课作用不可替代，思政课教师队伍责任重大。

二、学段目标：不断增强青年大学生使命担当

习近平总书记在学校思想政治理论课教师座谈会上指出："在大中小学循序渐进、螺旋上升地开设思政课非常必要，是培养一代又一代社会主义建设者和接班人的重要保障。人的成长、成熟、成才不是一蹴而就的，而是一个渐进的过程，就跟人的生理发育一样，所以要把这几个阶段都铺陈好。"[④]为此，《新时代学校思想政治理论课改革创新实施方案》按照循序渐进、螺旋上升的原则，立足于思政课的政治属性，对大中小学思政课课程目标进行一体化设

① 习近平. 论党的宣传思想工作 [M]. 北京：中央文献出版社，2020：276—277.

② 习近平. 论党的宣传思想工作 [M]. 北京：中央文献出版社，2020：375.

③ 习近平. 论党的宣传思想工作 [M]. 北京：中央文献出版社，2020：373.

④ 习近平. 论党的宣传思想工作 [M]. 北京：中央文献出版社，2020：375.

计——小学阶段重在培养学生的道德情感，初中阶段重在打牢学生的思想基础，高中阶段重在提升学生的政治素养，大学阶段重在增强学生的使命担当[①]。针对大学阶段的思政课课程目标而言，围绕增强大学生的使命担当，可以细化为多个方面。

一是强调通过理论认知达成政治引领的目标。为了以透彻的理论说服人，高校思政课要引导学生系统学习思想理论（马克思主义基本原理、马克思主义中国化时代化理论成果，尤其是要深入学习贯彻习近平新时代中国特色社会主义思想）；以唯物史观和大历史观系统学习中国共产党党史、新中国史、改革开放史、社会主义发展史，了解中华民族发展史，增强历史自信，把握历史主动；认识世情、国情、党情，从中深入把握中国具体实际；从而揭示马克思主义完整的思想理论体系、强大的真理力量，明晰大学生使命担当的理论逻辑、历史境遇、现实依据，增强以"两个结合"的思想方法联系具体实际、探索中国方案、解决具体问题、推进理论创新的意识和能力。

二是通过情理交融达成价值引领的目标。通过《思想道德与法治》等思政课程，高校思政课教师要引导学生弘扬以伟大建党精神为源头的中国共产党人精神谱系，用好红色资源开展社会主义核心价值观教育；要引导学生弘扬中华优秀传统文化，大力挖掘伟大民族精神、中华传统美德、中国人文精神，以民族资源丰富社会主义核心价值观教育；要引导学生弘扬以改革创新为核心的时代精神，弘扬社会主义先进文化，深化爱国主义、集体主义、社会主义教育，坚守中国特色社会主义共同理想，以时代资源弘扬社会主义核心价值观，推动社会发展，融入日常生活；要坚持依法治国与以德治国相结合，把社会主义核心价值观融入法治建设和法治教育。通过价值引领，激发大学生承担历史使命、肩负时代担当的崇高感、价值感、荣誉感。

三是通过情感共鸣和坚定意志达成思想引领的目标。百年奋斗伟大成就和历史经验、马克思主义中国化时代化理论成果、社会主义现代化物质和精神成果，中华民族伟大复兴的日臻实现，最终指向的都是中国共产党领导的

[①] 中央宣传部、教育部关于印发《新时代学校思想政治理论课改革创新实施方案》的通知 [EB/OL]．中国政府网，http://www.gov.cn/gongbao/content/2021/content_5595931. htm. 2020-12-18.

制度优势、中国共产党实现人民幸福和民族振兴的初心使命。高校思政课通过激发学生的情感共鸣，激发大学生矢志不渝感党恩、听党话、跟党走，承担起实现中华民族伟大复兴的时代新人神圣职责的坚定意志。

最后，躬行实践是归宿。高校思政课也要引导学生通过实地参观、实践调研、志愿服务、基层宣讲、理论献策等途径，紧跟时代形势，捕捉发展机遇，把思想觉悟、政治素质、道德修养转化为坚持和发展中国特色社会主义、投身中国式现代化建设事业、实现中华民族伟大复兴的奋斗行动。

三、区位目标：为地方经济社会发展贡献力量

习近平总书记在全国高校思想政治工作会议上指出，高等教育要为人民服务，为中国共产党治国理政服务，为巩固和发展中国特色社会主义制度服务，为改革开放和社会主义现代化建设服务①。作为我国高等教育体系中数量庞大的组成部分，地方高校（地方应用型本科高校）也要找准自身定位，发挥扎根地方的区位优势，为地方经济社会发展服务。

当前，我国高等教育进入内涵式发展阶段，高等教育体系也在改革当中。在加快建设中国特色、世界一流的研究型大学和优势学科的同时，涵盖专科、本科、研究生阶段的职业教育体系也在加快构建，更多地方高校鼓励向培养具有"工匠精神"的高素质应用型技术技能人才转型。在这一"指挥棒"下，地方应用型本科高校既要遵循高等教育发展规律和高素质应用型技术技能型人才成长规律，又要更加注重顺应新一轮科技革命和产业变革、主动服务产业基础高级化、产业链现代化的形势，从而设置高素质应用型人才培养目标和课程教学目标，培养学生创新精神、实践能力和综合素质。

在这个背景下，地方高校（地方应用型本科高校）的思政课教学目标，在普遍性中又有什么特殊性呢？

地方高校（地方应用型本科高校）的思政课教学目标，宏观上当然是要增强学生政治认同，培养中国特色社会主义事业的建设者和接班人，增强大学生的使命担当，成为能够堪当民族复兴重任的时代新人。与此同时，地方

---

① 习近平. 论党的宣传思想工作 [M]. 北京：中央文献出版社，2020：276.

高校（地方应用型本科高校）的思政课教学目标又应该落细落实，引导学生扎根地方、服务地方、建设地方，增强立足实践的创新意识和能力，成为服务地方经济高质量发展的应用型技术技能型人才；成为能够理论具体实际、关怀社会现实、分析社会现象、积极调查研究、探索地方经验、助力理论创新的高素质人才；成为为地方党委政府决策咨询、完善地方立法和体制机制创新提供智力支持的卓越管理人才。

鉴于此，地方高校（地方应用型本科高校）的人才培养，既要发挥专业教学在培养高素质应用型技术技能型人才中的重要作用，也要通过思政课教学和"课程思政"的思政元素，引导学生将专业所学在对接地方经济社会发展之需中找到用武之地，将个人的成长成才与扎根服务地方紧密结合起来，将投身社会主义现代化建设和中华民族伟大复兴重任落实在具体的地方实践和个人行动中去，与地方发展共成长，与地方成就共进步，在扎根地方、服务地方、建设地方中实现个人价值和社会价值的有机统一。

第三节 坚持个人目标和社会目标相统一

思政课的个体目标和社会目标，要有机联系起来。思政课教师要引导学生符合国家意志、社会需要和人民期盼，立足自身特长能力、兴趣爱好，在服务地方经济社会发展中实现社会文化生活的高质量参与，在争做民族复兴大任的时代新人中抓住人生出彩机会。

一、关注内在精神生活，追求高品位精神富足

（一）青年精神生活富足的内涵

关于精神富足（精神生活共同富裕）的具体内涵，主要有如下几种概括：（1）心理生活、文化生活、信仰生活构成其基本样态[①]；（2）生命观、生存观和生活观的积极与进取，政治观、法治观和道德观的正确与高尚，世界观、

[①]柏路.精神生活共同富裕的时代意涵与价值遵循[J].马克思主义研究,2022(02):64—75+156.

人生观和价值观的科学与进步[①];（3）理想信念、价值理念、道德观念、文化认同并指导自身行为的精神状态[②];（4）文化获得感和满足感、国民素质和社会文明程度、全社会凝聚力和向心力、文化自信构成其重要内容[③];（5）具有安全感、获得感、幸福感相互作用、相得益彰构成的层次结构[④];（6）包括精神追求、精神创造和精神享受的构成要素[⑤]。

　　借鉴前述界定，著者对青年大学生精神富足的样态，从内涵上区分为三个维度：一是在个人层面，能够塑造心怀梦想、积极向上、乐观自信、实事求是、奋发有为、持之以恒的精神风貌；二是在社会和文化生活层面，具有理性平和、开放包容、和谐友善、平等相待、尊重规则、维护公正的价值取向，普遍享有高质量的受教育水平，享有阅读、体育、文艺、娱乐等丰富的文化生活，在参与社会活动中感受到归属感并被认可和尊重；三是民族国家认同层面，体现"大我""大爱""大局"意识，具有坚定的理想信念、诚挚的爱国情怀、深厚的人民感情、投身民族复兴伟业的意志决心。

（二）追求精神富足与思政课育人目标的一致性

　　著者认为，追求青年大学生精神富足（精神生活共同富裕）与思政课育人目标存在内在契合。

　　就思政课教学的个体目标与青年精神富足的关系而言，思政课教学是为了逐步扩大和改进经验，提升大学生的综合能力和综合素质，满足生存发展的需要，使生活更美好，促进个体的自由全面发展。这将有助于塑造大学生心怀梦想、积极向上、乐观自信、实事求是、奋发有为、持之以恒的精神风貌。个体层面的精神富足，与思政课教学追求的大学生成长成才目标是内在一致的。

　　① 王习胜，狄瑞."促进人民精神生活共同富裕"的思想政治教育意蕴 [J].思想理论教育导刊，2022(07)：131—138.

　　② 辛世俊，王丹.试论人民精神生活共同富裕的内涵与实践路径 [J].社会主义核心价值观研究，2021(06)：5—14.

　　③ 刘东超.精神生活共同富裕是共同富裕的重要内容 [J].党建，2022(02)：35—37.

　　④ 项久雨，马亚军.人民精神生活共同富裕的时代内涵、层次结构与实现进路 [J].思想理论教育，2022 (06)：11—16.

　　⑤ 王淑芹.深化对精神生活共同富裕的认识 [J].思想理论教育导刊，2022(01)：72—78.

根据马斯洛需求层次理论，人的需要可以分为生理、安全、社交需要（归属和爱的需要）、尊重和自我实现五个层次。借助这一理论，著者以为，社会层面的精神富足，包括通过积极社交、结交朋友、参与社会文化生活等，获得社会归属感和爱的需要；通过体现自身的社会价值，得到社会的认可和尊重；通过激发自身的潜能，做出更大的贡献，实现自我实现，感受更大的精神愉悦。从思政课社会目标与青年精神富足的关系来看，思政课教学是要传承和发扬党领导人民创造的精神、思想、文化传统，激发青年大学生群体在中华民族伟大复兴进程中的使命担当，增强其爱党报国为民的意识、意志、能力和行动，服务于当下的改革创新实践和强国建设需要，服务于地方经济社会发展的需要，成为社会主义事业建设者和接班人，成为堪当民族复兴大任的时代新人，从中实现个人价值和社会价值有机统一、个人梦想和国家民族梦想有机统一。思政课的社会目标的达成，也有助于青年大学生深刻理解个体与社会、国家、民族的关联，真正成就"大我"，感受到服务地方、贡献社会、报效国家、投身民族复兴的愉悦感、自豪感、荣誉感，在社会交往、得到社会认可、人的全面发展和高层次自我实现中感受到高层次的精神富足。

从实效上说，地方高校思政课立足青年大学生日常生活，以追求青年大学生精神富足为引领，显得更针对和贴近青年大学生精神需要，更加立足青年人感受，更被大学生乐于接受，进而打通在接续奋斗中实现青春梦想、服务地方经济社会发展、肩负民族国家赋予的使命担当的通道，沟通提高人的思想道德素质的教育维度与意识形态灌输与教化的政治要求，能够让大学生从青年视角和日常生活实际来整体把握思政课教学目标体系的内在关系，增强地方高校思想政治教育教学育人目标的亲和力和针对性。

下面着重从扎根基层服务社会与青年精神富足、报效国家民族与青年精神富足两个方面，进一步展开。

二、参与社会文化生活，满足归属和爱的需要

青年大学生群体整体上而言具有较强的社会责任意识，积极开展社会调研，投身志愿服务，参与社会实践，为提高社会文明程度贡献了青春力量。

当然，不可否认的是，也有一些青年大学生存在"利己主义""极端个人主义"的思想倾向；有的大学生奉行"事不关己，高高挂起"的态度，对一些社会问题和现象漠不关心，对慈善公益缺乏热情；有的大学生自我封闭，沉迷网络虚拟世界，缺乏社会交往活动；还有的大学生仅专注于课堂学习，对行业发展动态缺乏了解，联系实际、学以致用的意识不强，分析解决问题和实操动手能力较弱。

事实上，个体是社会中的个体，社会分工和公共服务提供的物质文化资料是个人得以生存的前提，社会交往是保持个人健康身心和健全人格的必要条件，社会调研和社会实践是认识社会现实、掌握社会规律、把握发展趋势、捕捉社会机遇的重要形式，共同维护社会规则和弘扬社会公平正义是降低风险、保障安全、维护自身权益的需要，社会和谐互助是体现人间真情大爱、保持精神愉悦的需要。个体有序融入社会、服务社会、回馈社会，保障了社会系统的正常运转，保持了社会的活力和社会文明程度的不断提升。在这个意义上，思政课教学倡导青年大学生精神富足，就是要引导学生在拓展"大我"中实现。这不是简单的"说教"（要求学生要怎样），而是让学生感受到自身利益与社会整体利益的一致、个人价值和社会价值的统一。

结合地方高校培养高素质应用型技术技能型人才的培养目标来看，地方高校思政课教学（包括课程思政），要引导地方高校大学生熟悉了解地情民情，紧跟地方发展形势，洞察发展机遇；要对接地方产业，扎根产业一线，体现专业优势，学以致用；要积极参与地方政策和社会难点痛点问题的调研，在自身专业领域以建设性的姿态为各级各类部门和组织建言献策；要自觉遵守法律法规，践行公序良俗，维护社会公德，跟损坏公共利益、破坏公共秩序、违背社会公平正义的言行做斗争；要积极参与城市创文创卫活动、地方民俗文化活动、公益慈善活动等，在享受公共服务、繁荣文娱生活的同时也为城市文化建设贡献力量。在如上服务地方经济社会发展的行动中，既做出了地方高校大学生群体对地方经济社会发展的贡献，体现了地方高校大学生群体的社会价值，也极大丰富了地方高校大学生的社会文化生活，锻炼了个人才干，提升了各项素质，发展了自身能力。

合而言之，从青年大学生精神富足的角度来说，地方高校思政课教学要引领学生积极参与地方社会文化生活，要引导学生认识到大学生精神富足离不开参与社会文化生活，认识到服务地方经济社会发展和提升自身素质能力、实现大学生自身价值的有机统一。如此，从促进青年大学生精神富足的角度来理解参与社会文化生活、服务地方经济社会发展，就不再是外在强加的要求，而是大学生精神富足并成长成才的内在需要。这也就更容易为青年大学生所接纳。

三、勇担民族复兴重任，满足自我实现的需要

习近平总书记在全国高校思想政治工作会议上强调，高校思想政治工作要教育引导学生"正确认识时代责任和历史使命，用中国梦激扬青春梦，为学生点亮理想的灯、照亮前行的路，激励学生自觉把个人的理想追求融入国家和民族的事业中，勇做走在时代前列的奋进者、开拓者；正确认识远大抱负和脚踏实地，珍惜韶华、脚踏实地，把远大抱负落实到实际行动中，让勤奋学习成为青春飞扬的动力，让增长本领成为青春搏击的能量"[1]。习近平总书记在党的二十大报告中指出，青年强，则国家强，要让青春在全面建设社会主义现代化国家的火热实践中绽放绚丽之花[2]。立足民族国家的视角来看，高校思政课教学的核心是激发大学生的责任担当，自觉争当民族复兴大任的时代新人，成为社会主义事业的建设者和接班人。从增强核心育人目标的被理解和接纳的角度而言，就是要立足、依托青年大学生日常生活，打通人生出彩的青春梦想与实现民族国家梦想的通道。

（一）从历史维度把青年荣辱与国家命运相结合，引导青年大学生自信自强，接续民族复兴伟业

思政课教学要引导大学生从青年的视角审视百年奋斗历程，认识到中国式现代化的来之不易，认识到广大青年始终是参与中国式现代化、投身民族复兴伟业的勇敢探索者。第一，现代化发端于西方资本主义世界，然而，西

---

① 习近平．论党的宣传思想工作 [M]．北京：中央文献出版社，2020：277．

② 习近平．高举中国特色社会主义伟大旗帜 为全面建设社会主义现代化国家而团结奋斗：在中国共产党第二十次全国代表大会上的报告 [M]．北京：人民出版社，2022：71．

方现代化非但没有带动其他国家现代化的发展，反而走向了殖民扩张。因此，半殖民地半封建社会的中国，现代化的根本条件是民族独立和人民解放。在新民主主义革命时期，青年踊跃投身党领导的反帝反封建革命斗争，不怕牺牲、浴血奋战，为民族独立、人民解放建立了历史功勋。第二，新中国成立后，我们走中国工业化道路，推进工业、农业、国防和科学技术的现代化，为中国式现代化积累了宝贵经验。在社会主义革命和建设时期，青年满怀"敢教日月换新天"的豪情，到祖国最需要、最困难的地方和行业去，为祖国"四化"建设添砖加瓦。第三，改革开放和社会主义现代化建设新时期，我们党从中国的实际出发，逐步开创了"五位一体"协调发展的中国特色社会主义道路，中国式现代化快速发展。青年发出"团结起来、振兴中华"的时代强音，敢闯敢干、革故鼎新，在各条战线崭露头角，为改变落后的社会生产、实现国家富裕和人民生活小康贡献了聪明才智。第四，党的十八大以来，我们党开启了从全面建成小康社会到迈向全面建设社会主义现代化国家的新征程，中国式现代化道路发展成更加系统完备的中国式现代化理论、道路、制度、文化体系，明晰了中国式现代化的科学内涵、中国特色、本质要求和重大原则[①]。在这十年，新时代青年践行"请党放心、强国有我"的青春誓言，在科技攻坚前沿、守卫祖国边疆、脱贫攻坚战场、公益慈善活动等领域冲锋在前，为新时代十年伟大变革和中国式现代化的推进贡献了青春力量。

思政课教师在历史叙事的基础上加以总结，达成价值引领的目标。思政课教师要引导学生认识到：回顾百年奋斗历程，国家的兴衰荣辱与个人的前途命运密切相关。中国革命、建设和改革的伟大实践，给予青年成长成才的广阔空间。青年个体只有融入中华民族伟大复兴梦想中才能有人生出彩的机会。在党团结带领全国各族人民继续以中国式现代化全面推进中华民族伟大复兴的今天，青年大学生要持续发扬感党恩、听党话、跟党走的优良传统，要继续坚持独立自主，不封闭僵化，忌食洋不化，在实现民族复兴的赛道上继续奋勇争先。

---

① 习近平. 高举中国特色社会主义伟大旗帜 为全面建设社会主义现代化国家而团结奋斗：在中国共产党第二十次全国代表大会上的报告 [M]. 北京：人民出版社，2022：22—24.

（二）从理论维度把青年理论探索与党的理论创新相结合，引导青年大学生为推进马克思主义中国化时代化守正创新贡献智慧

青年是社会中最有闯劲、最有活力、最少保守思想的群体，蕴含着改造客观世界、推动社会进步的无穷力量。中国式现代化全面推进中华民族伟大复兴，是前无古人的伟大事业，没有现成答案可以因袭，没有现成经验直接套用，需要不断谱写马克思主义中国化时代化新篇章。因此，思政课教学要引导广大青年传承党的成功经验，学习理论创新成果，推进基层探索创新。

首先，在守正层面，中国式现代化是中国共产党领导的社会主义现代化。思政课教学要引导青年大学生汲取历史智慧，传承中国式现代化的成功经验，把准中国式现代化的性质与方向，坚持马克思主义不动摇，坚持党的全面领导不动摇，坚持中国特色社会主义不动摇，自觉感党恩、听党话、跟党走，坚定中国特色社会主义道路自信、理论自信、制度自信、文化自信。

其次，在创新层面，创新才能把握时代、引领时代。思政课教学要引导青年大学生加强思想理论学习，坚持马克思主义基本原理同中国具体实际相结合，同中华优秀传统文化相结合，牢牢把握习近平新时代中国特色社会主义思想的世界观和方法论，用马克思主义中国化时代化创新成果武装头脑，把握中国式现代化的丰富内涵、中国特色、本质要求和世界意义，推进中国式现代化的理论创新。

再次，思政课教学要引导青年大学生增强问题意识，善于发现日常实践中遇到的新问题、人民群众急难愁盼问题、改革发展面临的深层次问题，汲取依靠中国力量开创发展新局、从国情出发解决现实问题的历史智慧，推进经济建设、基层民主、文化传承、民生服务、基层治理、生态保护等领域实践创新，总结凝练具有中国特色、地方特点的现代化建设经验，为党的理论创新提供源源不断的实践素材。例如，广东青年要以学习贯彻习近平总书记视察广东重要讲话精神为指导，不断拓宽中国式现代化的广东路径，助力打造全面深化改革、扩大高水平对外开放、提升科技自立自强能力、建设现代化产业体系、促进城乡区域协调发展的广东样本。

此外，思政课教学要引导青年大学生把马克思主义思想精髓和中华优秀传统文化精华贯通起来，以人们喜闻乐见的民族形式诠释和传播马克思主义，讲好中国式现代化建设的奋进故事，不断增强人民群众的情感认同和文化认同。

在讲授过程中，思政课教师要让学生意识到，理论的守正创新，不仅是中央的决策部署，同时也离不开广大青年对历史经验和历史智慧的笃信坚守，离不开广大青年勇于探索、具体突破、撰写咨政报告、弘扬创新氛围、讲好奋进故事。广大青年与党的理论创新相向而行，才能让中国式现代化的理论创新展现勃勃生机。

（三）从实践维度把青年踔厉奋发与中国式现代化进程相结合，引领青年大学生在艰苦奋斗和伟大创造中展现青年担当作为

空谈误国，实干兴邦。思政课教学要引导青年大学生怀抱梦想又脚踏实地，敢想敢为又善作善成，在中国式现代化建设实践中施展抱负、建功立业，争做伟大事业的生力军。

第一，思政课教学要引导青年大学生勤学苦练、积极进取，扎实专业技能，提升能力素质，实现德、智、体、美、劳的全面发展。思政课教学要引导青年大学生认清我国仍然处于社会主义初级阶段的基本国情和最大的发展中国家的国际地位，继承并发扬中华民族艰苦奋斗的传统美德，反对拜金主义和享乐主义思潮，坚持个人抱负和社会理想相一致、个人成才与社会需要相协调、个人价值与社会价值相统一，继续勇挑重担、苦干实干，为中华民族从站起来、富起来到强起来的伟大飞跃而不懈奋斗。

第二，思政课教学要结合中国式现代化的中国特色和本质要求，引领青年大学生踔厉奋发，投身现代化建设事业。具体来说，中国式现代化具有五个鲜明特征，青年大学生要做细做实。（1）中国式现代化是人口规模巨大的现代化。中国是一个超大型国家，其治理必然有自己的特点。思政课教学要引导青年大学生既坚决维护中央权威，维护宪法法律的权威，又考虑到我国发展的不平衡和各地风俗习惯的差异，因地制宜，因城施策，创新基层治理。（2）有别于两极分化的现代化，中国式现代化是全体人民共同富裕的现代化。思政课教学要引导青年大学生坚持以人民为中心的发展思想，勤劳致富、守法经营，推出满足人民美好生活需要的产品和服务，为高质量发展贡献力量，又要维护社会公平正义，支持收入分配制度改革，扎实推进共同富裕。（3）有别于物质主义膨胀的现代化，中国式现代化是物质文明和精神文明相协调的现代化。思政课教学要引导青年大学生坚定理想信念，培育和践行社会主义核心价值观，提高思想道德修养，积极参与公益慈善事业，不断提高社会文明程度。（4）有别于人类中心主义的现代化，中国式现代化是人与自然和谐共生的现代化。思政课教学要引导青年大学生自觉养成低碳环保的生活方式，也为科技创新推进绿色发展贡献力量。（5）有别于对外殖民扩张的现代化，中国式现代化是走和平发展道路的现代化。思政课教学要引导青年大学生讲好合作共赢、和气生财的发展故事，讲好文明互鉴、美美与共的文化故事，讲好求同存异、和而不同的处世之道，不断增强中华文明传播力、影响力。

（四）从意志层面把青年勇毅前行与现代化事业前途相结合，引导青年大学生在应对挑战和顽强斗争中助力中国式现代化行稳致远

当前，全球经济走弱，国际地缘政治冲突，我国发展不平衡不充分的问题依然突出，重点领域改革还有不少硬骨头要啃，意识形态领域存在不少挑战。思政课教学要引导青年大学生避免思想麻痹、消极懈怠、贪图享受的思想倾向，切实增强忧患意识，居安思危、未雨绸缪，时刻准备经受风高浪急甚至惊涛骇浪的重大考验；要潜心科研攻关，推进自主创新，为跨越中等收入关、科技自立自强关、绿色双碳关、共同富裕关贡献青春智慧，为科教兴国战略、人才强国战略、创新驱动发展战略贡献青春力量；要有力回应"普世价值论""历史虚无主义"的错误论调，敢于跟歪曲否定党的领导、损害人民利益、分裂国家、破坏民族团结和社会和谐的言行做斗争；要坚决拥护国家的外交政策，反对霸权主义和强权政治，敢于跟危害我国主权、安全、发展利益的外部挑衅作斗争。

合而言之，从青年大学生精神富足的角度来说，只有用中国梦激扬青春梦，让青春在全面建设社会主义现代化国家的火热实践中绽放绚丽之花，使理想信念、家国情怀、人民感情充盈青年大学生的精神世界，最终才能实现个体精神世界在自身、社会、民族、国家层面的全面展开，实现真正意义上的精神富足。思政课教学中把青年的命运和国家命运、个人施展才华的舞台与国家民族的繁荣昌盛结合在一起，把青年大学生的理论思考、实践创新、顽强意志与党的理论创新、现代化事业的目标与过程联系起来，既能够激励青年大学生感受到青年群体的巨大作用，也能让学生更好理解只有在投身中华民族伟大复兴的历史进程和时代洪流中才能实现人生价值，进而自觉承担起时代赋予的责任和国家民族寄予的厚望，自立自强、守正创新、踔厉奋发、勇毅前行。

第三章

理论与叙事相融合，增强教学理念亲和力和针对性

习近平总书记在庆祝中国共产党成立 100 周年大会上首次提出"坚持把马克思主义基本原理同中国具体实际相结合、同中华优秀传统文化相结合"，即"两个结合"的重要论述 ①。党的二十大报告指出："只有把马克思主义基本原理同中国具体实际相结合、同中华优秀传统文化相结合，坚持运用辩证唯物主义和历史唯物主义，才能正确回答时代和实践提出的重大问题，才能始终保持马克思主义的蓬勃生机和旺盛活力。"② 习近平总书记在文化传承发展座谈会上强调："在五千多年中华文明深厚基础上开辟和发展中国特色社会主义，把马克思主义基本原理同中国具体实际、同中华优秀传统文化相结合是必由之路。""'第二个结合'是又一次的思想解放。"③ "两个结合"体现了我们党对马克思主义中国化时代化内涵要求和发展规律的认识取得新突破，拓展了马克思主义中国化时代化理论创新和实践探索的新路径。

鉴于"两个结合"的理论守正创新，我们应该如何理解"两个结合"的科学内涵？"两个结合"对思政课改革创新的价值意义是什么？如何推进"两个结合"融入地方高校思政课教学并增强亲和力和针对性？围绕如上问题，著者以为，地方高校思政课教学要以习近平总书记关于"两个结合"重要论述为遵循，阐明马克思主义中国化时代化的时代意义、理论特质和核心范畴，

---

① 习近平. 习近平谈治国理政（第四卷）[M]. 北京：外文出版社，2022：10.

② 习近平. 高举中国特色社会主义伟大旗帜 为全面建设社会主义现代化国家而团结奋斗：在中国共产党第二十次全国代表大会上的报告 [M]. 北京：人民出版社，2022：17.

③ 本报. 担负起新的文化使命 努力建设中华民族现代文明 [N]. 人民日报，2023-6-3(01).

提纲挈领地把握思政课教学的核心内容，同时拓展马克思主义中国化时代化历史进程的叙事脉络，丰富中国式现代化和中国共产党人精神谱系发展的叙事框架。用"两个结合"统领基于理论的生活化叙事，使理论讲述有血有肉，使宏大叙事真切可感，实现思想理论与鲜活素材、抽象观念与日常生活、宏大叙事与微观叙事相结合。

第一节　"两个结合"融入思政课教学的研究现状与价值意义

"两个结合"是当前理论界探讨的学术热点。思想政治教育者也要在推进关于"两个结合"的学术研究基础上，传承马克思主义中国化时代化理论成果融入思政课教学的经验，探究"两个结合"融入思政课教学的理论意义与应用价值。

一、"两个结合"的理论研究热点与广阔探索前景

"两个结合"的理论研究至少包含四个层次。从研究趋势看，不少更加细致的学术议题研究将得到持续关注和日益深化。

一是"两个结合"的生成机制与创新意义。从"一个结合"到提出"两个结合"，是习近平总书记在总结百年历史经验和理论创新规律基础上提出的，揭示了马克思主义中国化时代化的历史必然和发展逻辑[①]。坚持中国共产党领导、坚持马克思主义铸魂、坚持中华优秀传统文化筑基是宝贵经验。"两个结合"作为马克思主义中国化时代化的深刻总结，实现了理论形成机制的突破、理论主题的拓展、理论内涵的扩充、理论形态地位的提升[②]，是对马克思主义中国化时代化思想内涵的新拓展、发展规律的新认识和实践路径的新开拓[③]，是习近平新时代中国特色社会主义思想的原创性贡献和方法论基础，也是新征程上继续回答中国之问、世界之问、人民之问、时代之问，领悟、把握、

---

①黎康.理论创新视域下"两个结合"的内在意蕴辨析[J].江西社会科学,2022(04):13-22.

②陈金龙.新时代马克思主义中国化实现新飞跃的内在逻辑[J].华南理工大学学报（社会科学版）,2022(01):1-6.

③余卫国.马克思主义中国化"两个结合"的出场逻辑[J].南通大学学报（社会科学版）,2022(04):35-43.

推进理论创新的基本遵循。①

二是"两个结合"的内在关系。学界普遍认为"第一个结合"与"第二个结合"是各有侧重又不可割裂的整体。前者重在实际应用层面的结合，关键在于着眼时代要求、把握国情本质；后者侧重思想文化层面上的结合，关键在于抓住思想精髓、把握文化真谛。他们相互作用、良性互动、向前发展，共同致力于推进马克思主义中国化时代化，使马克思主义与中国"双向互动""两元一体""内外融通"②。同时，两者关系的理解有不同视角：有学者认为无论理论上还是实践中，马克思主义基本原理同中国具体实际相结合，都包含着同中华优秀传统文化的结合③；也有学者强调文化精神融通契合是马克思主义与中国实际成功结合的首要前提④。

三是"第二个结合"的科学内涵和理论意义。多数学者认为马克思主义与中华优秀传统文化在价值追求、社会理想、实践理性等层面具有内在契合性，传统文化的创造性转换与创新性发展是两者结合的实现途径⑤，也有学者认为看到两者契合之余要认识到其区别，应该彰显马克思主义的特质。但基本共识是，新时代继续推进马克思主义基本原理同中华优秀传统文化相结合，要坚持马克思主义的指导地位，深入挖掘中华优秀传统文化的精髓要义⑥。"第二个结合"突出了中国特有的文化立场、文化风范和文化自信，展示了文化使命和文化视野，建构了全新文化叙事，彰显了文明向度⑦。

---

① 肖贵清，李云峰. 实现"两个结合"与创新发展21世纪马克思主义 [J]. 思想理论教育导刊，2022 (04)：15-23.

② 黄凯锋. "两个结合"与习近平新时代中国特色社会主义思想的原创性贡献 [J]. 社会科学，2022 (04)：3-14.

③ 李晓. "两个结合"：中国共产党理论创新的新境界 [J]. 人民论坛，2021 (27)：82—85.

④ 陈曙光. 文化精神与马克思主义的生存逻辑——理解"两个结合"的另一个视角 [J]. 天津社会科学，2022 (01)：11—16.

⑤ 姜辉. "两个结合"是马克思主义中国化的必然途径 [J]. 当代中国史研究，2021 (05)：4—9+150.

⑥ 王易. 马克思主义基本原理同中华优秀传统文化相结合的历史考察与时代要求 [J]. 马克思主义研究，2022 (03)：120—127+156.

⑦ 林雅华，郭萌萌. 新时代中国共产党的文化使命与文明视野——学习"两个结合"重要论述 [J]. 北京航空航天大学学报（社会科学版），2021 (06)：8—15.

四是"两个结合"的核心要求与实践路径。推进"两个结合",需要提炼中华优秀传统文化精髓,把优势结合和功能互补作为结合方式,还需要把握中国具体实际的根本内涵,把历史方位、社会主要矛盾、根本问题、中国道路作为结合点[①];要增强行动自觉,找准现实路径,一体两面地推进,统一于马克思主义中国化时代化的实践过程[②]。

综合来看,一方面,"两个结合"的创新意义、科学内涵、内在关系、实践路径研究稳步推进,且取得重大突破;但另一方面,利用党史文献对"一个结合"到"两个结合"的发展历程和科学内涵仍需展开细致深入研究;"两个结合",尤其是"第二个结合"引出的具体学术问题有待从中微观实证层面展开深入研究。具体包括如下方面。

一是探究"两个结合"及其内在关系在具体历史时段、不同群体的认识及其深化过程,在坚实史实支撑下阐明"两个结合"视域下马克思主义中国化时代化的发展逻辑,揭示马克思主义中国化时代化理论飞跃之"变"和马克思主义本质特性之"不变"的辩证关系。二是探究中华优秀传统文化"双创"与马克思主义理论创新的互动互补互融关系的逐步认识过程、显著优势、原则思路、实践路径,阐明其对思想文化建设的影响及其未来展望。三是中华文化与中国具体实际之关联的认识深化过程,对道路探索与制度创新的影响和意义。四是"两个结合"视域下探究中国共产党人精神谱系(不同时期有代表性的伟大精神)的理论源头、文化滋养和实践来源。五是"两个结合"视域下习近平新时代中国特色社会主义思想的历史地位,"两个结合"推进中国梦、社会主义核心价值观、人民美好生活、人类命运共同体、中国式现代化、人类文明新形态等理论和话语创新的原创贡献及其蕴含的思维方法,展现"两个结合"推进新思想、新战略、新理念、新话语的广阔前景。由于本书侧重将"两个结合"融入思政课教学研究,故对"两个结合"的相关学术议题仅做如上总结,下文涉及相关议题时做部分阐发。

① 韩庆祥. 全面深入理解"两个结合"的核心要义和思想精髓 [J]. 马克思主义研究, 2021(10): 93-105+164.

② 姜晶花,朱辉宇. 坚持"两个结合"推进马克思主义中国化时代化 [J]. 科学社会主义, 2022(03): 67-71.

二、"两个结合"融入思政课教学的相关研究积累

（一）将习近平新时代中国特色社会主义思想融入高校思政课教学研究

从历史维度来看，思想政治教育学科自诞生起就肩负着理论宣传教育尤其是最新成果的有效灌输之重任，马克思主义中国化教育与马克思主义中国化（注：马克思主义中国化时代化历史进程、马克思主义中国化时代化理论成果的传承创新）相统一是基本经验[①]，也是高校思政课程《习近平新时代中国特色社会主义思想概论》《毛泽东思想和中国特色社会主义理论体系概论》《中国近现代史纲要》的主题主线。

党的十八大以来，习近平新时代中国特色社会主义思想融入高校思政课教学，取得了丰硕成绩。第一，关于党的十九大、二十大精神以及历次党的中央全会精神，《在庆祝中国共产党成立100周年大会上的讲话》和《中共中央关于党的百年奋斗重大成就和历史经验的决议》精神，习近平新时代中国特色社会主义思想主题教育和党的十八大以来的历次主题教育的重要精神等融入高校思政课教学，教育部高校思想政治理论课教学指导委员会都有相关的教学建议和指导[②]，侧重整体更新教学要点和内容、有效用好权威时政资源、切实提升叙事感染力与学理深刻性[③]。第二，中国梦、社会主义核心价值观、新发展理念、人类命运共同体意识、习近平法治思想、总体国家安全观、中华民族共同体意识、伟大建党精神等重大理论创新成果融入高校思政课教学，强调活用马克思主义基本原理的理论资源，重视中华优秀传统文化的文化滋养，关注时代发展需求和具体实际，在学理性阐释中将专题教育走

---

① 宇文利. 论马克思主义中国化教育的基本经验 [J]. 马克思主义与现实, 2011 (05): 140—143.

② 教育部高校思想政治理论课教学指导委员会. 党的十九届六中全会精神融入高校思想政治理论课的教学建议【7篇】[J]. 思想理论教育导刊, 2022 (03): 4—99.

③ 刘书林. 习近平总书记"七一"重要讲话与高校思政课教学新要点 [J]. 马克思主义研究, 2021 (09): 52—59+160.

深走细、精准融入①。第三，党的领导、"两个确立"和"两个维护"等政治原则融入高校思政课教学，侧重对教师素质、教学理念的价值引领并贯穿教学过程②。

（二）"两个结合"具体内容融入高校思政课教学研究

第一，将马克思主义基本原理融入高校思政课教学。如纪念马克思诞辰 200 周年大会讲话精神融入思政课教学，要将马克思的人格魅力和马克思主义的真理魅力有机结合，把马克思主义的本质、历史地位、当代价值、方法、观点融入教学之中③；认为马克思主义信仰、无神论④、教育观⑤等，能够培养学生在中国实际和时代特征中悟透原理并守正创新的能力；将"四史"教育与"马克思主义基本原理"教育深入融合，讲透马克思主义基本原理同中国具体实际相结合，增强对马克思主义基本原理的知识理解和价值认同⑥。

第二，将中华优秀传统文化融入高校思政课教学。中华优秀传统文化的丰富性、民族性、独特性、生动性，能够提升思政课的理论亲和力和话语亲和力，使丰富理论知识和实现文化传播相得益彰。然而，当前中华优秀传统文化融入高校思政课效果有待提升，需要认真选取融入内容，创新教学内容、

①张雷声.把社会主义核心价值体系融入思想政治理论课的教育教学[J].高校理论战线，2012（04）：41—44.

②韩强."党的领导"融入"中国近现代史纲要"课教学的若干思考[J].思想理论教育导刊，2022（04）：109—117.

③刘建军.新时代搞好"马克思主义基本原理概论"课教育教学的科学指南——"原理"课教学深度融入习近平在纪念马克思诞辰 200 周年大会上讲话的理论思考[J].思想理论教育导刊，2019（05）：99-104.

④刘福军.马克思主义无神论教育融入高校思想政治理论课教学内容探析[J].科学与无神论，2020（01）：15-21.

⑤安秀荣.马克思教育观融入高校思政课教学的逻辑理路[J].湘潭大学学报（哲学社会科学版），2022（02）：157-162.

⑥徐曼，郑宏宇."四史"教育融入"马克思主义基本原理"课的内在逻辑、教学理念和实践策略[J].中国大学教学，2022（06）：41-46.

形式与方法[①]。中华优秀传统文化融入思政课教学仍待进一步探索，更好增强思政课的文化含量。

第三，将红色文化精神融入高校思政课教学。红色文化、党史资源、伟大建党精神、中国共产党精神谱系融入高校思政课，要把握整体样态，阐释精髓要义，用好其思想资源、时代特征和精神力量[②]。更为具体的红船精神、东北抗联精神、劳模精神、科学家精神、工匠精神、新时代脱贫攻坚精神、抗疫精神等，能够增强思政课亲和力和针对性[③]。在党史学习教育的既有经验基础上，在推进党史学习教育常态化的要求下，红色文化精神在思政课教学中的运用水平得到了大幅度提升。

（三）特定形式载体与高校思政课改革创新研究

思想政治教育工作者主要围绕"三性一力""八个相统一"的要求展开具体化的研究[④]。如探究叙事教学、体验式教学、仪式教育、深度教学等教学方法，运用信息技术、经典原著、主旋律短视频、红色音乐、英雄人物等载体，嵌入日常生活、劳动教育、创新创业、职业素质教育等生活实践，融入思政课教学的课程、校园文化、社会实践体系。此外，教学过程中要坚持教材体系和教学体系融合创新、知识传授和价值引领同向互动、理论自觉和行动自觉同频共振，通过案例分析实现宏观与微观相支撑、通过社会实践实现感同与身受相统一，加强重点性融合，发展多样性融合，探索有效性融合[⑤]。

三、"两个结合"融入高校思政课教学的价值意义

综合来看，马克思主义中国化时代化及其具体内容、形式载体融入高校

---

① 王易. 传统文化与思想政治教育创新 [M]. 北京：中国人民大学出版社，2018.

② 王易. 中国共产党精神谱系有机融入思政课教学研究 [J]. 教学与研究，2022（05）：13—18.

③ 骆郁廷，余晚霞. 科学家精神融入思想政治教育刍议 [J]. 思想理论教育，2021（01）：98—102.

④ 田心铭. 以彻底的思想理论说服学生——学习习近平《思政课是落实立德树人根本任务的关键课程》[J]. 马克思主义研究，2021（09）：1—10+155.

⑤ 王学俭，刘珂. 融入日常生活：思想政治教育的微观建构 [J]. 思想教育研究，2015（02）：18—22.

思政课教学，由来已久，成果丰硕；且"两个结合"融入高校思政课教学的研究方兴未艾。"两个结合"融入高校思政课教学，具有重要的理论意义和应用价值。

第一，从理论层面上说，"两个结合"对拓展理论主题、创新理论框架、扩充理论内涵具有重要意义，我们要及时将党的理论创新成果进行精准灌输，武装学生头脑。从"一个结合"发展为"两个结合"，要求我们既要围绕时代背景、历史方位、社会主要矛盾、根本问题、中国道路、实践探索等，考察马克思主义与中国具体实际之间从实践到理论、理论到实践的关系；又要结合历史根基、文化传统、价值追求、文明理想、社会心理、话语表达等，深入考察马克思主义与中华优秀传统文化互动互补互融的关系，了解中华文化与中国具体实际之关联的认识深化过程、对道路探索与制度创新的影响和意义，深刻领会作为中华文化和中国精神的时代精华的习近平新时代中国特色社会主义思想的原创贡献与思想方法，从而使我们对马克思主义中国化时代化的丰富内涵、理论特质、内在结构、发展动力和演进逻辑的理解实现新拓展。落实到思政课教学上，与马克思主义基本原理、马克思主义中国化时代化理论成果、百年党史、社会主义核心价值观、文化精神资源融入思政课比较来看，"两个结合"不仅仅是提供了思政课教学的新资源、新内容，而且"两个结合"的思想体系和核心范畴应该视为思政课的"学科大概念"，要求我们传承和更新思政课的理论主题、核心范畴、论说框架和话语体系。

第二，从教学改革层面而言，立足地方高校实际，并在"两个结合"的框架下用好用活地方素材和学生周边熟悉案例，既能够增强地方高校思政课亲和力和针对性，又能够保证思政课的思想性和理论性。以"两个结合"为纲，将多元资源融入思政课，将宏大叙事与地方素材、权威理论与地方实践、中国国情与地方风情、中华文化与地域文化相结合，揭示"两个结合"融入并引领地方高校思政课教学守正创新的规律，细化为专题和案例，建构课堂、实践和网络教学体系，有利于扭转地方高校思政课教学中可能存在的侧重叙事但主题主线不明、内容众多但核心概念不彰、运用地方素材但缺乏全局视野、注重形式创新却对内容改革关注不够等倾向，在增强思政课亲和力和针对性中承载思想性和理论性。

第三，从教学实效达成和培育学生素养层面而言，一方面，对"第一个结合"的强调，一是有利于培育学生理论联系实际、一切从实际出发，坚持解放思想、实事求是、与时俱进、求真务实的思想路线；二是有利于让学生认识到马克思主义理论在推进国家富强、社会进步、文明复兴中的巨大功能，确实增强政治认同、理论自觉和道路自信，善于在日常工作生活中运用马克思主义立场、观点、方法分析问题，科学解释各种国际国内现象，结合客观实际和个人实际解决问题；三是有利于引导学生以习近平新时代中国特色社会主义思想为指导，结合当前地方经济社会发展实际和地方党代会报告的谋划部署，增强凝练地方实践经验并加以理论总结的探索精神，并在服务地方经济社会发展中找到投身民族复兴伟业的具体路径。另一方面，对"第二个结合"的引入并展开深度教学，一是必将有利于学生深入理解马克思主义在中国得到传播和发展壮大的文化根源，切实感受到马克思主义与民族文化在社会理想、价值追求、政治理念、人生取向等方面具有内在的高度契合，在增强学生的文化自信中培养道路自信、理论自信、制度自信；二是有利于培养学生坚持马克思主义为指导，坚守中华文化立场，辩证看待西方思想文化和理论方法，树立推进中国哲学社会科学的民族性、原创性、专业性的志向；三是有利于引导学生推进所在省市的地方特色传统文化在正确政治方向和价值引领下实现创造性转化与创新性发展，推进地方红色文化的传承创新并从中汲取智慧和力量，探索结合地方文化推进社会主义先进文化的繁荣兴盛的路径，提升贴近地方风土人情创新宣传思想话语的理论水平。

第二节 "两个结合"统摄思政课教学中核心内容的理论阐释

马克思主义基本原理涉及马克思主义哲学、政治经济学、科学社会主义，涵盖立场、观点、方法；中国具体实际包含时代背景、历史方位、社会主要矛盾、根本问题、中国道路、实践探索；中华优秀传统文化涉及历史根基、文化传统、价值追求、文明理想、社会心理、话语表达等。"两个结合"的时代课题、理论特质和核心范畴，构成了思政课的"学科大概念"，成为思政课教学的主题主旨；"两个结合"的叙事脉络，构成了思政课教学的内在主线。高校思政课教师要从"两个结合"的角度引导学生理解马克思主义中国化时代化的时代意义、理论特质和核心范畴，提纲挈领地把握思政课教学的核心内容。

一、从"两个结合"理解马克思主义中国化时代化的时代课题

关于"两个结合"，高校思政课教师要引导学生洞察"第一个结合"的时代要求，把握提出"第二个结合"的时代意义，从而更好理解马克思主义中国化时代化的时代课题。

（一）洞察"第一个结合"的时代要求

首先，坚持马克思主义基本原理同中国具体实际相结合，是汲取百年党史智慧和力量的重要体现。在新民主主义革命时期，毛泽东同志批判本本主义、教条主义的错误方法，运用阶级分析法等认真分析中国国情，独立自主提出了新民主主义革命路线、纲领和道路。在此基础上，毛泽东同志提出了"马克思主义中国化"的命题，创造性地推动了马克思主义基本原理同中国具体实际相结合。新中国成立后，毛泽东同志推动了马克思主义基本原理和当时的建设实际相结合，提出以苏为鉴、独立自主地探索适合中国国情的社会主义建设道路的主张。改革开放后，我们党吸收了新中国成立以来正反两方面的经验教训，重新确立了"解放思想、实事求是"的思想路线，破除了思想僵化和体制机制障碍，在和平与发展的时代主题、社会主义初级阶段的国情、社会主义现代化建设探索中，成功开创了中国特色社会主义。"第一个结合"是我们党推进马克思主义中国化时代化、实现理论与实践良性互动、不断推进理论创新的重要经验。学习党史，要求我们要从党的理论创新史中汲取智慧和力量，以史为鉴、开创未来，继续坚持马克思主义基本原理同中国具体实际相结合的基本经验。

其次，坚持马克思主义基本原理同中国具体实际相结合，是马克思主义中国化时代化理论发展的内在需要，是习近平新时代中国特色社会主义思想

守正创新的方法源泉。时代是思想之母，实践是理论之源。当今时代正处于"两个大局"同步交织、相互激荡的时刻。我国社会主要矛盾已经转化为人民日益增长的美好生活需要和不平衡不充分的发展之间的矛盾。党的二十大报告指出，中国特色社会主义进入新时代，习近平新时代中国特色社会主义思想用鲜活丰富的当代中国实践来推动马克思主义向前发展，以一系列新理念、新思想、新战略回答新时代党和国家发展面临的一系列重大理论和现实问题，不断谱写马克思主义中国化时代化新篇章。习近平新时代中国特色社会主义思想与时俱进发展马克思主义，不断深化对共产党执政规律、社会主义建设规律、人类社会发展规律的认识，在当代中国、在 21 世纪的世界开辟了马克思主义的崭新境界，展现了强大的真理力量。

再次，坚持马克思主义基本原理同中国具体实际相结合，是坚持问题导向、繁荣中国哲学社会科学的思想指南。回顾百年学术史，现代意义的中国哲学社会科学经历了从无到有、从有到优、从优到精的发展历程。习近平总书记强调："按照立足中国、借鉴国外，挖掘历史、把握当代，关怀人类、面向未来的思路，着力构建中国特色哲学社会科学，在指导思想、学科体系、学术体系、话语体系等方面充分体现中国特色、中国风格、中国气派。"[1] "加快构建中国特色哲学社会科学，归根结底是建构中国自主的知识体系。要以中国为观照、以时代为观照，立足中国实际，解决中国问题。"[2] 相应地，广大哲学社科工作者要"自觉以回答中国之问、世界之问、人民之问、时代之问为学术己任，以彰显中国之路、中国之治、中国之理为思想追求，在研究解决事关党和国家全局性、根本性、关键性的重大问题上拿出真本事、取得好成果"[3]。习近平总书记的殷切嘱托，充分体现着坚持"第一个结合"对繁荣哲学社会科学的重要意义，也是从国家发展全局高度给广大社科工作者指明了主攻方向和基本思路。当今中国的成就与影响足以让我们自信。只有改革

---

① 习近平. 习近平谈治国理政（第二卷）[M]. 北京：外文出版社，2017：338.

② 新华社. 坚持党的领导传承红色基因扎根中国大地 走出一条建设中国特色世界一流大学新路 [N]. 人民日报 . 2022-4-26 (01).

③ 新华社. 坚持党的领导传承红色基因扎根中国大地 走出一条建设中国特色世界一流大学新路 [N]. 人民日报 . 2022-4—26 (01).

成就用中国范式总结，发展问题用中国智慧回答，建设经验用中国话语传播，才能呈现中国哲学社会科学的中国特色、风格、气派。

（二）把握提出"第二个结合"的时代意义

习近平总书记在出席文化传承发展座谈会并发表重要讲话中指出："'第二个结合'，是我们党对马克思主义中国化时代化历史经验的深刻总结，是对中华文明发展规律的深刻把握，表明我们党对中国道路、理论、制度的认识达到了新高度，表明我们党的历史自信、文化自信达到了新高度，表明我们党在传承中华优秀传统文化中推进文化创新的自觉性达到了新高度。"[1] 著者以为，我们党提出坚持把马克思主义基本原理同中华优秀传统文化相结合，具有重大的理论意义、思想文化意义、制度意义以及世界意义。

一是视中华优秀传统文化为思想资源，丰富马克思主义中国化时代化理论。习近平总书记指出："'结合'的结果是互相成就，造就了一个有机统一的新的文化生命体，让马克思主义成为中国的，中华优秀传统文化成为现代的，让经由'结合'而形成的新文化成为中国式现代化的文化形态。"[2] 一方面，弘扬中华优秀传统文化并不是也不会动摇马克思主义在主流意识形态的指导地位，而是要用马克思主义的立场、观点与方法来传承发展中华优秀传统文化，促进中华优秀传统文化的创造性转化、创新性发展；另一方面，挖掘中华优秀传统文化的思想基因，既有利于传承中国本土的问题意识与价值追求，创新马克思主义的中国化时代化发展进路，又有利于用民族形式来丰富马克思主义的重要论述，让主流意识形态话语更符合国人的思维方式，从而增进人们的情感认同与理性认知。

二是视中华优秀传统文化为精神根脉，深厚滋养思想文化建设。社会主义核心价值观扎根于中华优秀传统文化的深厚土壤，社会主义的道德原则和道德判断跟中华传统美德密不可分，人民的思维方式和行为方式深深打上了

---

[1] 本报. 担负起新的文化使命 努力建设中华民族现代文明 [N]. 人民日报，2023-6-3(01).

[2] 本报. 担负起新的文化使命 努力建设中华民族现代文明 [N]. 人民日报，2023-6-3(01).

中国传统的印记，因而，我们要努力用中华民族创造的一切精神财富来以文化人、以文育人，只有赓续历史根脉和文化土壤的核心价值体系才能始终屹立不倒。推而广之，我们要积极挖掘和创新优秀传统文化蕴含的天人图式、价值追求、人生理想、道德观念。它将对我们建立正确的世界观、人生观、价值观大有益处，对道德建设深具启发，对认识和改造世界提供有益启迪。强化中华优秀传统文化的深入挖掘与创新运用，能够深厚滋养社会主义思想文化建设。

三是视中华优秀传统文化为独特优势，繁荣中国哲学社会科学。习近平总书记指出："'第二个结合'是又一次的思想解放，让我们能够在更广阔的文化空间中，充分运用中华优秀传统文化的宝贵资源，探索面向未来的理论和制度创新。"[1] "绵延几千年的中华文化，是中国特色哲学社会科学成长发展的深厚基础。"[2] 中华优秀传统文化蕴含的思想体系、知识智慧、理性思辨影响至今，是我国发展哲学社会科学的独特优势，是实现面向未来的理论和制度创新的不竭之源。①挖掘中华优秀传统文化的民族思维方式、价值追求、思想观念的民族性，有利于建立中国特色的学术体系和话语体系，更好地解释和服务于中国改革发展的需要。②面对世界发展所面临问题，突出中华优秀传统文化有别于西方文化的不同思维方式、理念和视角，有利于提出具有中国立场、中国智慧、中国价值的理念、主张、方案。③有利于推进中西学术体系和话语体系的融通，逐步打造既具有中华文化特色，又具有更强学术引领力的思想范畴和研究论域。

四是视中华优秀传统文化为不可割断的精神命脉，助力中国特色社会主义现代化建设。习近平总书记指出："中国式现代化赋予中华文明以现代力量，中华文明赋予中国式现代化以深厚底蕴。"[3] 中华民族崇高的精神追求、价值理想与思想智慧，形成了一股强大的中国精神，成为全国各族人民为民族复

---

① 本报. 担负起新的文化使命 努力建设中华民族现代文明 [N]. 人民日报，2023-6-3(01).

② 习近平. 习近平谈治国理政（第二卷）[M]. 北京：外文出版社，2017: 339.

③ 本报. 担负起新的文化使命 努力建设中华民族现代文明 [N]. 人民日报，2023-6-3(01).

兴而不懈奋斗的中国力量，推进中国特色社会主义各项建设事业不断取得辉煌成就。具体来说，在经济建设层面，我们要发扬传统养民富民、扶危济困、休养生息的优良传统，号召民众传承勤劳勇敢、艰苦奋斗、自强不息、富于创造的美德，不断推进我国的社会主义现代化建设。在政治建设方面，我们要传承古代天下为公、以民为本、为政以德、革故鼎新、勤勉奉公、俭约自守思想，强化党员领导干部的使命意识与责任担当，培育党员领导干部的清廉作风、服务意识与道德意识。对社会建设来说，要发挥优秀传统文化仁爱怜惜、扶危济困的精神，传承互谅互让、友善协商的态度，推动中国社会发展进步、促进中国社会利益和社会关系平衡。就生态文明建设而言，要发挥中国古代"天人合一""道法自然"的深刻理念和方法论思想，构筑尊重自然、顺应自然、保护自然的生态文明理念。

五是视中华优秀传统文化为考察中国实际的历史文化坐标，深化对中国实际、制度建构与治理模式选择的认识。习近平总书记指出："'结合'筑牢了道路根基，让中国特色社会主义道路有了更加宏阔深远的历史纵深，拓展了中国特色社会主义道路的文化根基。"[①] 近代中国出路的探索，某个历史时期曾过度依赖西方所谓先进经验的套用，其结果是移植过来水土不服。事实上，我国的历史传承与文化传统，影响着我国国家治理体系和治理能力现代化的路径选择，决定了我们不能照搬其他国家的政治理念和制度模式。改革开放以来中国特色社会主义的巨大成功，就在于我们的制度设计综合考虑了国情实际、人民思维方式与思想观念，不断彰显中国制度优势和治理效能。只有深入把握我国的历史文化传统，才能对当今的中国具体实际有更真切与深入的洞察，不断拓宽中国特色社会主义道路。

六是视中华优秀传统文化为民族瑰宝，构建中国话语并贡献于世界文明发展。习近平总书记指出："中华文明具有突出的包容性，从根本上决定了中华民族交往交流交融的历史取向，决定了中国各宗教信仰多元并存的和谐格局，决定了中华文化对世界文明兼收并蓄的开放胸怀。中华文明具有突出的和平性，从根本上决定了中国始终是世界和平的建设者、全球发展的贡献者、

---

① 本报.担负起新的文化使命 努力建设中华民族现代文明 [N].人民日报，2023-6-3(01).

国际秩序的维护者。"① 面对来自敌对势力渲染的"中国威胁论"与"中国崩溃论"，我们尤其要传递中华文化协和万邦、睦邻友好、合作共赢的理念，展示中国模式蕴含的文化创新、制度创新与道路创新，也要坚信"越是民族的越是世界的"，积极就国际事务与关切问题提出蕴含中华文化的思考方式与解决之道，努力形成东西方文化交流互鉴的全球多元文化格局。中华民族伟大复兴，离不开文化复兴。文化复兴需要展现民族文化独特魅力，努力向世界传递蕴含中国思考、中国概念、中国价值、中国智慧的中国声音，提升文化软实力。

二、从"两个结合"洞悉马克思主义中国化时代化的理论特质

党的十九届六中全会指出了中国共产党百年奋斗的历史意义，其中提到，坚持和发展马克思主义，从理论到实践都需要全世界的马克思主义者进行极为艰巨、极具挑战性的努力。一百年来，党坚持把马克思主义写在自己的旗帜上，不断推进马克思主义中国化时代化。马克思主义的科学性和真理性在中国得到充分检验，马克思主义的人民性和实践性在中国得到充分贯彻，马克思主义的开放性和时代性在中国得到充分彰显。党的百年奋斗展示了马克思主义的强大生命力②。高校思政课教师要引导青年大学生从"两个结合"把握马克思主义中国化时代化的理论特质和强大生命力。

一是要引导学生坚持马克思主义基本原理，彰显马克思主义的科学性和真理性。在中华民族积贫积弱、任人宰割的时期，各种主义和思潮"你方唱罢我登场"，但只有马克思列宁主义、毛泽东思想才指引中国人民走出了漫漫长夜。面对一穷二白的处境，只有社会主义才能调动广大人民的积极性和创造性，逐步探索符合自己国情的建设之路。改革开放以来，我们不断推进对"什么是社会主义，怎样建设社会主义"的理论探索，走出了中国特色社会主义道路，深刻认识到中国特色社会主义是社会主义而不是其他什么主义，科

---

① 本报. 担负起新的文化使命 努力建设中华民族现代文明 [N]. 人民日报，2023-6-3(01).

② 中共中央关于党的百年奋斗重大成就和历史经验的决议 [N]. 人民日报，2021-11-17(07).

学社会主义基本原则不能丢。中国特色社会主义进入新时代，"意味着科学社会主义在二十一世纪的中国焕发出强大生机活力，在世界上高高举起了中国特色社会主义伟大旗帜"[①]。回顾百年党史，我们党始终坚持用辩证唯物主义和历史唯物主义洞察社会发展趋势，坚持马克思主义基本原理，坚持和发展科学社会主义，不断分析和解决革命、建设、改革中的矛盾和问题，推动党的事业向前发展，在两种意识形态、两种社会制度的历史演进及其较量中彰显社会主义优越性。以史鉴今，我们必须坚持社会主义和中国社会发展历史逻辑的辩证统一，牢固树立科学世界观与方法论、无产阶级的党性原则、全心全意为人民服务的精神融为一体的马克思主义信仰，始终用马克思主义理论的基本立场、观点、方法认识和改造世界，分析并解决实际问题。

二是要引导学生坚持马克思主义基本原理同中国具体实际相结合，贯彻马克思主义的人民性和实践性。一百年来，我们党走出了农村包围城市、武装夺取政权的革命道路，成功探索了建设社会主义的新模式，开辟了人类实现现代化的新道路，展现了中华民族伟大复兴的光明前景。党取得的伟大成就，取决于党中央统揽全局、运筹帷幄、审时度势、守正创新，坚持把马克思主义基本原理同中国具体实际相结合；得益于我们党始终保持同人民的血肉联系，充分反映人民意愿，尊重人民首创精神，既善于运用民主集中制集思广益、群策群力，制定科学有效的大政方针政策，又善于调动各方积极性，支持因地制宜改革探索，还能不断总结提炼实践经验，不断完善全局方略。放眼未来，我们必须立足全面建设社会主义现代化的伟大实践，继续发挥党的领导与全过程人民民主等制度优势，坚持顶层设计与摸着石头过河相结合，调动中央和地方两个积极性，发挥人民群众的主体性和创造性，践行新使命，展现新作为。

三是要引导学生坚持"两个结合"推进理论创新，彰显马克思主义的开放性和时代性。不发展马克思主义，就谈不上坚持马克思主义。回顾百年党史，我们党不仅坚持把马克思主义基本原理同中国具体实际相结合，在理论与实践的互动中，发展根植于中国大地、反映中国人民意愿、适应中国和时代发

---

① 习近平. 习近平谈治国理政（第三卷）[M]. 北京：外文出版社，2020：8.

展进步要求的社会主义。而且，"中国共产党从成立之日起，既是中国先进文化的积极引领者，又是中华优秀传统文化的忠实传承者和弘扬者"①。我们党坚持以马克思主义为指导，推进中华优秀传统文化的创造性转换与创新性发展，用契合民族思维方式、社会心理、生活实际的话语诠释和传播马克思主义，善于用蕴含中华文化智慧的问题意识和思想资源创新和发展马克思主义。"两个结合"的历史展开，使马克思主义在理论创新创造中保持开放性和时代性，在不断回答时代之问、实践之问、文明之问中实现新的飞跃。

四是要引导学生坚持"两个结合"学好用好习近平新时代中国特色社会主义思想，在强党性、重实践、建新功中发挥实际效用。在新时代新征程坚持马克思主义中国化时代化，要求我们必须坚持习近平新时代中国特色社会主义思想，扎实推进主题教育深入开展。我们要全面理解习近平新时代中国特色社会主义思想的基本观点和科学体系，系统掌握蕴含其中的世界观方法论；要坚定马克思主义信仰，笃信中华民族伟大复兴的宏伟目标，提升思想境界、加强党性锻炼；要不断提高把握历史发展大势、认识社会发展规律、积极应对风险挑战、有效解决实际问题的能力，努力成为勇担民族复兴大任的时代新人；要坚持问题导向，深入调查研究，坚持群众路线，既善于用党的思想理论分析形势、指导实践、推动工作，为群众多办实事、办好实事，也善于挖掘提炼基层实践经验，积极提出建设性对策建议，为党的理论创新提供实践素材；要推进马克思主义的大众传播，以群众喜闻乐见的形式，讲好共创美好幸福生活、共筑民族复兴伟业的新时代故事，有力批驳历史虚无主义，坚定中国特色社会主义道路自信、理论自信、制度自信、文化自信。

三、从"两个结合"把握马克思主义中国化时代化的核心范畴

从百年党史看马克思主义中国化时代化理论创新，"两个结合"在促进毛泽东思想和中国特色社会主义理论的形成发展中扮演着重要角色，更是习近平新时代中国特色社会主义思想创立的基本方法。高校思政课教学的核心内容是实现马克思主义中国化时代化理论的有效灌输与教化。因此，"两个结合"

---

① 习近平.习近平谈治国理政（第三卷）[M].北京：外文出版社，2020:35.

的思想体系及其核心概念，理应构成高校思政课的"学科大概念"，成为思政课程教学的核心范畴，起到统揽全局、涵摄各类素材的作用。下面以习近平新时代中国特色社会主义思想概论教学为例加以说明。

（一）从"第一个结合"阐明思想理论的形成背景、基本问题、科学体系

从"第一个结合"的角度来说，高校思政课教师可以从三个层次建构思政课教学的理论框架。

一是立足中国实际层面，以时代背景、历史方位、社会主要矛盾、实践基础等为基本概念，向青年大学生讲清楚习近平新时代中国特色社会主义思想的形成背景——时代背景是"两个大局"同步交织、相互激荡；现实条件是中国特色社会主义进入新时代的历史方位，社会主要矛盾发生转化，需要着力解决不平衡不充分的发展问题，满足人民日益增长的美好生活需要；实践基础是新时代取得了历史性成就，发生历史性变革，理论得到了实践的检验。

二是从马克思主义基本原理同新时代中国实际相结合的层面，以时代课题、奋斗目标、使命任务为基本概念，展现新时代的美好前景——新时代要继续高举中国特色社会主义伟大旗帜，打造强有力的长期执政的马克思主义执政党，在全面建成小康社会基础上迈向全面建设社会主义现代化国家新征程，朝着社会主义现代化强国目标前进。新时代新征程中国共产党的使命任务是要以中国式现代化全面推进中华民族伟大复兴。

三是从马克思主义基本原理同新时代中国具体实际相结合，阐述新时代中国特色社会主义的基本方略。"以新发展理念引领高质量发展"为例，高校思政课教师要从进入新发展阶段的历史方位、我国经济高质量发展的主题、当前面临的错综复杂的国内外经济形势入手，联系党的领导、以人民为中心的发展、坚持和完善社会主义基本经济制度的基本原理，引导学生明确推动高质量发展作为经济发展的鲜明主题与目标指向，阐明新发展理念作为经济发展的指导原则、构建新发展格局作为经济发展的路径选择的现实依据和理论依据，讲述创新驱动发展、科技自立自强、推动传统产业转型升级、发展壮大实体经济、全面扩大开放、统筹发展和安全等具体方针政策。

可以看到，课堂教学中围绕着时代背景、历史方位、社会主要矛盾、基本问题、中国道路等中国实际及其实践探索，彰显习近平新时代中国特色社会主义思想对科学社会主义原则的继承与发展，以及基于具体实际对目标任务的设定和基本方略的落实，就能够在"第一个结合"的框架下向学生讲清楚习近平新时代中国特色社会主义思想的形成条件、基本问题、科学体系与历史地位。

（二）从"第二个结合"呈现思想理论的理论创造、文化自信、话语创新

从"第二个结合"的角度来说，高校思政课教师可以从三个层面呈现马克思主义中国化时代化最新成果的理论创造、文化特质、话语创新。

一是在理论创新层面，要从五千多年的文明史、1840年以来的近现代史、百年党史、新中国史、改革开放史等脉络中讲述习近平新时代中国特色社会主义思想。一方面，要展现中国式现代化、实现中华民族伟大复兴、坚持以人民为中心的发展、扎实推进共同富裕、构建人类命运共同体所具有的深厚历史之根、文明之源；另一方面，要展现习近平新时代中国特色社会主义思想赋予中华文明以现代力量，让古代社会理想、精神追求、价值理念在当代中国找到了实现路径。

二是在精神文化传承层面，要讲述习近平新时代中国特色社会主义思想善于从中华优秀传统文化所蕴含的丰富哲学思想、人文精神、道德理念和政治智慧中汲取治国理政智慧，深刻阐明中国共产党人的精神谱系的文明根基，呈现传承发展民族精神和时代精神的文化滋养。

三是在话语创新层面，要讲述习近平新时代中国特色社会主义思想善于挖掘中华优秀传统文化的思想观念、名言警句、鲜活故事来诠释马克思主义，让"不忘初心、牢记使命""江山就是人民，人民就是江山""人民对美好生活的向往就是我们的奋斗目标""为人类谋进步，为世界谋大同"等理论话语更加契合人民群众的思维方式和社会心理，以人们喜闻乐见的形式呈现马克思主义的理论本色。

可以看到，课堂教学中如能结合历史根基、文化传统、价值追求、文明理想、社会心理、话语表达等文化要素，彰显习近平新时代中国特色社会主义思想是中华文化和中国精神的时代精华，就能够在"第二个结合"的视域下向学生讲清楚习近平新时代中国特色社会主义思想的文明视野、文化叙事、文化风范和文化自信，同时能够进一步增强思想政治教育的文化属性，更好实现铸魂育人、以文化人的目标。

（三）从"两个结合"把握思想理论的鲜明主题

综合前面两个方面来看，在高校思政课教学中以"两个结合"的思想体系及其核心概念为纲（时代背景、历史方位、社会主要矛盾、根本问题、中国道路、实践探索、历史根基、文化传统、价值追求、文明理想、社会心理、话语表达等），能够更加全面援引时代背景、客观实际、文化滋养来讲述马克思主义中国化时代化的形成条件，能够结合基于中国实际的目标任务和基本方略来系统讲述马克思主义中国化时代化理论的基本问题和主要内容，展现马克思主义中国化时代化理论成果的中国特色、文化自信、文明价值，揭示马克思主义能够在中国始终保持生机活力的理论逻辑。"两个结合"是习近平新时代中国特色社会主义思想得以创立并丰富发展的重要方法论指引。高校思政课教师要善于运用"两个结合"的理论范式，讲清楚习近平新时代中国特色社会主义思想的形成背景、基本问题、科学体系、理论创造、文化自信、话语创新。

第三节 "两个结合"推进思政课宏大叙事与微观叙事相结合

"两个结合"不仅有助于理解马克思主义中国化时代化的时代意义、理论特质和核心范畴，提纲挈领地把握思政课教学的核心内容；而且拓展了马克思主义中国化时代化历史进程的叙事脉络，丰富了中国式现代化和中国共产党人精神谱系发展的叙事框架，成为思政课开展理论叙事教学的重要依托。我们可以用"两个结合"统领基于理论的生活化叙事，促进思想理论与鲜活素材、抽象观念与日常生活、宏大叙事与微观叙事相结合。

一、用"两个结合"拓展中国化时代化的历史叙事

（一）用"两个结合"完善马克思主义中国化时代化的宏大叙事

回顾百年党史，我们党坚持"两个结合"，一直立足中国具体实际，扎根中华文化沃土，继承发展马克思主义基本原理，在革命、建设和改革实践中不断探索，在分析解决实际问题中总结经验并实现理论升华，实现了马克思主义中国化时代化理论飞跃。高校思政课教师要善于以"两个结合"拓展叙事框架，阐发马克思主义中国化时代化历史进程。

新民主主义革命时期，一是要讲清楚深层民族文化心理结构与马克思主义的早期传播，伟大建党精神的理论源头与文明滋养的关系。"五四"时期的知识分子，从中国传统哲学史观视域下接纳唯物史观，用传统革命思想接引阶级斗争学说，用"大同"学说诠释共产主义理想[①]。并且，如后文所述，中华优秀传统文化中蕴含的寻真理崇正义求大同的价值追求、勇担当重民本真爱国的精神境界、求仁义讲奉献敢奋斗的民族气节、主忠信行仁政尚和合的传统美德，为伟大建党精神的形成和丰富提供了深厚的文化滋养。

二是要讲清楚马克思主义基本原理与中国革命实际的互动关系，以及中国革命实践中马克思主义的民族形式和话语创新。毛泽东同志基于我们党正反两方面的经验教训，立足对近代中国国情、半殖民地半封建社会下的社会主要矛盾的深刻洞察，强调党的领导，关注农民问题、巩固工农联盟、建立统一战线，提出农村包围城市、武装夺取政权的革命道路，探索出中国革命分"两步走"的具体路径。与此同时，毛泽东同志深受中华优秀传统文化的熏陶，善于从传统文化中汲取智慧，提出"马克思主义必须和我国的具体特点相结合并通过一定的民族形式才能实现"，用中华民族熟悉的语言如"全心全意为人民服务"来诠释人民立场，创造性转换"修学好古，实事求是"的内涵提出"实事求是"的思想方法，用传统思想资源来创新"矛盾论""实践论"

---

① 陆卫明，曹芳.论马克思主义和中华优秀传统文化的契合性——以五四时期先进知识分子接受马克思主义为例 [J]. 理论学刊，2022(01):54—63.

的哲学智慧。

社会主义革命与建设时期，要讲清楚基于中国建设实际下社会主义建设的初步探索，讲清楚传统思维方式、价值追求、民族精神等文化基因在其中的深层影响。具体来说，在这一时期，我们突出社会主义基本制度与传统专制社会的区别，辨识社会主义发展道路与资本主义制度的不同，同时在苏联模式暴露出一些弊端的情况下，提出"以苏为鉴"、独立自主探索现代化之路的主张。因此，我们党一方面坚持马克思主义基本原理同中国建设实际相结合，从农业国的现状提出走中国工业化道路，立足调查研究形成《论十大关系》的报告，调动一切因素为社会主义建设服务，从国家的不发达状态出发提出"四个现代化"的发展目标；另一方面，虽然这一时期对传统文化糟粕的批判和清算较为明显，为开启现代化道路扫除障碍，但民族文化基因依然以"日用而不觉"的方式发生着影响。比如说，社会主义和共产主义的理想，就接续着中华民族对天下为公、以民为本、公平正义、风俗美好的价值追求；《论十大关系》展现的战略思维、系统思维、辩证思维，就蕴含着中国古代中庸和谐的哲学智慧；广大党员干部和群众无私奉献、全情投入国家建设，全心全意为人民服务，与中华优秀传统文化蕴含的家国情怀、公而忘私、先人后己、淡泊名利的民族精神具有内在契合；我们党弘扬的雷锋精神，也是中华优秀传统文化与红色革命文化结合的生动体现。

改革开放和社会主义现代化建设新时期，要讲清楚中国特色社会主义的现实依据与文化根源，考察中华优秀传统文化资源由浅及深融入中国特色社会主义现代化建设的发展历程。具体来说，邓小平同志立足和平与发展的时代主题和社会主义初级阶段的国情实际，以摸着石头过河的改革探索勇气，结合中华文明的天下为公、以民为本、为政以德、制民之产、富而后教等思想，推陈出新提出"小康社会"的发展目标、"共同富裕"的价值追求、"物质文明和精神文明两手抓"的政策措施。江泽民同志立足世情国情党情的变化，与时俱进提出"全面建设小康社会"，确立"依法治国"基本方略，同时重视中国传统德治文化，弘扬民本思想，提出社会主义政治文明的理念，形成"坚持依法治国和以德治国相结合"的治国方略。胡锦涛同志面对民生事业的短板弱项，借鉴传统文化"和谐"理念和"和合文化"精神，提出"权为民所用、情为民所系、利为民所谋"的施政理念和构建社会主义和谐社会的建设布局。

中国特色社会主义新时代，要讲清楚习近平总书记重视中华优秀传统文化、坚定文化自信，正式提出"两个结合"的重要论述及其原创性贡献。从思想理论的继承发展来看，习近平总书记立足"以史为鉴、开创未来"的历史视野和时代审视，吸收了我们党历代领导人关于马克思主义基本原理同中国具体实际相结合、同中华优秀传统文化相结合的思想基因和实践智慧，不仅阐明了"马克思主义行，中国化马克思主义行"的历史逻辑和历史经验，而且从继续推进马克思主义中国化时代化的理论高度，提出了"两个结合"的时代课题。这一论述视野宏阔、思想深邃、意义深远。与此同时，考察中国梦、社会主义核心价值观、人民美好生活、人类命运共同体、中国式现代化、人类文明新形态等思想理论创新，也能够从中发现"两个结合"引领新思想新战略新观念新话语的成就。

（二）用"两个结合"容纳马克思主义中国化时代化的地方素材

以《中国近现代史纲要》《毛泽东思想和中国特色社会主义理论体系概论》《习近平新时代中国特色社会主义思想概论》等课程为依托，地方高校思政课可以"两个结合"为主题主线、核心范畴和叙事框架，用好百年党史、新时代改革创新的权威题材，同时用活地方文化、地方实践的丰富素材，推进马克思主义中国化时代化宏大叙事与地方素材相结合。下面以著者所在地广东地方高校为例略加说明。

一是结合广东案例，更接地气地讲清楚党早期组织的建立及其活动的历史和理论逻辑。由于广东的地理位置，近代工业开始在广东发展，广东成为第一代产业工人诞生地之一，在旧民主主义革命多次失败后，工人阶级以独立的政治力量登上历史舞台。他们在岭南沃土上延续了家国情怀、不拘一格、开拓创新的传统文化基因，发扬了近代民主革命敢为人先、振兴中华、变革图强的精神。"十月革命一声炮响，给中国送来了马克思列宁主义。"有"南杨北李"之称的杨匏安等人看到了马克思主义的真理力量及其帮助中国实现救亡图存的希望，在华南开始较大规模传播马克思主义。马克思主义同中国工人运动相结合，促成了广东继北京、上海后成立共产党地方组织，组织领导了从香港海员罢工到省港大罢工的工人运动。

二是利用中国共产党领导的广东革命实践素材，刻画新民主主义革命道路的艰辛探索。出身地主家庭的"农民运动大王"彭湃主动烧毁田契，在农民运动中推进马克思主义大众化，建立中国第一个农村苏维埃政权。毛泽东同志著作《中国社会各阶级的分析》，探究了在半殖民地半封建社会的国情下如何进行反帝反封建革命活动问题。六届农民运动讲习所培训学员，重视农民的革命力量，点燃全国农民运动燎原大火。中共三大在广州召开，确立了统一战线的主张，北伐从广东走向统一全国。被称为"中国的巴黎公社"的广州起义，与南昌起义、秋收起义一起，开创了中国共产党独立领导革命战争和人民军队的新纪元。东江纵队与琼崖纵队被称为"中国抗战的中流砥柱"之一，采取游击战等具有中国智慧的战略战术，华南成为全国三大敌后抗日战场之一。……通过广东素材，有利于呈现中国革命从国共合作走向中国共产党独立领导革命、从工人运动转向工农联盟和土地革命、从城市暴动转向农村革命根据地建设、从盲动冒进和教条主义到有勇有谋开展武装斗争的探索历程，从而让广东青年大学生对农村包围城市、武装夺取政权的革命道路有更加直观真切的认识，同时也让广东青年大学生对我们党运用马克思主义基本原理分析和解决中国问题、在中国革命实践中的理论探索有更深刻的认识。

三是结合具体事例讲述马克思主义基本原理同中国具体建设实际相结合的艰辛探索。在社会主义革命和建设时期，广东完成社会主义改造，自力更生建立比较完整的工业和国民经济体系。广东在社会主义建设初步探索时期创办了"中国第一展"，打开了对外贸易之门。毛泽东同志于1961年在广州主持召开中央工作会议，全党兴起调查研究之风。这些具体的史料，能够让广东青年大学生从地方视角切入去真切感受马克思主义同中国具体的建设实际相结合的艰辛探索。

四是结合广东作为排头兵、先行地、实验田的定位讲述广东推进改革开放和社会主义现代化建设的地方经验。习仲勋同志代表广东省委向中央请求"放权"，广东启动改革开放"先走一步"，肩负起为全国探路的历史责任。邓小平同志多次视察广东，理性分析"逃港潮"，决定设立经济特区，加快发展经济，肯定经济特区为中国特色社会主义的建立做出的重大贡献；而影响深远的"南方谈话"，实现了改革开放行稳致远和中国特色社会主义的继续发展。江泽民同志考察广东党建工作，在高州首次提出"三个代表"重要思想。在抗击"非典"的关键时刻，胡锦涛同志到广东考察，为广东发展短板把脉，希望广东干部群众抓住机遇，加快发展，率先发展，协调发展。广东改革开放的探索历程和发展成就，是中国改革开放的缩影，是马克思主义中国化时代化的生动写照。用好广东改革开放素材，能够让广东青年大学生以小见大理解党的理论和实践创新的伟大成就。

五是讲好习近平新时代中国特色社会主义思想指导广东一切工作的新时代故事。中国特色社会主义进入新时代，习近平总书记四次视察广东，四次对广东工作做出指示批示。从全面建成小康社会到全面建设社会主义现代化国家新征程，广东均扮演着重要角色。其中，粤港澳大湾区建设，丰富了"一国两制"实践内涵，推进了世界级城市群建设，为实现国家高质量发展、增强我国经济创新力和竞争力提供了重要支撑。深圳建设中国特色社会主义先行示范区，高高举起了新时代改革开放旗帜，继续为新时代中国特色社会主义现代化的路径探索作出贡献，发挥示范引领作用。讲好新时代广东故事，既能够让学生感受到习近平新时代中国特色社会主义思想回答时代之问、回应实践之需、引领发展进步的重要贡献，也能够让学生了解国家发展战略和地方经济社会发展动向，积极投身全面建设社会主义现代化事业，努力为理论创新、实践创新、文化创新贡献力量。

综合来看，基于地方高校思政课教学实际，思政课教师既要以"两个结合"呈现马克思主义中国化时代化的宏大叙事和核心范畴，形成《中国近现代史纲要》《毛泽东思想和中国特色社会主义理论体系概论》《习近平新时代中国特色社会主义思想概论》等课程的主题主线；同时又要在全国视野下用活地方素材，结合学生思想状况善于列举学生周边的耳熟能详的鲜活案例，嵌入和丰富中国革命、建设、改革的实践叙事、文化叙事、理论叙事，从而在"更接地气"的"讲故事"中丰富教学内容，创新教学话语。宏大理论与微观叙事的结合，既用"两个结合"来规范"讲故事"的内在逻辑，彰显课程主旨主题主线，又容纳了更多的地方性素材和鲜活案例，调动了学生的积极性和主动性。

二、用"两个结合"形成中国式现代化的理论叙事

（一）从"两个结合"把握中国式现代化的理论创新

中国式现代化理论是中国共产党人坚持马克思主义为指导、坚守中华文化立场、汲取历史智慧、立足国情和实际、吸收人类文明成果所取得的重大理论创新成果。思政课教师要引导青年大学生从"两个结合"的核心要义出发，从理论、历史、文化、世界的维度把握中国式现代化的科学内涵和中国特色，认识其对世界现代化理论和实践的重大创新。

一是引导学生认识到中国式现代化闪耀着马克思主义理论的真理光芒。中国式现代化是中国共产党领导的社会主义现代化[①]，遵循共产党执政规律和社会主义建设规律，指明了中国式现代化的根本政治原则和最大政治优势，明确了中国式现代化的基本性质和发展方向。中国式现代化遵循马克思主义的人民立场，坚持人民至上，坚持以人民为中心的发展思想，扎实推进全体人民共同富裕，建设十四亿人整体迈向现代化的美好社会。中国式现代化在古今中外比较的宏观视野下认识人类社会发展规律，把握现代化的一般特征又立足中国发展的特殊性和中国文化的特色，在明晰中国式现代化历史脉络中创造性提出了中国式现代化的奋斗目标、显著特征、基本原则、整体布局，体现了马克思主义联系和矛盾观点、历史思维、战略思维、系统思维、辩证思维、创新思维等的综合运用。

二是引导学生认识到中国式现代化蕴含着百年奋斗的实践智慧。现代化是从传统走向现代逐步演进的实践过程。西方现代化的成功非但没有帮助其他国家走向现代化，而且走向了殖民扩张。洋务运动是中国探索现代化的一次尝试，但随着甲午中日战争的失败而终结，随后的资产阶级民主革命，引入西方制度推进制度变革，也难以奏效。十月革命一声炮响，马克思主义与中国工人运动相结合，中国共产党应运而生，逐步找到了一条救亡图存的新

---

①习近平. 高举中国特色社会主义伟大旗帜 为全面建设社会主义现代化国家而团结奋斗：在中国共产党第二十次全国代表大会上的报告 [M]. 北京：人民出版社，2022:22.

路。中国的现代化要以结束半殖民地半封建社会并取得民族独立、人民解放为前提。中国共产党团结带领人民建立了人民当家作主的中华人民共和国，为实现中国的现代化创造了根本社会条件。新中国成立后，我们确立了社会主义基本制度，立足落后的农业国的现状，提出走中国工业化道路，努力建设成为先进的工业国，开启了中国的现代化进程。继而我们立足中国农业发展和农民增收的需要、保家卫国的需要、发展工农业和国防离不开科学技术发展的认识，我们党契合当时国情实际提出了推进工业、农业、国防和科学技术的现代化即"四个现代化"的主张，为中国式现代化积累了宝贵经验。改革开放和社会主义现代化建设新时期，面对西方搞了几百年的现代化，面对我们与西方现代化发展水平的差距，我们党以实事求是、理性探索的态度，反对急躁冒进，反对照搬西方经验，确立适合中国国情的发展目标，走中国自己的发展道路。于是，邓小平同志明确提出："现在搞建设，也要适合中国情况，走出一条中国式的现代化道路。"[1] "中国式的现代化，必须从中国的特点出发。"[2] 我们党团结带领人民逐步开创了"五位一体"协调发展的中国特色社会主义现代化道路，实现了生产力的快速发展、人民生活奔向全面小康、完善充满活力的体制机制等历史性跨越。中国特色社会主义进入新时代，习近平总书记科学概括了中国式现代化的科学内涵、中国特色、本质要求和重大原则[3]，把中国式现代化道路发展成系统化的中国式现代化理论、拓宽中国式现代化道路、探索中国式现代化的实践路径、发展中国式现代化的制度、创新中国式现代化的文化。中国式现代化的实践自觉和理论创新达到新高度。

三是引导学生认识到中国式现代化根植于中华优秀传统文化的深厚滋养。马克思主义基本原理同中华优秀传统文化相结合，彰显了中国式现代化的中国特色。人口规模巨大的现代化，延续了中华民族多元一体格局下追求国家富强、治理有效、社会安定、人民幸福的价值理念，探索出社会主义条件下维护团结统一、提升治理效能、协调利益格局的体制机制。全体人民共同富

---

① 邓小平. 邓小平文选（第二卷）[M]. 北京：人民出版社，1994：163.

② 邓小平. 邓小平文选（第二卷）[M]. 北京：人民出版社，1994：164.

③ 习近平. 高举中国特色社会主义伟大旗帜 为全面建设社会主义现代化国家而团结奋斗：在中国共产党第二十次全国代表大会上的报告 [M]. 北京：人民出版社，2022：22—24.

裕的现代化，延续了"民为邦本""治国之道，富民为始""不患寡而患不均"的政治理念和富民举措，在坚持"两个毫不动摇"的经济制度和完善收入分配制度下实现了人民群众获得感、幸福感、安全感的不断提升。物质文明和精神文明相协调的现代化，延续了中华文化追求大同理想、塑造良好社会风尚、重视道德教化、涵养精神修养的优良传统，在弘扬社会主义意识形态、铸就社会主义文化新辉煌中加以实现。人与自然和谐共生的现代化，延续了"天人合一""道法自然"的精神境界和审美情趣，探索出生产发展、生活富裕、生态良好的文明发展道路。走和平发展道路的现代化，延续了中华民族爱好和平、协和万邦、亲仁善邻、和而不同、美美与共的文化理想，体现了摈弃恃强凌弱、超越零和博弈、构建人类命运共同体的大国担当。

四是引导学生认识到中国式现代化得益于文明的交流互鉴和对西方现代化模式的反思。历史地看，西方国家追求生产力的进步、科技和教育的发展、国家的富强，率先走上了现代化道路，也促进了经济的全球化、文明的交融和各国人民的往来。然而，西方现代化的发展模式曾被奉为普适性的解释框架，长期垄断现代化理论的话语权。我们党开创和拓宽了中国式现代化道路，创造了人类文明新形态，仅用几十年的时间就走完了西方发达国家几百年走过的工业化历程，中华民族伟大复兴进入了不可逆转的历史进程，谱写了以中国式现代化全面推进中华民族伟大复兴的新篇章。中国式现代化有利于破除西方中心主义的视角，打破"现代化＝西方化"的迷思，重新审视现代化的一般规律与具体模式的关系，探究社会主义和资本主义条件下现代化的发展路径与本质区别，重现世界文明和发展道路的多元性发展和多样化表达。中国式现代化坚决不走资本驱动、两极分化、物质主义膨胀、先污染后治理、充满血腥罪恶的现代化老路，给期望世界和平、人类永续发展、结合具体国情和民族特点探索现代化之路的发展中国家提供了全新借鉴。

（二）从"两个结合"讲述中国式现代化的地方实践

2023 年 4 月 10 日至 13 日，习近平总书记亲临广东视察并发表重要讲话，寄望广东"锚定强国建设、民族复兴目标，围绕高质量发展这个首要任务和构建新发展格局这个战略任务，在全面深化改革、扩大高水平对外开放、提升科技自立自强能力、建设现代化产业体系、促进城乡区域协调发展等方面继续走在全国前列，在推进中国式现代化建设中走在前列"[①]。广东高校思政课教师要深入学习贯彻党的二十大精神和习近平总书记视察广东重要讲话精神，积极融入思政课教学并讲细讲实，引导学生结合广东发展历程和当前广东实际，发挥改革开放精神和岭南文化的滋养，把握广东推进中国式现代化的历史进程与光明前景，不断拓宽中国式现代化的广东路径。

首先，思政课教师要引导学生切实增强做好学习宣传贯彻工作的政治自觉，把握中国式现代化理论的精髓要义。思政课教师要讲好党的十八大以来习近平总书记四次视察广东、每到关键时刻和重要节点及时为广东工作定向导航的生动故事，"从坚持'两个确立'、做到'两个维护'的高度，切实增强做好学习宣传贯彻工作的思想自觉政治自觉行动自觉""切实把对总书记的感恩感激之情转化为做好广东工作的强大动力，守正创新、苦干实干，以新担当新作为奋力推进中国式现代化的广东实践"[②]。思政课教师要引导学生牢记强国建设和民族复兴目标，激发广东学子在推进中国式现代化建设中走在全国前列的荣誉感、责任感和使命感。

其次，思政课教师要引导学生了解广东发展历程，坚信广东探索中国式现代化的光明前景。广东走中国式现代化道路，与党的百年奋斗历程和国家发展历史是高度一致的，而由于广东的独特地缘优势，又扮演着为中国式现代化先行探路的角色。在近现代，广东地处中西文化交流的前沿，为国家从传统走向现代进行了各种探索。新中国成立后，广东完成社会主义改造，创办了"中国第一展"，打开对外贸易之门，为现代化建设积累了一些地方经验。改革开放以来，从被赋予广东特殊政策"先行一步""杀开一条血路"，1992年邓小平同志南方谈话把改革开放和现代化建设推向新阶段，到江泽民同志寄语广东"增创新优势，更上一层楼，率先基本实现社会主义现代化"，再到胡锦涛同志期望广东"抓住机遇，加快发展，率先发展，协调发

①本报.坚定不移全面深化改革扩大高水平对外开放 在推进中国式现代化建设中走在前列[N].人民日报，2023-4-14(01).

②本报.锚定在推进中国式现代化建设中走在前列的使命任务 以新担当新作为奋力推进中国式现代化的广东实践[N].南方日报，2023-4-18(01).

展""完全有条件在全面建成小康社会基础上，率先基本实现现代化，也应该为全国改革开放和现代化建设作出新的更大贡献"，广东在党中央的坚强领导下，以排头兵、先行地、实验区的形象活跃在现代化的舞台上。党的十八大以来，习近平总书记对广东寄予厚望，从"三个定位、两个率先""四个坚持、三个支撑、两个走在前列""四个走在全国前列"，再到如今"广东在中国式现代化建设的大局中地位重要、作用突出""在推进中国式现代化建设中走在前列"①，给广东现代化建设指明了方向，绘就了蓝图。广东不负重托，全省国民生产总值从 1978 年 185.85 亿元增至 2022 年 12.8 万亿元，连续 34 年居全国首位。

再次，思政课教师要引导学生结合广东具体实际，拓宽中国式现代化的广东路径。第一，"中国改革开放政策将长久不变，永远不会自己关上开放的大门"②。广东要在推进中国式现代化建设中走在前列，还是要用好改革开放关键一招，一方面推动全面深化改革走深走实，为经济社会发展进步提供动力、注入活力；另一方面打好外贸、外资、外包、外径、外智"五外联动"组合拳，稳步扩大制度型开放，吸引外企深耕中国市场，引领中国企业走向世界，从而切实把广东打造成向世界展示我国改革开放成就的重要窗口、国际社会观察我国改革开放的重要窗口，为国家全面深化改革和高水平对外开放大局做出新贡献。第二，习近平总书记亲自谋划和推动粤港澳大湾区和深圳先行示范区建设。"广东要使粤港澳大湾区成为新发展格局的战略支点、高质量发展的示范地、中国式现代化的引领地。"③ 我们要领会总书记对粤港澳大湾区的新定位，举全省之力狠抓大机遇，写好大文章，继续推进粤港澳大湾区基础设施互联互通和规则机制有效对接，不断畅通国内大循环和和国内国际双循环，深化科教等领域合作，助推高质量发展，携手港澳加快建设国际一流湾区和

---

① 本报. 坚定不移全面深化改革扩大高水平对外开放 在推进中国式现代化建设中走在前列 [N]. 人民日报，2023-4-14(01).

② 本报. 坚定不移全面深化改革扩大高水平对外开放 在推进中国式现代化建设中走在前列 [N]. 人民日报，2023-4-14(01).

③ 本报. 坚定不移全面深化改革扩大高水平对外开放 在推进中国式现代化建设中走在前列 [N]. 人民日报，2023-4-14(01).

世界级城市群。第三，"实现高水平科技自立自强，是中国式现代化建设的关键"①。面对国际竞争压力增大、国内产业转型升级和培养新的经济增长点的需要，广东要形成协同创新的体制机制，打造科技创新中心和人才高地，打赢关键核心技术攻坚战，不断开辟发展新赛道，塑造发展新优势。第四，"中国式现代化不能走脱实向虚的路子，必须加快建设以实体经济为支撑的现代化产业体系"②。广东要坚持制造业当家不动摇，潜心核心技术攻关，加快现代服务业和先进制造业融合发展，提升产业链供应链韧性，做优传统产业，壮大新兴产业，提振市场信心，为建设现代化产业体系贡献广东力量。第五，"全体人民共同富裕是中国式现代化的本质特征，区域协调发展是实现共同富裕的必然要求。""城乡区域发展不平衡是广东高质量发展的最大短板"③。广东不仅要在固底板、扬优势上继续推进，也要持续在补短板、强弱项上下功夫。广东不仅要高质量推进粤港澳大湾区建设，也要推进珠三角与粤东西北联动发展。广东要进一步推进基础设施互联互通，优化区域发展布局，发展壮大县域经济，全面推进乡村振兴，把短板弱项变成新的增长极，扎实推进全体人民共同富裕。

最后，思政课教师要引导学生以改革开放精神和岭南文化"双创"为支撑，为广东担当作为注入强大精神动力。改革开放是广东的鲜明标识和显著优势。新征程上，广东改革开放进入深水区，面临的风险挑战依然不少，新的问题和矛盾亟待解决。广东要勇毅前行，就需要重温改革开放的历史，坚定历史自信，增强历史主动，继续弘扬解放思想、实事求是、敢闯敢试、勇于创新、互利合作、命运与共的改革开放精神，弘扬敢闯敢试、敢为人先、埋头苦干的特区精神，在推进中国式现代化上继续闯出新路来。并且，中国式现代化蕴含中华文化基因，具有鲜明中国特色。具有广东特点的现代化建设路径，

① 本报. 坚定不移全面深化改革扩大高水平对外开放 在推进中国式现代化建设中走在前列 [N]. 人民日报，2023-4-14(01).

② 本报. 坚定不移全面深化改革扩大高水平对外开放 在推进中国式现代化建设中走在前列 [N]. 人民日报，2023-4-14(01).

③ 本报. 坚定不移全面深化改革扩大高水平对外开放 在推进中国式现代化建设中走在前列 [N]. 人民日报，2023-4-14(01).

也需要推进岭南文化的创造性转化与创新性发展。岭南文化蕴含的不拘一格、博采众长、综合创新的人文精神，崇商重利、内外开拓、精益求精的工商文化，务实低调、平等协作、勤奋刻苦的处世态度，有助于广东人民在把握国家发展全局中开创广东新局，在改革开放大潮中推进高质量发展，在理性平和的务实创造中扎实推进城乡区域协调发展并最终实现共同富裕。

三、用"两个结合"呈现中国共产党人的精神谱系

地方高校思政课教师在"两个结合"视域下，还要讲清楚"伟大建党精神"和不同时期有代表性的具体精神形态。

（一）在"两个结合"视域下讲清楚伟大建党精神的丰富内涵

一是讲清楚"坚持真理、坚守理想"是共产主义、社会主义的理想信念与寻真理崇正义求大同的价值追求相结合的思想创新。十月革命一声炮响，给中国送来了马克思列宁主义。在与自由主义、无政府主义等思想交锋中，马克思主义放射出灿烂的真理光芒。"朝闻道，夕可死矣。""路漫漫其修远兮，吾将上下而求索。"中华优秀传统文化蕴含的求真精神，也激励着无数仁人志士为找寻新的真理和实现美好理想而不懈求索。中国共产党一经成立，就团结带领工农群众开始用马克思主义基本原理武装头脑，会通共产主义理想与古代崇尚正义、追求大同的价值追求，同时吸收儒家历史哲学的合理因素，积极分析中国的阶级状况和面临处境，形成党的最低纲领和最高纲领。改革开放后，我们党又提出"小康社会"的奋斗目标，开创中国特色社会主义道路，用中国人耳熟能详的语言诠释我们的发展目标。新时代新征程，我们正在以中国式现代化全面推进中华民族伟大复兴，更是奠基于 5000 年文明历史，创造着人类文明新形态。坚持"两个结合"而形成的理想信念，是中国共产党人经受任何考验并实现目标任务的精神支柱。

二是讲清楚"践行初心、担当使命"是人民幸福、民族复兴的目标任务与勇担当重民本真爱国的精神境界相结合的政治宣言。从初心使命的意识萌发上说，面对近代以来国家蒙辱、人民蒙难、文明蒙尘的境遇，中国共产党人传承着"铁肩担道义，妙手著文章""天下兴亡，匹夫有责""为天地立心，

为生民立命，为往圣继绝学，为万世开太平"的民族精神，以不忘初心、责无旁贷、舍我其谁的精神风貌登上历史舞台，始终在危难中救民于水火，在危机中挺起民族脊梁。从初心使命的政治内涵上说，中国共产党人坚守马克思主义的人民立场，高举科学社会主义旗帜，同时吸收传统文化中的民本思想、天下情怀、爱国精神，积极投身分析国情、探寻道路、实现目标的政治行动之中。

三是讲清楚"不怕牺牲、英勇斗争"是反抗剥削与排除万难的顽强斗志与求仁义讲奉献敢奋斗的民族气节相结合的精神丰碑。坚不可摧的理想信念和矢志不渝的初心使命，是中国共产党人牺牲精神和斗争精神的思想源泉。一方面，面对不同时期的具体实际，牺牲精神和斗争精神的内涵与时俱进。面对武装的革命反抗武装的反革命的战争情势，牺牲和斗争精神体现为革命时期的坚贞不屈、大义凛然、视死如归、英勇就义。面对一穷二白的落后局面，牺牲和斗争精神体现为建设时期的"为有牺牲多壮志，敢教日月换新天"。面对四大考验、四大危险、三大历史任务的艰巨任务，则依然需要树立为民族复兴伟业而踔厉奋发、勇毅前行的精神状态。另一方面，从民族精神的延续来看，"苟利国家，不求富贵""人生自古谁无死，留取丹心照汗青""苟利国家生死以，岂因祸福避趋之"所体现的家国情怀，"杀身成仁""舍身起义""鞠躬尽瘁、死而后已"的献身精神，"天行健，君子以自强不息"的奋斗精神，则是中国共产党人牺牲精神和斗争精神的文化滋养。

四是讲清楚"对党忠诚、不负人民"是无产阶级的党性原则与主忠信行仁政尚和合的传统美德相结合的人格典范。对党忠诚、不负人民，是坚持党性与人民性的统一的体现，就是要维护党的集中统一领导，矢志认同党的理想信念、思想理论、方针政策，严守党的秘密，并坚持全心全意为人民服务的根本宗旨，始终代表最广大人民的根本利益，尊重人民首创精神，维护人民内部团结，把有限的生命投入无限的为人民服务伟大事业中去。而从传统文化的创造性转换与创新性发展来看，中国共产党人传承和发展了忠于国家、忠于人民、忠于组织的忠诚观念，吸收了克己奉公、廉洁自律、仁政爱民、与民同乐、先人后己、重义轻利的政德思想，滋养中国共产党人的党性修养和为民情怀在革命、建设、改革实践中不断发扬光大。

（二）在"两个结合"视域下结合地方素材讲清楚精神谱系的具体形态

中国共产党自成立以来以伟大建党精神为源头，诞生了近百种伟大精神，构成了中国共产党人的精神谱系。这些精神是在"两个结合"的过程中不断涌现的，集中彰显了中华民族和中国人民长期以来形成的伟大创造精神、伟大奋斗精神、伟大团结精神、伟大梦想精神，彰显了一代又一代中国共产党人"为有牺牲多壮志，敢教日月换新天"的奋斗精神[①]。地方高校思政课教师要在"两个结合"视域下讲清楚这些伟大精神的具体形态与深刻内涵。

下面以"改革开放精神"为例略作阐发。

改革开放是中国共产党在新的历史条件下做出的伟大决策，是决定当代中国命运的关键一招。在以中国式现代化全面推进中华民族伟大复兴的今天，广东高校思政课教师可以结合广东地情和青年大学生生活实际，引导学生从改革开放的历史和精神中汲取智慧和力量，乘势而上谱写发展新篇章。

一是从党的领导维度，讲清楚广东改革开放以来的稳步发展，是中国共产党人践行初心使命的生动写照。改革开放以来，广东省委充分利用中央赋予广东"先行一步"的特殊政策，狠抓历史机遇，但求造福一方，团结带领广东人民改变城市落后、人民贫穷的局面。高校思政课教师要讲清楚广东跨越式发展、取得历史性成就的根本原因——坚持中国共产党的领导，尊重社会发展规律和尊重人民历史主体地位相统一，坚持为崇高理想奋斗和为最广大人民谋利益相统一；进而勉励青年大学生日后走上工作岗位后，要感党恩、听党话、跟党走，继续把人民对美好生活的向往作为奋斗目标，为继续创造历史伟业贡献青春力量。

二是从马克思主义同中国具体实际相结合的维度，讲清楚广东改革开放的探索实践、历史经验和未来谋划。例如，①广东立足自身区位优势，"珠江模式"拉开了广东改革开放现代工业大发展的序幕，开启了粤港澳大湾区以科技为引领、以制造业为根基、以内外联动为布局、以民营经济为内生动

---

① 新华社．中国共产党人精神谱系第一批伟大精神正式发布 [N]．人民日报，2021-9-30（01）．

力的发展道路。②珠三角城市群坚持以人为本、藏富于民，向基层放权，向市场还权，向社会赋权，探索出一条共建共治共享的城市治理之路。③佛山、东莞等周边城市的经济结构和产业布局，注重与广州、深圳形成合作互补大于竞争的关系，在推进广州都市圈、深圳都市圈中实现错位特色发展。④面向未来，思政课教师要向广大学生讲清楚广东发展的基本思路。广东必将坚持以习近平新时代中国特色社会主义思想指导广东一切工作，继续实施创新驱动发展战略，推进传统产业转型升级，实现从传统制造迈向智能制造的跃升；秉持合作融合、互助共赢的精神，实现特色发展、协调发展、共享发展；瞄准"一带一路"建设的国际布局，以国际视野和先进理念推进改革，打造一流营商环境高地，加快形成对外开放新格局。同时，广东将因地制宜、因城施策，理论联系实际有效解决广东改革发展中的现实问题，继续擦亮改革品牌，凝练中国特色社会主义先行示范区的深圳经验，继续为党的体制机制创新和思想理论创新提供基层素材和实践智慧。

三是从马克思主义同中华优秀传统文化相结合的维度，讲清楚广东改革开放以来的敢闯实干而形成的改革开放精神，是中国共产党人弘扬民族精神和时代精神的鲜明体现。广东处于改革开放前沿地，不仅有像深圳这样的经济特区和国际性大都市创造了全国1000多项第一，哪怕作为普通地级市的佛山也勇于饮"头啖汤"，国内首创"Shopping Mall"，全国首创"贺富"行动，诞生了全国首家啤酒行业的乡镇企业、全国第一个向美国出口吊扇的工厂、全国首条合资建设的高速公路。高校思政课教师要在丰富的改革开放实践案例中，引导学生饮水思源，富而思进，传承前辈不惧风险、敢于拼搏、勇于胜利的优秀品质，继续弘扬解放思想、实事求是、敢闯敢试、勇于创新、互利合作、命运与共的改革开放精神。而改革开放精神的产生，不仅仅是当今时代精神的体现，其实也是传承了弘扬以爱国主义为核心的伟大创造精神、伟大奋斗精神、伟大团结精神、伟大梦想精神，是民族精神在当代的继续发展。具有民族文化基因的改革开放精神，能够引导青年避免精神懈怠、满足现状、贪图安逸享乐的思想倾向，做足迎接风险挑战、克服困难挫折的准备，磨炼持之以恒、奋发进取、善始善终的意志，为推进改革开放再出发而不懈努力。

第四章

依托生活实践经验，增强教学体系亲和力和针对性

立足日常生活，完善理论教学体系，做实做细实践教学，能够增强地方高校思政课教学体系的亲和力和针对性。地方高校思政课教学要立足学生日常生活，化教材体系为循循善诱、启迪智慧、增强认同、守正创新、共建社会的教学体系，提升学生的社会认知、科学思维、政治素养、理论水平、崇高情怀；要立足学生生活设计实践教学环节，结合地方特色拟定实践教学选题，贴近教学实际完善实践教学方案，体现实践教学的层次性、探究性和趣味性。此外，地方高校形势政策教育，可以在如上理论教学和实践教学体系建构思路的基础上，结合社会现象和热议话题，进行形式更加灵活多样、内容更加丰富多彩的教学创新，透过现象看本质、答疑解惑强信心。

第一节 地方高校思政课理论教学体系的重塑

《中国近现代史纲要》主要讲授中国近代以来争取民族独立、人民解放和实现国家富强、人民幸福的历史，帮助学生了解党史、国史、国情，深刻领会历史和人民选择马克思主义、选择中国共产党、选择社会主义道路、选择改革开放的必然性。《马克思主义基本原理》主要阐述了马克思主义世界观和方法论，重在把握基本规律、增强理想信念。《毛泽东思想和中国特色社会主义理论体系概论》以马克思主义中国化时代化为主线，集中阐述马克思主义中国化时代化理论成果的形成过程、主要内容、精神实质、历史地位和指导意义，充分反映中国共产党不断推进马克思主义基本原理同中国具体实际相

结合、同中华优秀传统文化相结合的历史进程和基本经验。《习近平新时代中国特色社会主义思想概论》以马克思主义中国化时代化最新成果为重点，全面把握中国特色社会主义进入新时代，系统阐释习近平新时代中国特色社会主义思想的科学体系和历史地位，充分反映实现全面建设社会主义现代化强国、中华民族伟大复兴中国梦的战略部署。

可以看到，《中国近现代史纲要》重史，《马克思主义基本原理》《毛泽东思想和中国特色社会主义理论体系概论》《习近平新时代中国特色社会主义思想概论》重论。教材体系从思想史到思想（从历史叙事到思想理论），从马克思主义基本原理到马克思主义中国化时代化，从最初理论成果发展到最新理论成果，从宏观理论落实到微观举措。这种论述结构以抽象思维、本质探究、普遍认识、理论审视的精辟论述见长，突出思想理论的系统性和发展性，有助于把握理论脉络和核心思想。

从学生学习特点和需求来看，地方应用型普通本科高校学生善于从个人体验与理解的视角出发、观察周边现象、讲求实际功用、具象思维见长、期盼新鲜资讯、渴望互动参与。简而言之，这是一种形象思维、人事现象、案例分析、感知体验见长的思维模式，这大致呈现了教材体系与学生思维的差异，也预示着教材体系与教学体系最大差异在于：前者从理论高度阐明具体现象，后者则需要透过现象看本质，需要重视从具象思维到抽象思维的过渡和引导。

基于如上分析，结合思政课的理论内容，著者认为，地方高校思政课教学要围绕提升学生社会认知、科学思维、政治素养、理论水平、崇高情怀的目标，化教材体系为循循善诱、启迪智慧、增强认同、守正创新、共建社会的教学体系。

一、选取反映现实的鲜活素材，在问题导向和由器入道中循循善诱

（一）具体形象的素材形式与内容

面对具象思维见长的学生，教师应当在日常备课中关注和选取更多具体、鲜活、形象的素材，然后在课堂教学中结合专题和切入点的需要运用之。

具体形象的素材内容，包括以下内容。

一是人事：周边或媒体中的人物、事件，尤其是当下热点焦点、新闻事件。

二是现象：由诸多人事构成的个别和普遍的社会现象。

三是国情：社会历史条件、客观环境、社会状况、发展阶段等情况。

四是历史：人事更替、复杂现象、时代变迁、争议话题、待解问题等。

五是制度：基于特定社会结构基础上的体制机制、各项制度及其发展演进。

六是文化：某种生活方式、风俗习惯、思想观念等。

在授课的过程中，通过对人物、事件、现象的分析抽象，才能从纷繁的个别中看到相似，从相似中探究普遍，形成对社会现象所反映的普遍问题的把握。通过对历史的梳理总结，才能更好地了解事件、社会现象的由来。通过对国情现状的深入分析，才能了解事件和现象背后的现实依据，加深对社会现象的认识。通过对制度和文化的剖析，才能找寻背后的深层因素。如此，我们能够了解当前面临形势的具体表现、问题症结、利弊条件，才能做到辩证全面看问题，既不掩盖问题，也不消极悲观，为理性平和求方案做铺垫。

具体形象的素材形式，包括以下内容。

一是视听资料：题材新闻、纪实视频、文艺影片、音乐歌曲（如红歌）、电视节目、人物讲座等，教学中主要是作为课堂导入、讲授或讨论的辅助内容。

二是图片动画：事件现场画面、生动形象漫画、珍贵历史图片、模拟呈现动画等，往往在多媒体教学中尤其是通过 PPT 展示的方式呈现出来。

三是图表数据：统计数据、分析图表、案例图解，往往在多媒体教学中尤其是通过 PPT 展示的方式呈现出来。

四是典型案例：具体个案、相似案例、普遍现象，主要是在课堂讲授中运用或在师生互动中体现；诸多典型案例的分析，能够让学生具体可感，有所感觉与体会，总结现象与问题的共性与本质，深入反思相关的制度与文化。

五是引导问题：反思性问题、递进式问题等，在课程导入、理论讲授和互动中均可运用；设计的引导性问题，能够引发学生思考，洞察人物、事件、现象，思考背后的历史、国情、制度与文化。

六是多元观点：善于提出问题、列举多元观点、鼓励各抒己见，主要是在课堂讲授中运用或在师生互动中体现。诸多观点的呈现，能够给学生提供多元视角，让学生相互启发、取长补短，形成自己的真情实感的评论。

下面从教学体系的构建角度来说明如上素材的运用。

视听资料，图片动画、图表数据，能够形象、生动、直观、有效地呈现人事、现象、国情、历史素材，能够有效呈现制度与文化的具体表现形式。

素材的运用，一般以契合学生思维、生活、需求为原则，即以学生容易理解的角度，结合学生学习和日常生活，关注个人发展需要的层面切入理论方略，试图拉近理论方略与学生个体的距离。

教学活动要以学生为中心。学生们有着自身的问题意识，这是学生思维活动的起点；他们带着问题观察周边人事，了解系列人事所构成的复杂现象；通过互动讨论、各抒己见、相互启发，逐步认识到对现象分析的多元态度和不同观点；观察视角也会从现在回溯过去，挖掘历史素材，探查历史演进；而在古今人事现象的背后，则是对国情、制度和文化及其走向的深入分析。鉴于此，通过教学环节的设计，思政课教学可以从唤起问题意识开始，从分析人物、事件、现象入手，向探究历史、国情、制度和文化逐步深化。

（二）以经济建设为例说明素材选取与运用

我们以经济建设为例，对素材选取与运用加以说明。

新时代以来，中国经济继续保持高质量发展，但学生可能接触到的是一些具体的鲜活素材，可能也存在一些疑问或困惑。

（1）人与事：不少行业的生意不像以前那么好做，一些人的就业和收入受到了一定程度的影响，中美贸易战对相关行业和出口外贸产生较大的影响，一些互联网大厂也存在裁员、降薪现象。

（2）现象：中国经济也从原来的接近2位数的高速增长到如今5%的增速，经济的不确定性因素在增加。

鉴于如上事件和现象，为了让学生更好理解（有可能一些学生对此的关注不多），设置如下导引案例和导引问题。

（1）导引案例：结合一些事件和现象，通过教师列举或学生讲述一些身边的真人真事，辅助于一些图片、数据，讲述经济形势的具体表现。

（2）导引问题：中国经济的下行压力在增大，有些学生可能会对未来经济发展存在担忧情绪，我们该如何克服经济发展中面临的风险挑战，促进经济高质量发展？

（3）多元观点的呈现：面对当前的经济形势，学生会存在乐观和悲观的不同评价，可以组织讨论、各抒己见，归纳各自的主要观点及其理由。

为了更深入地分析现象和答疑解惑，可以从历史发展、国情现状、制度优势和文化滋养方面加以深化。

（1）历史：通过中国 GDP 从严重靠后到逐年突破直至成为世界第二大经济体的视频展示，以及国家财政收入、人均可支配收入增长等图表数据、年夜饭的变迁等鲜活图片，呈现中国经济从改革开放以来取得的举世瞩目的伟大成就。进而分析过去中国经济的高速增长的原因，包括但不限于原来经济体量较小、劳动力成本低廉、发展劳动密集型产业，依靠加工贸易出口，主要依靠低价赢得市场，而后我国逐步改变了过去落后的社会生产的局面，工业化和城镇化水平大幅提升，科技和综合国力相比过去有了巨大进步，人民生活水平大为改善。

（2）国情：我国改变了过去落后的社会生产的局面，取得了巨大的经济成就和社会进步。通过一些时事案例，引导学生认识到如下几个方面也要理性看待。第一，以工厂代工生产为例阐释，一直以来我们对核心技术的掌握不多，受制于人，利润的"大头"还是被掌握核心科技的发达国家的头部企业拿走。第二，以制造业大市佛山的传统产业如陶瓷、家具、建材等为例说明，随着经济的发展，而我国的人力成本在不断增加，原来依靠低价赢得市场的效应在减退，造成了"夹心饼干"的尴尬，而且高污染高耗能的产业居多，还导致资源消耗和环境污染。第三，以 5G 技术和华为受到美国不择手段打压为例说明，中国的科技实力总体上还不够强，但也有某些领域处在领先水平，西方依靠知识产权和技术优势剥削发展中国家的形势在改变。随着中美贸易战的打响，西方某些国家意图遏制中国发展的企图更加明显。第四，通过人均 GDP、人均可支配收入等数据对比加以说明，我国依然处在社会主义初级阶段，最大的发展中国家的国际地位没有变，跟世界发达国家的经济发展水平依然存在差距，我们仍然需要踔厉奋发、艰苦奋斗，人民的美好生活需要依然需要通过高质量发展加以实现。

（3）制度。通过基于理论的生活化叙事，向学生阐述：第一，我国是最大的发展中国家，正在建设人口规模巨大的社会主义现代化。相较于新加坡、欧洲和美国模式的现代化，中国的治理包括经济治理和制度设计必然有自己的特色。第二，我国具有巨大的市场，作为发展中的人口大国依然具有巨大的发展潜力，我们通过建立全国统一大市场、促进城乡融合发展等体制机制创新能够释放巨大的发展空间。第三，我们追求全体人民共同富裕，能够极大促进人民的团结，维护社会的长期稳定，调动人民的积极性和创造性，克服经济发展中面临的困难和问题。第四，中国共产党始终为中国人民谋幸福、为中华民族谋复兴，始终审时度势、未雨绸缪，直面现实问题，锐意推进改革，通过明确目标任务、制定发展战略、深化理论探索、转变工作思路、出台具体措施等，不断把我国发展推向新阶段。

（4）文化。通过基于理论的生活化叙事，向学生阐述：我国具有历史悠久的爱国主义传统，在社会主义中国继续产生了"两弹一星"精神、载人航天精神、黄大年精神，等等，面对风险挑战，我国人民必然能够团结起来，同舟共济、共克时艰、化危为机。改革创新为核心的时代精神，成为中华儿女的精神风貌。中华民族自古以来就自强不息、艰苦奋斗、开拓创新，不断克服前进道路上的各种困难挑战，在历史上创造了灿烂的物质文明和精神文明。我们今天也应该有这种文化自信，一定能够克服经济发展中的各种风险挑战，实现经济高质量发展，创造新的辉煌。

通过对历史发展、国情现状、制度优势和文化滋养的深入分析，既有助于学生了解经济形势，理解从高速增长阶段到高质量发展阶段的内在缘由，也对高质量发展有更大的信心，扭转消极悲观的情绪。但由于有对问题现状的直面分析，又不至于盲目乐观、盲目自信。"在战略上藐视敌人，在战术上重视敌人"，有助于学生进一步深入开展对理论方略的学习。

二、探究思想理论的实践来源，在分析现状和提出方略中启迪智慧

实现具体形象素材与严谨抽象的理论方略之间的对接，是我们构建教学

体系的重要环节。

前述的对人物、事件、现象、历史、国情现状的分析，还是侧重于"形而下"的层面，我们还需要结合我们党的理论创新，从思想理论的高度来分析人物、事件、现象、历史、国情现状，了解基于实践需要而产生的与时俱进的思想理念、推进的全面深化改革、创新的体制机制、形成的大政方针政策等，从中让学生认识到思想理论的实践来源，看到我们党随着实践的发展在不断推进理论守正创新。

从育人的角度来说，如上引导不仅有助于学生了解思想理论的实践来源和所针对要解决的现实问题，而且有助于了解我们党对时代课题的睿智探索和理论创新，塑造学生科学思维，启迪学生智慧。我们党对国情实际和现实问题的宏观系统、辩证全面的分析，有助于培养学生处事不惊、沉着应对问题的意识，塑造乐观积极、坚定信心的心态。我们党坚持问题导向，通过广泛调研、多方探索、开展试点、总结经验的过程，逐步针对现实问题提出应对之道、应对之策，并随着实践的发展和认识的深化而不断丰富完善，有助于培养学生分析和解决问题的能力。

就前面的经济建设案例说明如下。

首先，思政课教师可以回顾改革开放以来基于实践发展的理论创新历程。改革开放以来，从邓小平同志提出"以经济建设为中心""发展才是硬道理""三个有利于""社会主义市场经济理论"，到江泽民同志提出"发展是党执政兴国的第一要务""建立社会主义市场经济体制"，到胡锦涛同志提出以人为本、全面协调可持续的"科学发展观"，再到习近平经济思想的创立，都是适应中国经济形势的发展变化、经济体制改革的需要而推进的。在授课的过程中，由于学生已经学过了相关知识，可以通过简单回顾的方式阐明其中的基本线索和理论逻辑，让学生感受到随着实践发展的理论创新的巨大成功，跟前面所说的社会现象的历史分析联系起来。

其次，从理论的高度阐明经济发展阶段和推进经济发展的根本原则。思政课教师根据教材、统编课件的内容，讲述习近平总书记关于"经济新常态""新发展阶段""高质量发展"的重要论述，从速度、效率、动力等层面刻画经济形势变化，从发展水平和目标任务来看待当下经济的发展阶段和鲜明主题，明确"进入新发展阶段是我国经济发展的历史方位""推动高质量发展是我国经济发展的鲜明主题"，从而也让学生从理论的高度整体上宏观认识经济增长转向中高速、"三期叠加"、制造业大而不强、科技创新短板等复杂的经济形势。与此同时，思政课教师还要引导学生从道路、理论、制度、文化的层面坚定信心，传承党的历史经验，理解"加强党对经济工作的全面领导是我国经济发展的根本保证""坚持以人民为中心的发展思想是我国经济发展的根本立场""坚持和完善社会主义基本经济制度是我国经济发展的制度基础"的内涵、要求及其原因。

再次，讲述基于实践需要推进经济高质量发展的理念、体制、部署。面对经济发展过程中出现的结构性矛盾，我们需要推进"供给侧结构性改革"，推进"三去一降一补"等具体措施；面对经济发展动力转换问题，提出"创新发展"的理念、创新驱动发展战略和建设创新引领、协同发展的产业体系；面对制造业大而不强的问题，需要推进传统产业转型升级，包括结合信息化智能化的时代趋势进行数字化转型，需要推进工业园改造、"腾笼换鸟"培育新的经济增长点；面对高污染高耗能产业占比过重问题，需要转型升级、科技创新，同时确立"绿色发展"理念，完善资源节约、环境友好的绿色发展体系；协调发展、开放发展、共享发展，及其现代化产业体系的相关要求，也是结合经济形势逐一阐释。此外，联系我国要建设人口规模巨大的现代化、我国市场的巨大潜力、作为最大的发展中国家的发展潜力依然巨大等现实，结合改革开放融入世界促进了中国快速发展、闭关锁国必然导致落后就要挨打的历史教训、世界百年未有之大变局下的挑战与机遇，阐述构建以国内大循环为主体、国内国际双循环相互促进的新发展格局的重大意义和丰富内涵。思政课教师通过如上具体方面的阐述，让学生理解"新发展理念""新发展格局""创新驱动发展""大力发展制造业和实体经济""坚定不移全面扩大开放""统筹发展和安全"等具体的理论内容，也让学生了解"坚持问题导向部署实施国家重大发展战略是我国经济发展的战略举措"。

最后，还要从整体上讲述习近平经济思想的逻辑结构。思政课教师要把授课课程中讲述的经济新常态、新发展阶段、新发展理念、新发展格局、高质量发展、供给侧结构性改革、现代化经济体系等内容贯通起来，让学生对相关概念命题的相互关系有更加清晰的认识，从整体上学习领会习近平经济思想十三个方面的主要内容及其内在关系。

三、阐明思想理论的指导作用，在理论引领和成效检视中增强认同

如上主要是从实践的角度阐明思想理论的来源，并从中阐明具体理论主张的内容，进而贯通起来形成对思想理论的整体理解。与此同时，实践是检验真理的唯一标准。我们还要向学生展示思想理论对社会实践的指导作用，让学生认识到思想理论的正确性、真理性。我们党通过对现实问题的睿智解答，推进治国理政取得巨大成就，能够让学生认识到思想理论蕴含的思想智慧、伟大战略、务实举措、周密部署，能够让学生增强对我们党总揽全局、协调各方、科学决策、民主决策、执行高效的了解，引领广大青年学生自觉感党恩、听党话、跟党走。

以下接着前面的经济建设的案例加以说明。

习近平经济思想，是党和国家十分宝贵的精神财富，为做好新时代经济工作指明了正确方向，提供了根本遵循。在课堂教学当中，我们可以结合党的二十大报告列举的经济数据，跟习近平经济思想结合起来，阐释理论指导实践所取得的巨大成功。

一是从整体上通过十年前后的对比，呈现我们经济实力的历史性跃升。正如党的二十大报告指出，十年前我们面临的形势是，"经济结构性体制性矛盾突出，发展不平衡、不协调、不可持续，传统发展模式难以为继，一些深层次体制机制问题和利益固化藩篱日益显现"[1]。面对这样的形势，在习近平经济思想的指导下，经过长期努力，我们历史性地解决了绝对贫困问题，实现了小康这个中华民族的千年梦想，我国发展站在了更高历史起点上[2]。我国经

---

[1] 习近平.高举中国特色社会主义伟大旗帜 为全面建设社会主义现代化国家而团结奋斗：在中国共产党第二十次全国代表大会上的报告 [M]. 北京：人民出版社，2022：5.

[2] 习近平.高举中国特色社会主义伟大旗帜 为全面建设社会主义现代化国家而团结奋斗：在中国共产党第二十次全国代表大会上的报告 [M]. 北京：人民出版社，2022：7.

济实力实现历史性跃升[①]。

二是从主要经济数据上加以呈现，说明经济迈向了新发展阶段。面对经济结构性体制性矛盾突出，以及发展不平衡、不协调、不可持续的问题，我国通过贯彻新发展理念，推进供给侧结构性改革，建设现代化经济体系，实现了"国内生产总值从五十四万亿元增长到一百一十四万亿元，我国经济总量占世界经济的比重达百分之十八点五，提高了七点二个百分点，稳居世界第二位；人均国内生产总值从三万九千八百元增加到八万一千元"[②]。从数据上说，我国成功跨过了人均一万美元的水平，"中等收入陷阱"的风险得到有效化解。

三是从一些标志性突破加以展示，说明我国经济高质量发展的重要成就。面对传统发展模式难以为继的问题，我国坚持大力发展制造业和实体经济不动摇，坚持创新驱动发展战略，推进传统产业转型升级，才取得了"制造业规模、外汇储备稳居世界第一"的成绩单。面对经济效率不高、增长动力转换、高新技术产业占比不够高的问题，我国坚持创新型国家建设，贯彻新发展理念，坚持创新驱动发展，坚持科技自立自强，才取得了"全社会研发经费支出从一万亿元增加到二万八千亿元，居世界第二位，研发人员总量居世界首位""基础研究和原始创新不断加强，一些关键核心技术实现突破，战略性新兴产业发展壮大，载人航天、探月探火、深海深地探测、超级计算机、卫星导航、量子信息、核电技术、新能源技术、大飞机制造、生物医药等取得重大成果"[③] 等重要突破。

在授课的过程中，思政课教师要善于运用图表、数据、视频、动画的呈现形式，能够取得更好的强化效果，还可以引导学生参与进来，结合一些行业、地区、个人的发展成就，共同叙述我国在习近平经济思想指导下所克服的重

---

①习近平.高举中国特色社会主义伟大旗帜 为全面建设社会主义现代化国家而团结奋斗：在中国共产党第二十次全国代表大会上的报告 [M].北京：人民出版社，2022:8.

②习近平.高举中国特色社会主义伟大旗帜 为全面建设社会主义现代化国家而团结奋斗：在中国共产党第二十次全国代表大会上的报告 [M].北京：人民出版社，2022:8.

③习近平.高举中国特色社会主义伟大旗帜 为全面建设社会主义现代化国家而团结奋斗：在中国共产党第二十次全国代表大会上的报告 [M].北京：人民出版社，2022:8.

要挑战和所取得的巨大成就。

　　结合地方高校思政课教学实际来看，还可以结合习近平新时代中国特色社会主义思想指导地方实践、推动工作的角度进行更多阐发。比如，广东在习近平新时代中国特色社会主义思想（包括习近平经济思想）的指导下，在习近平总书记视察广东的重要讲话和重要指示批示精神的指引下，在全面深化改革、扩大高水平对外开放、提升科技自立自强能力、建设现代化产业体系、促进城乡区域协调发展等方面走在全国前列，展现党的创新理论能够让广东把握战略主动、抢抓发展机遇、克服短板弱项、续创建设辉煌，从而增强学生对习近平新时代中国特色社会主义思想的情感共鸣和理性认同。

四、把握思想理论的科学体系，在融会贯通和理论探究中守正创新

　　前面三个部分的内容统而观之，就是要求我们在具体理论方略的专题教学中遵循如下基本思路：具体形象素材的呈现→课程核心问题的提出→从理论高度辩证看待发展历史、理性分析突出矛盾问题→结合国情现状和制度文化背景提出具体理念、体制、部署→探究若干具体理念、体制、部署之间的逻辑关系，形成对某一方面重要论述的整体理解→某一方面重要论述对具体建设实践的指导作用，继续推进实践取得巨大成功。如此，通过鲜活的素材和理论与实践的互动关系，能够增强课堂教学的亲和力和针对性。

　　在具体理论方略的讲述之后，我们还要在如下四个方面继续努力：

　　一是引导学生继续开展理论探究。我们应该给学生提供一个开放的视角，就是要对尚待解决难题、社会发展方向和蕴含发展机遇做一个简单引导，让学生能够在思想理论和建设方略的基础上一同探索，让学生一同参与理论运用与理论创新，开展专题调研、提出对策建议，甚至撰写咨政报告。

　　二是把握各具体理论方略的关系，融会贯通并形成对思想理论的整全理解。教学的某一专题，往往涉及某一领域、某一议题的具体理论方略，在教学课程的衔接上，我们也要注重专题与专题之间的呼应，这种呼应其实也就是要阐明具体理论方略之间的内在联系，即理解社会主义经济、政治、文化、

社会、生态文明建设等的内在联系，才能整体理解马克思主义中国化时代化理论成果的全貌。

三是引导学生理解理论方略既一脉相承又与时俱进的关系。在对新时代理论方略的分析中，我们也要引导学生追溯历史，联系既往理论方略，在两者的比较与异同分析中，在时代变迁中理解理论的传承与创新。换句话说，思政课教师要向学生呈现马克思主义基本原理到马克思主义中国化时代化、从毛泽东思想到中国特色社会主义理论体系的传承与创新，既看到同属马克思主义理论的共同特质，又看到具体思想理论如习近平新时代中国特色社会主义思想何以实现了马克思主义中国化时代化新的飞跃。

四是善于从理论讲授上升到价值引领上来。在叙述历史进程与理论体系的过程中，我们应当时刻不忘思想政治教育的铸魂育人目标，增强学生对"中国共产党为什么能，中国特色社会主义为什么好，归根到底是马克思主义行，是中国化时代化的马克思主义行"的理解与认同，增强对在中国共产党领导下、以中国式现代化全面推进中华民族伟大复兴的自觉性和坚定性，增强对马克思主义世界观、人生观、价值观尤其是社会主义核心价值观的认同与实践。

五、推进思想理论的矢志践行，在踔厉奋发和勇毅前行中共建社会

如上环节侧重对社会现实的分析、明确思想理论的实践来源及其对实践的指导作用，理解思想理论的科学体系和守正创新，但我们教学的最终目标还是由理论认知、政治认同转化为共建社会的实际行动，在踔厉奋发和勇毅前行中实现个人价值与社会价值。这包括如下几个方面。

一是成就自我。正确定位时代和自我，了解个人生存发展的时代背景和客观环境，确立积极向上、奋发有为的精神面貌，从中捕捉机遇、创造条件，追求个人成长成才之梦。以贯彻运用习近平经济思想为例，广大青年大学生要坚定中国经济发展信心，在广阔市场中捕捉机遇，在实体经济领域诚实守信、合法经营，提供令消费者满意的产品和服务，从而实现个人发展与社会需要相统一、个人财富增长与创造社会价值相统一。

二是改造社会。在明晰中华民族伟大复兴的目标任务中增强历史责任感和时代使命感；理论联系实际，运用理论方略分析解决问题；正确认识改革发展中面临的困难、问题乃至不足，理性参与完善各项机制、制度、举措的全面深化改革进程。以贯彻运用习近平经济思想为例，广大青年大学生要结合产业转型升级、壮大实体经济、创新驱动发展、科技自立自强、建立统一大市场、推进乡村振兴、完善经济体制机制等方面，支持国家的各项改革部署，参与地方的探索实践，积极思考应对之策，提出建设性的对策建议。

三是回馈社会。与时俱进，开拓创新，做好本职工作，扎根基层，服务地方，贡献个人力量；诚信友善待人，扶助弱势群体；探索回馈社会之力所能及的其他途径与方式。以贯彻习近平经济思想为例，广大青年大学生要转变就业择业思路，利用所学投身乡村振兴事业，在追求个人成功的同时也能为建设农业强国、带动农民增收贡献力量；要传承老一辈科学家的精神，超越一时的名利得失，潜心基础科学的研究，投身应用领域的技术攻关，在成就一番事业的同时也能为科技自立自强、创新驱动发展贡献力量；要继续发扬"爱拼才会赢"的开拓精神，改变简单求稳的心态，弘扬创新创业精神，推动企业发展，促进行业进步；要支持国家收入分配制度的改革，履行纳税义务，支持公益慈善事业的发展。

第二节　地方高校思政课实践教学体系的建构

提高课程教学质量的途径有多种。按照"大思政课"育人格局建构的要求，我们在做好课堂教学之余，还要建构实践教学体系，把思政小课堂同社会大课堂结合起来，引导学生在日常生活中感悟思政课大道理。地方高校思政课实践教学，要形成"品—听—辨—察—研—悟"螺旋式上升的实践教学体系，要结合地方特色，依托地方资源，拟定思政课实践选题，并贴近地方高校教学实际完善实践教学方案，推进地方高校思政课实践教学创新。

一、立足学生生活设计实践教学环节，体现实践教学的层次性

著者以自身教学实践和改革尝试为基础，设置经典品读、人物访谈、宣

讲辩论、社会调查、专题探究、社会服务的实践环节，建构"品—听—辨—察—研—悟"螺旋式上升的实践教学体系，试图达到理论与现实、认识与体悟、思考与辨别、学习与践行相结合，实现教师讲授与学生探究相得益彰，收到更好的教学效果。

（一）经典品读

当代大学生在成长过程中直接参与社会交往、社会实践的时间和机会偏少，他们对社会和时代的了解更多的是依赖网络和自媒体（传统主流媒体的影响力有待巩固增强），在信息获取更加便利的同时，也难免会接触到一些负面新闻、错误价值观传导，且他们的看法具有一定程度的碎片化和建构性。因而思政课教师需要引导学生了解更为全面丰富、具有历史维度的立体社会，展现存在矛盾问题、勇于改革创新、整体向上向好、充满正能量的时代图景。当代大学生在中小学的阅读往往以二手资料为主，较少接触与阅读原文原著，因而思政课教学也需要引导学生阅读一些经典理论著作、反映现实的经典文学作品。鉴于此，思政课实践教学可以设置"品读经典"环节。

思政课教师可以向学生推荐《马克思恩格斯选集》《毛泽东选集》《邓小平文选》《江泽民文选》《胡锦涛文选》《习近平谈治国理政》《习近平著作选读》《习近平新时代中国特色社会主义思想学习纲要》《习近平新时代中国特色社会主义思想专题摘编》等经典著作；介绍《风云初记》《林海雪原》《四世同堂》《红高粱》《白鹿原》《三里湾》《风云初记》《创业史》《平凡的世界》《人世间》《抉择》《突出重围》等文学作品；介绍《觉醒年代》《建党伟业》《建军大业》《建国大业》《红色娘子军》《地道战》《地雷战》《大决战》《大转折》《大进军》《红岩》《长津湖》《春天的马拉松》《照相师》《大路朝天》《闽宁镇》《中国合伙人2》《黄大年》《天渠》《热土》《片警宝音》《我和我的祖国》《湄公河行动》《中国机长》等影视作品；介绍《百年潮 中国梦》《将改革进行到底》《必由之路》《我们的新时代》《中国式现代化》《中国的民主》等专题政论片。通过可读性很强的经典著作和文学作品，以及生动形象的专题政论片或影视剧，激发大学生对历史变迁与社会发展的关注兴趣，激发学生对社会现实问题的思考。通过师生互动、学生点评等教学形式，相互交流心得，在轻松的阅读品鉴中进行思想的对话和理论的反思。

（二）人物访谈

地方高校大学生擅长从个体发展视角理解民族国家，对周围社会的感知强于思想理论的思辨，对日常人事的体会强于民族国家的感知。学生的这种思想特征意味着思政课试图达到的宏大叙事、思想启迪、理论灌输的目标，需要注重微观叙事与宏大叙事的统一、细部理解与整体概观的过渡、个案感悟与深层认同的统一。

基于此，我们设置了"人物访谈"环节，希望他们利用周末、假期、日常电话交流、暑期"三下乡"等时机，对父母、祖辈、亲友、邻里、乡贤等周边熟人有更多的交流与互动，既降低手机低头文化对亲子沟通和社会互动的负面影响，又希望在沟通与倾听中了解长辈的人生经历，记录家乡发展的历史点滴，感受时代变迁的酸甜苦辣。这种娓娓道来的微观叙事将更为具体生动，倾听下的细部理解将更为真切可信，个案分析中的点滴感悟将更为持久难忘，进而促进学生以小见大、举一反三，对社会变迁、时代进步、国家发展有来自细部素材的印证。反之，宏大叙事与理论论证如若缺乏微观的体察与细部的感悟，将会显得空洞无物而难以扣人心弦、发人深省。

（三）宣讲辩论

当今社会既是一个资讯爆炸的社会，又可能是一个有效有益知识筛选更加困难的社会。知识资讯的获取是个人成长成才不可或缺的前提，我们当然也应该鼓励学生们多关注他人与社会。然而，学生们每天打开手机或电脑，都要处理诸多的微博转发内容、微信朋友圈信息、热搜事件，还会看到诸多来自游戏、娱乐、交友工具所弹出的链接。处理信息的时间不可谓不多，获取资讯的内容不可谓不丰富，但又时常按照个人的偏好、阅历、专业而搜集某一方面、层次或领域的内容，还容易无形中被推送的类别信息、思维视角与评价态度所局限。因此，如何引导学生在获取资讯中呈现更为客观全面、立体丰满的时代社会图景，为理解改革政策、理论主张与指导思想提供基本背景，是我们实践教学环节应当思考的。

鉴于此，我们设计了"理论动态"环节，让学生关注当前社会政治热点焦点问题和重点难点问题，尤其鼓励学生积极学习党和国家的大政方针政策，如党的中央全会精神和习近平总书记重要讲话精神，试图让学生能够在碎片化的资讯中关注更为核心重要的资讯，跳出碎片化的资讯而具有更为整体、宏观和前瞻性视野。

我们还设置了"时事播报"环节，将学生按 3 人一组分类，每次上课开始时选前一组同学播报 5 分钟最新资讯（简讯形式），后一组同学 5 分钟点评（下次这组同学播报，下一组点评），点评应该评论资讯获取的深度、广度与全面度，是否有更重要资讯遗漏等，如此训练学生们获取筛选资讯的能力与广博视域。

我们还设置了若干次"话题辩论"环节，围绕"经济形势的喜与忧""竞争失利后是坚持内卷还是佛系躺平""毕业后是去考编好还是进企业好""时间站在统一还是分裂分子一边""中华传统文化对中国式现代化的利与弊""慈善事业靠个人还是靠组织""高考专项招生、分省招生对教育公平的利与弊""欠发达地区金山银山与绿水青山的选择"等问题展开针锋相对的辩论，规则是必须选取正方或反方的一个主张，找寻更多的论据和论证途径将观点诠释推向极致，让对方更多地理解来自不同方式看问题的角度；继而从不同的角度相互取长补短，形成更加系统全面、客观理性的观点。

（四）社会调查

社会调查是大学生开展实践教学的重要形式，强调学生以个人或者小组的形式，对某一地区、某一群体、围绕某一主题展开参观或走访，从中获取一些素材和数据，进而进行现象描述、问题诊断、原因分析。

一是爱国主义教育基地参观。《中国近现代史纲要》《毛泽东思想和中国特色社会主义理论体系概论》都涉及对中国社会从传统走向现代、从革命到建设改革不同时期的内容，其实践教学可以引导学生梳理当地的红色人物、红色遗址、红色文物，亲临现场参观学习，宣讲其中的故事，传承其中的精神，汲取历史智慧和力量。

二是开展基层社区调研活动。学生可以选取学校所在的社区、故乡所在的村落或居委，或者具有典型特点的社区为调研对象，考察社区的发展历史、人口构成、基本特点、存在问题、潜在需求，对社区经济社会发展水平做出综合评估。比如，学生可以选取佛山市禅城区紫南村展开调研，其被评为"全国乡村治理示范村""全国民主法治示范村""中国十佳小康村""全国文明村镇""中国最美村镇"等荣誉称号；可以选取广州市越秀区矿泉街展开调研，其临近广州火车站、外来务工人员较多、民族成份较为复杂、外籍人士较多、存在"城中村"等，对基层治理的推进具有典型意义。

三是开展专题调研活动。例如，习近平新时代中国特色社会主义思想是统领广东工作的根本指导思想，习近平总书记也四次视察广东、多次对广东工作作出重要指示批示，可以围绕"习近平总书记对广东的重要讲话和指示批示在南粤大地的具体落实和典型案例"为主题展开社会调研。再如，中华优秀传统文化博大精深、多元一体。各地传统历史文化同中有异、各具特色。通过各地历史文化调研，引导青年大学生坚持马克思主义基本原理同中国具体实际相结合，同中华优秀传统文化相结合，探索中国式现代化的中国特色、地方特点、地方路径。还比如，选取经济、政治、文化、社会、生态、科技教育人才等某一具体领域，结合具体的社会热点问题展开调研，如在经济建设领域，调研产业转型升级，或者调研高新技术企业孵化、调研近年来餐饮行业状况等，让学生看到国家政策、社会环境对微观经济运行的影响，也思考行业发展的未来出路。

（五）专题探究

社会调查与专题探究，严格来说并不是截然分开的。社会调查有助于我们了解社会现状，追溯发展历程，也能发现现实问题，因而会提出相应的应对策略。本处的专题探究，则需要有更强的问题意识，选取更加细致的选题，展开更加专业的历史研究或对策研究。

思政课教师可引导学生收集史料，对现有研究有所突破或补充，如探究"马克思主义与工农实践、传统文化精神相结合的初步探索 —— 以毛泽东、杨匏安、彭湃在广东为中心""岭南文化、红色文化、广东实践与特区精神的生成"等开展专题式历史研究；可以引导学生评估现状、面向未来，对现实问题提出更科学更具操作性的对策建议，如围绕"岭南文化'双创'与人文湾区建设""高质量发展与中国式现代化的广东路径"等专题展开对策研究。

关于社会调查和专题探究的更多选题，在后文中另做详细展开。

（六）社会服务

前面的五个环节，主要是从"认知""体悟"层面引导学生扩大社会认知，了解思想理论的实践根源，了解思想理论对社会实践的指导作用。思政课教学的最终目的还是要引导学生把理论认识、政治素养、价值追求转化为顽强斗志和务实行动，从而实现知行合一。因此，思政课实践教学可设置"社会服务"环节。

思政课教师要有意识引导学生形成对"社会服务"的正确态度。这里的社会服务，包含公益宣传、赛会工作、维持秩序、无偿献血、扶危济困、义卖义诊等。投身社会服务，出发点不应该是为了满足修满实践学分以顺利毕业的被动之行，不应该是为了评先评优激励下的功利之举，也不是为了缓解经济压力所进行的"社会兼职"，而应该是出于高尚的思想觉悟和道德修养，是出于扶危济困、关怀弱势、体恤他人的善良意志，是出于奉献回馈社会、公民互助互爱、共建美好社会的理性认知，应该逐步培养成为一种自觉、一种习惯，保持持久的热情，成为长期的日常行动，并从中感受到精神愉悦感、幸福感和满足感。

二、结合地方特色拟定实践教学选题，体现实践教学的探究性

鉴于粤港澳在不同时期的独特地位和重要贡献，广东高校思政课实践教学要以"两个结合"为理论框架挖掘地方实践素材，设计既有理论价值又有地方特点的学生实践选题，提升学生的关注兴趣和探究热情，形成与课堂教学内容的呼应、互补、拓展。

所谓"呼应"，就是实践教学选题与课堂教学所涉及的思想理论和宏大叙事具有紧密的相关性。所谓"互补"，意味着课堂教学重点还是思想理论和宏大叙述的讲授，地方素材主要是作为导引、案例，在课堂教学中起辅助作用；而实践教学则把地方素材、地方经验和地方探索创新作为关注点，引导学生

深入挖掘地方题材，理论联系实际，运用课堂所学的思想理论加以分析，形成与宏大叙事的互补和对思想理论的细化探究；所谓"拓展"，就是实践教学不必面面俱到，也往往落实于细小领域，围绕更具价值的理论问题展开研究，对现实问题提出对策建议。

（一）依托地方资源进行《中国近现代史纲要》选题设计

运用地方资源推进《中国近现代史纲要》课程建设，可设置八个专题，引导学生展开探究。（1）从鸦片战争前粤港澳三地的一体同源看中国传统。（2）从鸦片战争主战场到近代革命策源地看旧民主主义革命——用南粤素材为切入点，讲解鸦片战争、太平天国运动、戊戌变法、辛亥革命的产生、发展、影响、意义。（3）从党的光辉照南粤看历史与人民的选择——用广东素材讲解中国共产党的新民主主义革命活动（大革命时期、土地革命时期、抗战和解放战争时期等）。（4）从华南敌后抗日战场和对外战略通道看中华民族的觉醒和团结。（5）从改革开放前的南粤影像看社会主义初期建设的艰辛探索。（6）从改革开放先行地实验区看中国特色社会主义的开创与发展。（7）从租借香港、顺利回归到国安立法看历史教育与国家认同的重要性。（8）从深圳建设中国特色社会主义先行示范区展望制度优越性与民族复兴蓝图。

在如上专题之下，可以挖掘更细致的切入点。以近代广东为例：（1）虎门销烟与鸦片战争的故事——可实地走访鸦片战争博物馆、虎门炮台旧址、虎门林则徐销烟池旧址等，然后根据实地采集资料，再加上网络和图书资料，完成案例撰写。（2）广东近代工商业（教育或者其他）的建立与近代民族复兴道路的早期探索——以XX（如南海缫丝厂）为例。（3）广东近代风云人物与中国近代史进程——以洪秀全、康有为、梁启超、孙中山为例。（4）孙中山广东革命活动与旧民主主义革命道路探索（综合运用多个革命遗址和纪念场馆的丰富资源），等等。

在如上专题下，引导学生搜集文献史料、文物遗址、名人事迹、图片影像，辅于人物访谈、爱国主义教育基地参观等环节开展实践教学。并且，教师还要引导学生力图透过粤港澳区域发展史看中国近现代史的发展主线与脉络，引导学生掌握历史发展规律尤其是"四个选择"的必然性，形成正确的历史观、国家观和价值观。

（二）依托地方资源进行《毛泽东思想和中国特色社会主义理论体系概论》选题设计

"纲要"课程重"史"，《毛泽东思想和中国特色社会主义理论体系概论》课程侧重"理论"。拟设置如下选题。

第一部分：毛泽东同志先后 11 次南下广东与中国革命建设的脉动。（1）毛泽东同志南下广东与中国新民主革命理论的形成。案例：在广东写成《中国社会各阶级的分析》、主持农讲所、参与国共合作等早期革命活动与新民主主义革命理论的源头。（2）毛泽东同志视察广东与社会主义建设初期的理论探索，在广东提出引进外资等想法与《论十大关系》报告；在广东总结三年经济困难经验教训与毛泽东思想活的灵魂。

第二部分：改革开放前沿地与理论创新实验地。（1）广东改革开放实践与中国特色社会主义的创立；（2）从理性看待逃港潮、题词肯定特区到南方谈话看邓小平理论的科学内涵；（3）从江泽民同志考察广东党建工作看"三个代表"重要思想的首次提出及其指导意义；（4）从广东发展短板看科学发展观在广东及其指导意义；（5）岭南文化、红色文化、广东实践与特区精神的生成。

（三）依托地方资源进行《习近平新时代中国特色社会主义思想概论》选题设计

总的主题是"以习近平新时代中国特色社会主义思想统领广东一切工作"。细化为如下专题：（1）从"三个定位、两个率先""四个走在全国前列、两个重要窗口"到"在推进中国式现代化建设中走在前列"看新时代新使命新征程；（2）高质量发展与中国式现代化的广东路径研究；（3）从制造业转型升级、广东高质量发展和现代化经济体系建设走在前列、21世纪海上丝绸之路看新发展理念的提出和贯彻；（4）从粤港澳大湾区建设的政治意义看我国政治制度的优越性；（5）意识形态斗争前沿阵地看意识形态工作和社会主义核心价值观培育的紧迫性针对性；（6）从岭南文化传承创新看文化自信的生成；（7）岭南文化"双创"与人文湾区建设；（8）从广州营造共建共治共享社会治理格局看加强和改善民生;(9)从广东自贸区建设和深圳建设中国特色社会主义先行示范区看全面深化改革战略。

在具体教学中,可借鉴前述"纲要"的素材采集程序,但教学侧重点有差异。应侧重生活实践与思想理论的关系,善用学生可感易知的人、事、物,阐明国情、发展脉络和时代特征,展现各领域建设成就和经验,从中引导学生领会思想理论的实践来源、丰富内涵、指导意义和传承创新。

三、贴近教学实际完善实践教学方案,体现实践教学的趣味性

思政课教师要贴近地方高校思政课教学实际,给学生布置实践作业并指引完成相应的实践活动。本处以"援引广东历史文化和鲜活实践,增强思政课教学亲和力和针对性 —— 我当思政课'网红'小老师"为例加以说明。

(一)思政课实践教学的目的

一是让学生了解我党团结带领全国各族人民从革命、建设到改革所取得的巨大成就,感受和体验中国共产党的奋斗历程,增强政治认同,坚定中国特色社会主义道路自信、理论自信、制度自信、文化自信,增强历史自信和历史自觉。

二是运用新时代广东在经济、政治、文化、社会、生态文明建设等某一方面的实践素材,展现广东各地党员群众、青年学生用习近平新时代中国特色社会主义思想武装头脑、指导实践、推动工作的图景。引导学生挖掘广东素材讲好中国故事和中国理论,呈现马克思主义基本原理同中国具体实际相结合、同中华优秀传统文化相结合,让学生增强对习近平新时代中国特色社会主义思想的认识,从而提高学生政治觉悟和理论认同。

三是透过广东素材的挖掘与学习,理解敢为人先、务实进取、开放兼容、敬业奉献的广东精神,在激发学生自豪感中增强学生爱乡爱国爱党热情。同时,通过如上实践调研,加深对课程相关思想理论的理解和认同,提升理论联系实际、分析和解决问题的能力,积极投身全面建设社会主义现代化强国、中华民族伟大复兴中国梦的伟大事业。

四是透过学生尝试扮演思政课教师的角色,了解思政课的重点难点和教

学规律，增强学生对思政课的接纳度和认可度。

（二）思政课实践教学的主题

围绕总主题，学生可以从两个角度展开实践。

1. 实践作业一

以"采写广东党史案例和新时代广东实践"为主题，在教师提供的选题指南或在思政课教材内容范围内（但一定要跟广东的人事物有关），选取自己感兴趣的一个案例展开，在实地走访和资料收集基础上，完成不少于 2，000 字的案例撰写（含叙事与分析，分析要能够总结提炼，联系思政课所学内容），并制作不少于 20 页的图文并茂 PPT。在收集整理资料中，如有视频影像资源、珍贵图片资源，请一并附上。

要求：素材收集坚持间接获取和直接调研相结合，即学生应搜集文献史料、名人事迹、珍贵图片影像，同时进行人物访谈、爱国主义教育基地参观、文物遗址参观等实地调研。案例撰写坚持马克思主义理论为指导，采用人文社会科学的各类研究方法，可以借鉴纸媒、网络媒体等报道的相关形式，例如在人物访谈和实地走访的基础上进行采写，可以进行数据分析和综合评价。

2. 实践作业二

以"广东历史文化和鲜活实践融入地方高校思政课教学创新"为主题，在前述间接获取和直接调研得到丰富素材的基础上，用好广东大地革命文化、地方历史文化、社会主义先进文化，以及新时代经济、政治、文化、社会、生态、党建等各领域的鲜活实践和理论探索等资源，讲授《中国近现代史纲要》《毛泽东思想和中国特色社会主义理论体系概论》《习近平新时代中国特色社会主义思想概论》的某一章节内容，要求融入生活又突出主旨、有地方特色又具全局视野、自成体系又回归教材，讲解力图素材丰富、逻辑清晰、深入浅出，保证观点正确。

要求每个小组以授课 40 分钟为标准，一是制作不少于 20 页的图文并茂的 PPT 课件（可同时提供用于辅助教学的剪辑视频资源）；二是提供 PPT 的讲解文字稿；三是建议（但不强制要求）在教室中进行模拟教学（可提前联系任课教师），或者到革命教育基地、文化遗址、村落等现场，采取现场教学形式拍成视频（现场教学时，每个取景点讲授不要超过 1 分钟，注重多场所取景和镜头的切换）。对完成课堂模拟教学或现场教学的团队，将额外加分。

实践作业二侧重运用广东资源讲好思政课，因而重点是提炼并上升到理论讲解。相比之下，实践作业一，重点是突出丰富的广东故事，侧重叙事，在叙事中对受众进行思想政治教育。

（三）思政课实践教学的形式与要求

同一教学班每个团队所选题目不能重复。如有重复，请在班内协商，协商不成以抓阄抽签决定。每组团队的初步选题以班级为单位在第 5 周前由班级负责人报送任课教师。

作业形式一，应提供图片影像等作为佐证资料，选取的讲述案例，能够体现广东特点，具有一定的典型代表性。

作业形式二，应挖掘广东革命建设的鲜活实践和理论探索，作为模拟教学的重要素材，但应回应和回归思政课教材内容。在准备和讲授思政课章节内容中，希望学生换位思考，感受思政课教学的重点和难点。PPT 最后一两页，畅谈本次案例撰写和分析、备课讲课的感想体会，并对提升思政课教学实效建言献策。

团队作业应载明具体分工，团队内成员的贡献将作为评分的重要依据。

学生根据实践作业选题和形式，利用周末、假期开展思政课课内外实践活动。实践中要提高安全意识，谨防不法分子利用而上当受骗。个人外出调研，必须告知班级同学；集体外出必须到班级辅导员处报备。如遇突发情况，应及时向任课教师、所在学院和学校相关部门报告。实践过程中应遵纪守法，恪守社会公德，遵守实践场所的具体规范，维护学校声誉，展现新时代青年大学生的良好精神风貌。

第三节　地方高校形势政策教育的渗透式开展

在思政课课程教学体系中，除了《思想道德与法治》《中国近现代史纲要》《马克思主义基本原理》《毛泽东思想和中国特色社会主义理论体系概论》《习近平新时代中国特色社会主义思想概论》课程外，还有《形势与政策》课程。

《形势与政策》课程的教学组织和教学设计可以更为灵活多样、丰富多彩。

一、明确课程教学设计思路，开展灵活丰富的形势政策教育

《形势与政策》是一门每个学期的教学内容和要点都与时俱进的课程。本门课程是由教育部根据中宣部关于形势与政策教育的部署，每年制定两期形势与政策教学要点，其中的内容与其他 5 门课程讲述的思想理论体系存在着关联、互补和更新，也有一些内容会更为具体、更为多样。

形势政策教育，由于紧跟时事，涉及内容既包括宏观的理论创新和大政方针政策的优化，也涉及社会热议的一些具体问题，涉及一些社会现象的答疑解惑。鉴于此，著者以为，高校开展形势政策教育，要安排足够课堂教学学时，保证按质按量开展 —— 课堂教学可以用 4/5 的学时来讲解《时事报告》社出版的教材内容；与此同时，我们也可以尝试拿出 1/5 的时间来对社会现象、热议话题进行分析研讨、答疑解惑。

在具体操作中，思政课教师可以在开课前 2 ～ 3 周提前建立班级微信群，对学生发起调查，收集学生关注的社会现象和热议话题，然后筛选出 3 ～ 5 个加以分析探究。对不同话题感兴趣的部分学生，可以组建研讨小组（人数在 3 ～ 5 人为宜），在任课老师的指引下师生共同备课，每次授课（一般 2 节课连排，80 ～ 90 分钟的课堂教学时间）在完成了核心教学要点的讲解之后，利用快结束的 15 分钟左右时间进行具体话题的分析研讨。在内容的设计上，可以遵循现象呈现、原因分析、对策建议"三部曲"的思路加以展开，从中呈现历史沿革、发展趋势、问题症结、复杂成因、基本思路、具体做法等，深化对社会现象和热议话题的认识，透过现象看本质、答疑解惑强信心。

在课堂教学之余，也还可以运用网络教学载体、实践教学形式加以拓展。在网络教学方面，可以建立超星学习通学群，以《时事报告》社教材相关专题内容为主体建设网络课程，引导学生进行网络学习、完成拓展视频观看、章节测验、话题讨论等自主学习。在实践教学方面，主要是引导学生共同参与课程备课、课堂上设置"时事开讲"师生互动环节，学有余力的同学日后可围绕感兴趣的选题，进行进一步的社会调查和专题探究。

此外，我们还可以改革《形势与政策》课程评价手段，比如学生总评成绩的构成分为两个部分，一是基础学习，包含课堂考勤、课堂表现、网络学习情况，占比70%；二是拓展学习，包含对共同参与备课的学生给予适度激励，以及"学习强国"日均积分折算成绩，占比30%。"学习强国"的常态化学习，有助于学生获取更多时政资讯，了解最新政经动态，学习最新讲话精神，达到形势政策教育的目的。"学习强国"日均积分，可以根据年级的不同略有不同，比如大学四年级学生适当降低，如日均积分达到20分即为满分，其他年级日均积分达到30分为满分，不足30分者按一定公式按比例折算。

二、潜心课程教学案例撰写，推进问题探究的形势政策教育

如前所述，《形势与政策》课堂教学环节中，可以尝试拿出一定时间进行热议话题的分析研讨，内容设计上遵循现象呈现、原因分析、对策建议"三部曲"的思路加以展开。下面以具体教学案例（主题为"打好'组合拳'稳步提升生育意愿的对策建议"）加以展示。

人口可持续发展是经济社会可持续发展的基本条件。当前，我国老龄化和生育率下降叠加影响我国人口结构。其中，生育率下降的压力较为明显，我们有必要深入分析其原因，立足长远提出切实有效的应对策略。

（一）我国生育率下降的情况及趋势分析

根据2023年1月17日国家统计局发布的数据，2022年末全国人口141,175万人，比上年末减少85万人。这是我国近61年（自1962年）以来的人口首次负增长，也比之前权威科研机构预测大为提前。我国人口自然增长率从2001年的6.95‰下降到2022年的-0.6‰，主要与人口出生率下降与老龄化程度上升直接相关。一方面，2022年我国人口出生率仅为6.77‰，新出生人口从2016年的1,786万急剧下降到2022年的956万，6年时间减少了46%；另一方面，2022年我国60岁以上人口占比19.8%，65岁以上人口占比14.9%，老年人口的基数大，且人口老龄化进入急速发展阶段。

由于多重因素的影响，2022年我国的总和生育率跌破1.1，生育率下降的压力持续增大。联合国《世界人口展望2022》认为中国总和生育率的大趋

势是缓慢上升，但仍将较长时间低于 1.5。如果按照总和生育率回升到接近发达国家平均水平的 1.4 预测，采取积极生育支持措施，才能使出生人口到 2035 年乃至在更长时间内能保持在 1，000 万人左右波动。

从长远看，人口生育率过低会导致人口活力下降、人口规模趋于萎缩、人口年龄结构失衡，从而造成市场需求减弱、年轻劳动力减少、赡养老人压力增大等问题，对经济社会发展带来显著负面冲击。但正像发达国家总和生育率 1.4 仍然面临人口负增长的压力那样，我国总和生育率也将长期低于世代更替水平的 2.1，低于国际社会 1.5 的警戒线。因此，我们需要通过更加强有力的综合措施减缓生育率下降的趋势。

（二）生育率下降的原因分析

除人口政策外，人们的生育意愿和生育行为还受复杂的经济、社会、文化等多种因素的影响。

从一般规律看，生育率下降并非我国独有现象。当一个国家经济社会发展到一定阶段，随着人均 GDP 上升、城镇化水平提高、人均受教育程度提升，必然会导致生育意愿的下降。我国改革开放以来，经济社会发展取得了举世瞩目的成就，高等教育也进入普及化阶段，社会保障体系不断健全，"养儿防老"的传统功能在消退，追求社会成就和个人生活品质的动机更强，从而使人们的婚育观念都在发生着深刻的变化。

从历史维度看，生育率下降是人口惯性的结果。我国的总和生育率在 1990 年就降至 2.0 左右，到 2010 年降至 1.5 左右，近年来则更低。由于我国已累积了 30 多年总和生育率低于世代更替水平的惯性，人口负增长时代的到来是长期积累的结果。需要强调的是，40 年前开始的计划生育国策，控制住了人口快速增长的势头，使经济社会发展与人口资源环境得到协调，是改革开放以来我国取得巨大发展成就的必要条件。我们应该历史地看问题、辩证地看问题。随着我国人口形势的变化，我国及时调整了计划生育政策，从单独二孩、全面二孩到三孩政策，对生育率下降起到了积极有效缓解的作用。

从现实层面看，生育率下降是综合因素造成的。置业成家的经济压力和高彩礼现象、结婚年龄的推迟、城乡发展不平衡造成的农村"剩男"和城市"剩女"现象、产业转型升级阵痛期的影响、子女养育成本高、女性从业的隐性歧视、工作竞争压力大、普惠性托育服务不足、部分家庭父亲角色缺位、子女教育压力大，都是影响适龄婚育人群生育意愿和生育行为的因素。

（三）稳步提升生育意愿的对策建议

人口结构优化事关国运兴衰。我国打好"组合拳"，系统谋划、整体推进、久久为功，定能稳步提升生育意愿，实现人口可持续发展。

一是加强顶层设计，完善政策体系。全面推进高质量发展，实施教育、科技、人才战略，推进乡村振兴战略，加快建设人口规模巨大的社会主义现代化，为应对"未富先老"的复杂形势提供坚实基础；结合经济社会发展环境和人口形势，优化完善新时代人口发展战略，分步骤实施我国人口高质量发展；加快转变计划生育政策工作思路，不断优化生育政策；探讨优化个人所得税专项扣除方案，随着经济发展水平提升而提高专项扣除额，探索按孩子个数递增而抵扣额度翻倍的科学性和可行性；探索弹性退休、弹性休假制度的科学性和可行性，对超过一定数量的孙辈需要抚养的女性给予适当倾斜。

二是持续加大各级财政的支持力度，努力降低子女养育成本。各级政府要按照财力水平，循序渐进从生育奖励、生育补贴、税务减免、养育补助、购房补贴等方面补偿养育成本，同时优化调整发放方式，出台一些个性化关怀措施（如怀孕期间给予一定营养补贴、高龄产妇额外发放特殊产检优惠券），发挥更大的激励作用和长效心理效用；加快托幼机构规划建设、社区托育活动场地建设等民生投入，完善住房优先保障、多孩优先同校入学、提高医疗保障水平等方面的福利政策，在细微处让多孩家庭感受到暖心服务；规范学前教育、课外培训、高等教育、公共卫生等基本公共服务收费标准，培育更多相关领域的爱心企业、公益机构。

三是保障女性权益，化解职业后顾之忧。针对企业，一方面要探索加大对女性员工产假期间造成企业用工成本增加的财税补偿，切实提高用人单位录用女性员工的意愿；另一方面也要加大对个别企业侵犯女性员工怀孕和产假期间合法权益的查处力度，努力消除育龄妇女就业从业歧视。针对家庭，探索适度增加父母双方的产假天数并允许弹性休假，提倡灵活办公、线上办公；要加快建设公立和普惠性民办的托幼机构，规范托幼服务收费标准，提高 0 ～ 3 岁幼儿入托率；要进一步完善家政服务，规范相关收费。此外，在高校研究生阶段的女学生生育，可探索额外单独延长学制。

四是弘扬公序良俗，倡导良好的婚姻家庭文化。摈弃爱慕虚荣、盲目攀比、借婚姻敛财的陋习，追求"三观"一致、心灵相通、共同奋斗美好生活的婚恋观；完善婚姻家庭服务，提供心理援助，完善家庭矛盾调解机制，增强家庭生活幸福感；倡导并贯彻男女平等原则，形成家庭分工协作，增强男性在承担家务、抚养子女上的自觉意识；传承中华文明的"家文化"传统，辩证看待三代同堂、祖辈帮助抚养孙辈的现象，扬长避短，构建和谐家庭关系。

五是降低家庭育儿焦虑，构建和谐亲子关系。进一步规范家校关系，支持教师敢于行使育人职责，构建教师严管与厚爱学生的体制机制，切实降低家长的课业辅导压力；探索降低中考分流压力，继续提高高等教育普及化水平，完善高素质应用型人才培养体系，切实改善家长的升学焦虑，延后学生的竞争压力；彰显多孩家庭环境对促进青少年身心健康、更加合群而不孤独、相互扶助照顾、相互学习和共同进步等方面的优势，探究行之有效的多子女互动协作的教育方法，增强适龄婚育人群对多子女抚养的信心；有效保障单亲家庭权益，形成更加宽松的政策环境和舆论环境。

第五章

激活美好生活体验，增强教学模式亲和力和针对性

所谓教学生活化，就是将教学活动置于现实的生活背景之中，从而激发学生作为生活主体参与活动的强烈愿望，同时将教学的目的要求转化为学生作为生活主体的内在需要。思政课教学既要吸收教学生活化的理念，又要考虑到思政课教学的特殊性加以运用。思政课教学的重要内容是弘扬主旋律，传播正能量。思政课教学必然要援引日常生活素材，构筑生活情境，但日常生活素材的选取更适合选取积极正面的素材，激发学生的正向积极的心理体验。思政课教学也会涉及社会的痛点难点问题，但不能简单地罗列问题，更不能丑化现实，而是应当放置于历史发展脉络，呈现解决问题的勇气、努力和所取得的积极进展，激发学生理性平和、参与社会、对未来充满信心的体验。思政课教学以新时代美好生活观为指引，激活学生的美好生活体验，探索生活世界与观念世界相互渗透和协同的教学模式，能够增强高校思政课教学模式的亲和力和针对性。

第一节　新时代美好生活观的理论创新

习近平总书记关于新时代美好生活的重要论述，构成了新时代美好生活观。新时代美好生活观结合我国的国情实际和发展阶段，其思想内涵具有特定的历史和现实价值指向 [①]；超越民主社会主义，以科学社会主义和社会主义

---

① 袁祖社．"万象共生"并"美美与共"——"发展价值观"的嬗变与"美好生活"的实践逻辑 [J]．河北学刊，2017(01)：141—147.

市场经济条件为立论基础[①]；基于"主体性中国"塑造的理论期望，标志着"幸福中国"的新价值叙事[②]；是马克思主义关于人的全面发展理论的中国化、时代化和大众化[③]。本节主要从"两个结合"的视角探究新时代美好生活观的生成逻辑，阐明新时代美好生活观的科学内涵，为第二节探究依托美好生活体验推进思想政治教育创新提供理论支撑。

一、探寻理论来源，明确新时代美好生活观的生成逻辑

新时代美好生活观，传承着马克思主义基本原理，承续了中华优秀传统文化的社会理想和价值追求，吸收了全人类关于美好生活追求的文明成果，并得到了社会主义建设和改革的实践经验支撑，成为马克思主义中国化时代化理论守正创新成果。明确新时代美好生活的生成逻辑，有利于坚定理论自信，增强政治认同。

（一）马克思主义中国化时代化的理论逻辑：坚持普遍性与特殊性的统一

马克思主义经典著作及其基本原理，是中国共产党人的"真经"，而拓展其契合时代精神的丰富意蕴，探索其适合国情的理论创新和实践路径，契合民族情感心理的价值追求和表达形式，则是坚持马克思主义中国化时代化的内在要求。马克思主义基本原理告诉我们，绝对地、抽象地、空洞地谈论美好生活是不可取的，美好生活与特定的历史阶段和社会形态密切相关，应该在人类历史生活中展开。在以私有制为基础的社会制度中，其社会关系表现出阶级统治、剥削与对立，统治阶级的美好生活往往是建立在被统治阶级痛苦生活的基础之上。只有通过阶级斗争，消灭私有制，消灭剥削和压迫，人与人之间才能形成平等的、团结协作的关系，才能真正实现全体人民的美好生活。

---

① 沈斐．"美好生活"与"共同富裕"的新时代内涵 [J]．毛泽东邓小平理论研究，2018 (01)：28－35+107.

② 袁祖社，董辉."权利公平"的实践逻辑与公民幸福的价值期待 [J]．西北大学学报（哲学社会科学版），2013 (03)：34－39.

③ 张三元．论美好生活与人的全面发展 [J]．理论探讨，2018 (02)：22－28.

习近平总书记早在十八届中共中央政治局常委同中外记者见面会上就郑重指出:"我们的人民热爱生活。……人民对美好生活的向往,就是我们的奋斗目标。"① 十年来,我们党"明确我国社会主要矛盾是人民日益增长的美好生活需要和不平衡不充分的发展之间的矛盾,并紧紧围绕这个社会主要矛盾推进各项工作,不断丰富和发展人类文明新形态"②。中国式现代化的中国特色,也正是体现在我们追求全体人民共同富裕的现代化,"坚持把实现人民对美好生活的向往作为现代化建设的出发点和落脚点,着力维护和促进社会公平正义,着力促进全体人民共同富裕,坚决防止两极分化"③。在具体的工作中,中国共产党人牢记"江山就是人民,人民就是江山","坚持在发展中保障和改善民生,鼓励共同奋斗创造美好生活,不断实现人民对美好生活的向往"④。

如上重要论述,既坚持了马克思主义的人民立场,体现了无产阶级政党的性质和社会主义国家坚持人民当家作主的地位,又立足现实国情、社会发展阶段、具体历史和文化传统,回应人民期待,着眼未来发展,系统阐明了"美好生活"的历史沿革、目标追求、丰富内容、实现路径和创造主体。这集中体现了马克思主义基本原理同中国具体实际相结合的理论精髓,实现了普遍性与特殊性相统一。

(二)古为今用的历史逻辑:坚持继承性与发展性的统一

马克思主义基本原理同中华优秀传统文化相结合,既是马克思主义中国化时代化的题中之义,也是构建当代中华文化新形态并实现文化传承创新的正确选择。中华文明所向往的美好生活,既蕴含天下为公、选贤与能、仁政爱民、修己安人、安居乐业、和谐有序、关怀弱势、天人合一等价值理念,也包含天下一统、顺时薄赋、安土重迁、安分守职、人伦本位、礼仪教化、

① 习近平. 习近平谈治国理政(第一卷)[M]. 北京:外文出版社,2018:4.

② 习近平. 高举中国特色社会主义伟大旗帜 为全面建设社会主义现代化国家而团结奋斗:在中国共产党第二十次全国代表大会上的报告[M]. 北京:人民出版社,2022:7.

③ 习近平. 高举中国特色社会主义伟大旗帜 为全面建设社会主义现代化国家而团结奋斗:在中国共产党第二十次全国代表大会上的报告[M]. 北京:人民出版社,2022:22.

④ 习近平. 高举中国特色社会主义伟大旗帜 为全面建设社会主义现代化国家而团结奋斗:在中国共产党第二十次全国代表大会上的报告[M]. 北京:人民出版社,2022:46.

乡绅治理、调处息讼等具有乡土气息的具体内涵和制度设计，甚至蕴含重农抑商、纲常伦理、僵化恶俗等成分。中华儿女既无必要也不可能斩断我们共同的精神血脉，但实有必要且亟待在现代社会转型中检视传统文化——中华文化蕴含的"大同理想""小康社会"等价值理想，不能脱离生产力而抽象地谈论其价值理想。中华文化所揭示的生存意义、生命情调、生活追求及其为之奠基的政治理想和制度建构，只有在创造性转换与创新性发展中使之与现代社会系统相协调、与现代价值相融合、与现代制度相适应，才能重新成为人伦日用的生活指南，化为人们喜闻乐见的生活方式，使传统文化追求的美好生活在当下真正实现。在这个意义上，坚持马克思主义为指导，坚守中华文化立场，为美好生活的理论创新提供源源不绝的文化滋养。融入社会主义制度环境并探索美好生活的现实根基和实践路径，才能把传统的价值理想化为现实的而非虚幻的生活图景。

（三）洋为中用的比较逻辑：坚持世界性与民族性的统一

追求美好生活是人类共同的主题，促进西方美好生活观的洋为中用是坚守中华文化立场的重要体现。西方对美好生活的追寻源于古希腊时期的哲人化反思，逐步形成德性伦理和宗教教义论述，进入现代则形成聚焦公共事务规则的现代性政治—伦理主流言论，但自由主义思潮因缺乏对寻求美好生活的价值与制度追求而引发批评：施特劳斯、施密特等从回归神性伦理中探寻美好生活；社群主义者麦金太尔、泰勒、桑德尔从回归德性伦理角度，去发现现代性申述者忽略的"美好生活"的真义[1]。在自由主义传统之上，形成保守派与改革派的美好生活意识形态。前者以自由市场、自我负责与追求成功、残补式社会保障制度的"美国梦"为代表；后者强调公平分享社会利益的权利，将社会主义思想融入国家治理体系建设，倡导在社会行动和社会发展中追寻美好生活[2]。站在洋为中用的视角，我们既要看到自由主义对清除封建思想残余的批判意义，也要警惕沉溺于个人幸福享乐而淡忘人民整体美好生活的后

---

[1] 任剑涛. 德性伦理、自由社会与美好生活 [J]. 宁波党校学报，2003(01): 28—37.

[2] 贾玉娇. 美好生活观的理论阐释与社会保障实现方案 [J]. 社会政策研究，2018(01): 59—68.

果；既要看到社群主义在超越自由主义方面的积极努力，也要洞察其历史主义倾向且美好生活实现路径建构不足的局限；既要看到西方社会吸收社会主义因素的积极进展，也要站在科学社会主义的高度确立美好生活的远大目标，并论证社会主义道路的优越性。

（四）社会主义建设和改革的实践逻辑：坚持理论性与实践性的统一

中国共产党的初心和使命是为中国人民谋幸福，为中华民族谋复兴。中国共产党因人民而生，为改变人民的命运而生，为了人民解放、人民幸福而勇于斗争，为人民的利益不懈奋斗。在新民主主义革命时期，中国共产党科学分析国情和社会主要矛盾，明确反帝反封建的历史任务，依靠人民大众，浴血奋战、百折不挠，为改变人民大众遭受"三座大山"剥削和压迫的地位，实现民族独立、人民解放作出了历史贡献。在社会主义革命和建设时期，我们党通过社会主义改造，消灭了在中国延续几千年的封建剥削压迫制度，确立了社会主义基本制度，同时团结带领全国各族人民，自力更生、奋发图强，推进"四个现代化"建设，逐步改变"一穷二白"的面貌，建立社会福利制度，帮扶困难群众，改善了人民生活。在改革开放和社会主义现代化建设新时期，我们实现了从高度集中的计划经济体制到充满活力的社会主义市场经济体制、从封闭半封闭到全方位开放的历史性转变，实现了从生产力相对落后的状况到经济总量跃居世界第二的历史性突破，实现了人民生活从温饱不足到总体小康、奔向全面小康的历史性跨越。中国特色社会主义新时代，我们党根据社会主要矛盾的转化，提出坚持以人民为中心的发展思想，推进以加强和改善民生为重点的社会建设，满足人民更高层次的物质文化需要，以及民主、法治、公平、正义、安全、环境等需要。

（五）主流价值引领多元表达的传播逻辑：坚持权威性与普及化的统一

"美好生活"是坚定文化自信、推进主流话语创新的重要体现，具有巩固党的执政根基、发挥价值引领和宣传动员意义、统摄申述各领域建设成就、科学解释发展脉络和问题现状等功能。作为主流话语创新，美好生活的政治性、严肃性、权威性特征预示着不能随意解读，避免过度诠释下的误读，更不容歪曲解读。如果出现大众传播的庸俗化、娱乐化倾向，将难以呈现美好生活的意境，不能实现价值引领和宣传动员的效果。新时代美好生活话语创新，在推进学理论证的同时，能够更为契合人民群众的思维方式、价值观念、情感心理、行为习惯，形成美好生活的通俗化、具体化、形象化表达，从而在学术、宣传与大众话语融通中发挥"暖人心""聚民心"的效果。

二、坚持守正创新，扩充新时代美好生活观的丰富内涵

新时代美好生活观从唯物史观和科学社会主义角度，立足世情国情党情变化，汲取中华优秀传统文化精华，吸收人类文明成果，从历史沿革、价值追求、丰富内容、实现路径和创造主体等层面构建了新时代美好生活观的思想体系，体现了严密的理论逻辑和独特的表达魅力，吹响了新时代追求人民美好生活的时代号角。

（一）历史沿革：辨识新时代美好生活的矛盾发展

追求人民的幸福美好生活，是中国共产党人"初心"的重要内容。美好生活是中国几代人的梦想和党在不同时代致力的建设事业[①]。社会主要矛盾决定党和国家根本任务。中国共产党人坚持和运用马克思主义基本原理，立足国情实际，始终科学判断和牢牢把握社会主要矛盾的变化，推进伟大的社会变革。

在新民主主义革命时期，面对帝国主义和中华民族的矛盾、封建主义和人民大众的矛盾，党领导反帝反封建的武装革命，实现民族独立和人民解放，让人民脱离战乱饥荒的困境，摆脱被剥削、压迫和奴役的地位。在社会主义革命和建设时期，面对社会主义和资本主义两条道路、工人阶级和资产阶级两个阶级的矛盾，我们党通过社会主义改造，建立了社会主义基本制度，消灭了剥削和压迫，使广大劳动人民真正成为国家的主人，调动了人民的积极性和创造性；同时，党的八大提出，我国社会主要矛盾是人民对于建立先进的工业国的要求同落后的农业国的现实之间的矛盾，是人民对于经济文化迅速发展的需要同当前经济文化不能满足人民需要的状况之间的矛盾。为此，

---

① 谢加书. 美好生活建设的中国道路 [J]. 马克思主义研究，2017(10)：32—39+159.

毛泽东同志提出调动一切积极因素为社会主义事业服务等重要思想，自力更生、发愤图强，推进"四个现代化"建设，逐步改变"一穷二白"的面貌，建立社会福利制度，帮扶困难群众，改善了人民生活。改革开放与社会主义现代化建设新时期，我们党提出了社会主义初级阶段理论，明确当时所面临的主要矛盾是人民日益增长的物质文化需要同落后的社会生产之间的矛盾。我们党集中力量发展社会生产力，解决了人民的温饱问题，继而逐步建成了惠及 14 亿人的小康社会。

中国特色社会主义新时代，我国生产力水平显著提高，人民生活水平显著提高，人民低层次的物质文化需要得到满足，但依然有更高层面的物质文化需求，且民主、法治、公平、正义、安全、环境等方面的需求日益增长。影响满足人民美好生活需要的因素很多，但主要是发展不平衡不充分的问题。因此，党的十九大首次明确提出："中国特色社会主义进入新时代，我国社会主要矛盾已经转化为人民日益增长的美好生活需要和不平衡不充分的发展之间的矛盾。"[1] 这是以习近平同志为核心的党中央牢牢把握我国社会发展的阶段性特征，准确定位我国发展新的历史方位，对我国社会主要矛盾的新变化作出的科学判断。

"人民需要"是跟随经济和社会发展而不断提高的，具有动态性和全面性。从站起来、富起来到强起来的历史性飞跃，预示着生产力的进步、供给端的发展。从革命时期满足人民的安全需要，到建设时期满足基本的物质文化需要，再到新时代更高层面的美好生活需要，需求端的跃升代表着人民美好生活的不断落实和不懈追求。两者的矛盾运动构成了美好生活的变迁历程和未来趋势，体现了历史唯物主义对中国独特发展道路的科学解释。

（二）价值追求：在高质量发展中实现全体人民共享物质富足和精神富有

从马克思主义基本原理同中国具体实际相结合的角度，立足我国的基本国情和发展阶段审视美好生活，则全面建成小康社会就是党的十八大以来至 2020 年我们党和人民共同追求的美好生活[2]。"中国梦最根本的是实现中国人

---

① 习近平．习近平谈治国理政（第三卷）[M]．北京：外文出版社，2020：9．
② 本报评论员．"小康生活"就是现阶段的"美好生活"[N]．光明日报，2018-3-19（04）．

民的美好生活。"[①] 在迈向全面建设社会主义现代化国家、朝着建成社会主义现代化强国、实现中华民族伟大复兴的新时代新征程，实现全体人民共同富裕（或者说全体人民共享物质富足和精神富有），就是当前和今后一段时期我们所向往和期盼的美好生活。"每个人的自由发展是一切人的自由发展的条件"的共产主义社会，则是我们始终追求美好生活的远大目标理想。此外，发展观的审视关联着人类生存正当性，构成美好生活的价值根基[②]。美好生活蕴含着高质量发展、以人民为中心的发展、以制度建构为保障的公平正义的发展、社会全面进步的发展等维度的价值追求[③]。高质量发展、社会全面进步的落脚点是全体人民共同富裕，以人民为中心的发展蕴含全体人民共同富裕的要求。

从马克思主义基本原理同中华优秀传统文化相结合的角度来看，正如习近平总书记所说，用出自《礼记·礼运》的"小康"概念来确立中国的发展目标，既符合中国发展实际，也传承着古代理想社会的不懈追求而容易得到最广大人民的理解和支持[④]。而强国建设、实现民族"伟大复兴"，则反向指示中华文明的历史积淀和文化意蕴，能够在彰显富强文明的古代中国中激发民族自豪感和荣誉感，更好凝聚中国精神力量，并为共同创造更加美好的未来生活而不断奋斗；而中国古代一直追寻的"不患贫而患不均，不患寡而患不安。盖均无贫，和无寡，安无倾"，"仓廪实而知礼节，衣食足而知荣辱"，治国安民要"富而后教"，都体现着中华民族对实现共同富裕、物质文明和精神文明相协调的价值追求，并在今天社会主义制度和更加发达生产力条件下得以真正实现。

（三）丰富内容：在全面小康到现代化强国建设中满足人民的高品位多层次需求

我们所追求的人民美好生活，彰显人民立场，侧重从国家期待和社会感

---

① 本报评论员. 在实现中国梦中共同创造美好生活 [N]. 光明日报，2018-3-20(04).

② 袁祖社. "万象共生"并"美美与共"——"发展价值观"的嬗变与"美好生活"的实践逻辑 [J]. 河北学刊，2017(01)：141—147.

③ 李喜英. 新时代实现"美好生活"的历史价值指向 [J]. 福建论坛（人文社会科学版），2018 (04)：93—98.

④ 习近平. 论党的宣传思想工作 [M]. 北京：中央文献出版社，2020：83.

受来描绘大多数人的生活存在状态[1]。当然，美好生活也包含从人民群众具体的心理感受的维度加以刻画（感性的自我享受和灵性的自我价值实现角度）[2]。就前者而言，人民创造和享有的美好生活，从国家期待和社会感受来描绘，即是小康、现代化、强国梦、共产主义的奋斗目标和价值追求。就后者而言，则是以民众的感受体验即"需求"为本，不断满足更高水平的物质文化需要和民主、法治、公平、正义、安全、环境需要。更具体来说，就是要结合生活与生产、需求与供给矛盾运动规律，强调人民群众需要在质量上升级为美好生活的向往，拓展拓宽为物质富裕、政治民主、安全稳定、健康文明、精神满足、公平正义、共治共享、高雅休闲等内容[3]。

还需强调的是，中华优秀传统文化从诸多层面影响着人民对富强、民主、文明、和谐、生态、公正等的精神追求，成为理解具体而真实的美好生活的文化背景。以马克思主义信仰、社会主义核心价值观为指导，赋予中华优秀传统文化滋养美好生活的具体内涵，能够让广大人民群众对美好生活的定义、判断、评价具有浓厚的中国立场、中国智慧、中国价值，对美好生活的意义、格调、追求具有鲜明的中国信仰和中国情怀。

比如，我们追求的物质富裕，是消灭两极分化的全体人民共同富裕，需要传承自强不息、勤勉敬业、俭约自守的传统美德，勤劳致富、守法经营、艰苦创业，又要推进收入分配制度改革，实现共享发展，维护最广大人民的根本利益；我们追求的政治民主，就是要坚持走党的领导、人民当家作主、依法治国有机统一的中国特色政治发展道路，要实现最广泛、最真实、最管用的民主，发展全链条、全方位、全覆盖的全过程人民民主，实现人民参与不断扩大、社会和谐稳定、国家治理高效的良好效果；我们追求的精神文明，就是既要以文化繁荣兴盛支撑中华民族复兴伟业，也要巩固马克思主义的指导地位，培育和践行社会主义核心价值观，繁荣文化事业和文化产业，提供丰富的精神食粮，增强理想信念，提升思想道德修养，更好满足人民日益增

---

① 李建华. 如何理解美好生活需要 [J]. 中国地质大学学报（社会科学版），2017（06）：1—2.

② 寇东亮. "美好生活"的自由逻辑 [J]. 伦理学研究，2018（03）：10—16.

③ 韩庆祥，陈曙光. 中国特色社会主义新时代的理论阐释 [J]. 中国社会科学，2018（01）：5—16.

长的精神文化需要；我们追求的社会和谐，就是要传承中和泰和、和而不同、讲信修睦、关怀弱势、调处息争的古代和谐理念，不断促进人民生活全方位改善，有更好的教育、更稳定的工作、更满意的收入、更可靠的社会保障、更高水平的医疗卫生服务、更舒适的居住条件、更优美的环境、更丰富的精神文化生活等，使人民群众获得感、幸福感、安全感更加充实，更有保障，更可持续；我们追求的生态美丽，就是要传承道法自然、天人合一蕴含的中华文明精神，形成人与自然和谐共生的良好格局。

（四）现实路径：拓宽发展道路、完善治理体系、发挥文明优势

实现新时代美好生活，需要不断拓宽中国特色社会主义道路。"中国特色社会主义道路是实现社会主义现代化、创造人民美好生活的必由之路。"[1] 人民美好生活需要，现阶段主要是更高水平的物质文化需要和民主、法治、公平、正义、安全、环境需要。我们需要通过社会主义现代化建设，以中国特色社会主义的经济建设实现高水平的物质需要；以政治建设实现人民的民主法治需要，以文化建设满足人民的文化需要，以社会建设满足人民的公平正义和安全的需要，以生态文明建设满足人民的美好环境需要。

实现新时代美好生活，需要落实在治理方略当中。从当前研究来看，主要有如下几个方面。①矛盾化解说。要把解决发展不平衡不充分问题作为执政重点，推进"美好新政"[2]。②需求满足说。要把人民的更高层次的各种需要作为各种建设的动力和源泉，并由"以物为本"向"以人为本"的建设转变[3]。③系统推进说。既要分配正义、高质量发展、加强社会治理，又要以道德教育为支撑提升人民的选择能力和创造能力，超越美好生活选择悖论。[4] ④务实创造说。中国共产党带领人民共同创造美好生活，其实践过程充分彰显新时代的道路自信和伟大创造力[5]。⑤美美与共说。立足不同阶层的美好生活

① 习近平. 习近平谈治国理政（第三卷）[M]. 北京：外文出版社，2020：13.

② 李建华. 如何理解美好生活需要 [J]. 中国地质大学学报（社会科学版），2017（06）：1—2.

③ 何星亮. 满足人民日益增长的美好生活需要 [J]. 人民论坛，2017（S2）：65—67.

④ 张彦，郁凤芹. 论新时代美好生活的选择悖论及其超越 [J]. 思想理论教育，2018（06）：24—30.

⑤ 张三元. 论美好生活的价值逻辑与实践指引 [J]. 马克思主义研究，2018（05）：83—92+160.

既有相同也有冲突的面向，引领人们从思想和现实维度理解"美好生活"，求同存异，各美其美，美美与共①。此外，参阅杨宜勇、桑玉成、王利明，陈金钊、王习胜、王名，贾玉娇、王雅林、史云贵等学者近年来的相关论文，还包括有为政府说、制度供给体系建构说、法治保障和发展平衡说、文化建设说、社会建设纲领说、生活方式重建说、绿色治理说等。

实现新时代美好生活，需要发挥中华文明的独特优势。党团结带领人民创造美好生活，既要从现实国情和发展实际出发，又要在尊重古今差异的基础上善于借鉴历史上的经验智慧和深刻教训，探索国家治理体系与治理能力现代化的中国模式，借鉴传统文化的制度经验加以制度设计和体制机制创新。而从当前的成功探索来看，诸如国家监察制度、全面从严治党制度、联系群众制度、选人用人制度、协商民主制度、人民调解制度、基层自治制度等，均蕴含着中华文化基因，吸收了历史上的成功经验，具有更强的生命力与优越性，从而使人民美好生活得到更强保障和更真实实现。反之，无视民族文化心理，割断历史，希望突然搬来一座政治制度上的"飞来峰"，将西方的区域性经验视为普世价值和通行规则，其结果必然是折腾、失败乃至灾难而危害人民生活。我们必须在坚定中国自信中警惕和批判包括历史虚无主义、文化虚无主义、资产阶级自由化在内的多种错误思潮。

（五）创造主体：党团结带领全国各族人民务实奋斗

习近平总书记从社会主义初级阶段国情出发，强调"实现中国梦，创造全体人民更加美好的生活，任重而道远，需要我们每一个人继续付出辛勤劳动和艰苦努力"②，"幸福都需要靠辛勤的劳动来创造"③。实现人民美好生活，不仅需要全党同志不忘初心，从人民关心和满意的事情做起；也需要全国各族人民团结奋斗，中华儿女勠力同心。

就前者而言，中国共产党要永远不忘初心，坚持作为人民幸福线的党的

---

① 沈湘平，刘志洪．正确理解和引导人民的美好生活需要 [J]．马克思主义研究，2018（08）：125—132+160.

② 十八大以来重要文献选编（上）[M]．北京：中央文献出版社，2014: 236.

③ 十八大以来重要文献选编（上）[M]．北京：中央文献出版社，2014: 70.

基本路线，"永远把人民对美好生活的向往作为奋斗目标"，坚持立党为公、执政为民，践行全心全意为人民服务的根本宗旨；要不负人民重托，在世界形势深刻变化和中国改革发展进程中与时俱进，始终站在时代桥头，在面对各种风险考验的艰难险阻中坚定成为值得人民信赖和依靠的主心骨；要更加自觉地维护人民利益，同一切损害人民利益、脱离群众的行为作伟大斗争；深入推进的党的建设新的伟大工程，始终保持党同人民群众的血肉联系，夯实群众基础，增强群众观念，培育群众感情，永远与人民同呼吸、共命运、心连心；要坚定"四个自信"，推进伟大事业，坚持创造人民美好生活的必由之路，坚持指导党和人民实现中华民族伟大复兴的正确理论，坚持激励全党全国各族人民奋勇前进的强大精神。此外，"民之父母""爱民如子""与民同乐""为天地立心，为生民立命，为往圣继绝学，为万世开太平""先天下之忧而忧"等传统文化精神，就像习近平总书记援引对联"地方全靠一官""自己也是百姓"告诫广大干部一样，蕴含诸多体恤民众、改善民生、保持血肉联系、为民无私奉献的情感资源，有利于激发广大党员干部的责任担当。

就后者而言，中国特色社会主义新时代是全国各族人民团结奋斗、不断创造美好生活、逐步实现全体人民共同富裕的时代，是全体中华儿女勠力同心、奋力实现中华民族伟大复兴中国梦的时代[①]。作为中国特色社会主义新时代的主人翁，人民群众是伟大历史、辉煌时代、美好生活的创造者，体现为新时代伟大梦想的实践者、物质财富的创造者、美好生活的共建者、发展成果的共享者。此外，"天下兴亡，匹夫有责""自强不息、厚德载物"的思想，支撑着中华民族生生不息、薪火相传，今天依然是我们推进改革开放和社会主义现代化建设的强大精神力量[②]。民族精神必将继续彰显人民主体地位，激发群众首创精神，共享共建新时代美好生活。

---

① 习近平. 习近平谈治国理政（第三卷）[M]. 北京：外文出版社，2020：9.

② 习近平论中国传统文化——十八大以来重要论述选编 [J]. 党建，2014（03）：7—9.

第二节　新时代美好生活观的思想政治教育教学价值

习近平总书记提出新时代美好生活观，揭示了美好生活的历史沿革、价值追求、丰富内容、实现路径和创造主体，对新时代治国理政具有重要指导意义。与此同时，把新时代美好生活观引入高校思想政治教育教学领域，也具有重要价值。这将有利于推进思想政治教育教学模式升级，更好实现思想政治教育目标。

一、立足美好生活体验提升思想政治教育教学实效性

新时代美好生活观的话语叙述、生活转向、解释张力和系统建构，有助于推进思想政治教育教学的效率提升、模式升级、资源延展和内容充实。

（一）新时代美好生活观的"话语叙述"能提高思想政治教育教学的效率

一是具有强烈的中国特色，契合国情、历史、文化而易于理解与接受。新时代美好生活观彰显了"生活"和"人"在历史唯物主义的重要地位，揭示了人的生活需求与生产供给之间的矛盾运动和协同发展关系，进而用全面小康到社会主义现代化强国目标、高质量发展、人民幸福来充实其彰显中国特色的思想内涵，着眼中国特色社会主义现代化建设实践提出实现美好生活的中国方案，实现了马克思主义基本原理向马克思主义中国化时代化理论话语、革命话语向建设话语、西方主导话语向中国话语的主题转换。

二是实现了理论与宣传话语的融通，易于深入浅出地理解思想理论的丰富内涵。新时代美好生活的历史沿革、目标追求、丰富内容、实现路径和创造主体，呈现了新时代美好生活观的理论结构；而从站起来、富起来到强起来的伟大飞跃的丰富叙事，强国梦目标与人生出彩机会，民生事业的成绩单与人民需求的不断满足，共同富裕、全过程人民民主等制度性安排与人民的幸福感等，可以挖掘出诸多的数据、案例和故事而成为丰富的宣传资源，易于深入浅出地理解前述理论论证。

三是构建了上下互动的叙述逻辑，易于话语转换与传播。个人美好（幸福）生活、社会（不同阶层、城乡和地区）美好生活、民族国家梦（中华民族共同体，全体人民享有的美好生活状态）可以相互转换，并可拓展到国际和全球维度（人类命运共同体、人类美好生活）。这既能调动个人经验知识和切身感受理解宏大叙事，帮助形成正确的社会观、民族观、国家观和全球观，并反向规范个体观念和行为，也提供了民众参与思想理论传播的空间，丰富美好生活观的传播渠道、传播主题和传播模式——从传统媒体的权威解读和新闻播报转向融媒体跨媒体传播，从侧重思想观念的宣教转向事论结合、情景交融的叙述，从单向的硬灌输转向回应需求困惑、双向互动参与、对话交流的软灌输。这有利于国家话语与基层话语、精英话语与大众话语、观念话语与生活话语的相互转换，并实现思想理论的通俗化、具体化、形象化、个性化的表达转换。

（二）新时代美好生活观的"生活转向"能升级思想政治教育教学的模式

日常生活场域业已成为新时代思想政治教育教学的重要土壤，新时代美好生活观对于思想理论的日常生活化建构和传播具有重要的引领示范意义。

一是美好生活的观念习得更为基础。在各种场合、各种活动、各种叙事、各种仪式中嵌入蕴含中国特色的经典性元素和标志性符号，传递理想信念、社会主义核心价值观和社会主义道德观念，能够让民众以"润物细无声"的方式接触和习得主流思想理论，在自然愉悦的日常生活体验中理解思想理论，构成了后续思想政治教育的理解背景和情境。

二是美好生活的情感共鸣更为持久。新时代美好生活观强调共产党人的初心和使命，在联系群众、服务人民、改善民生中解决人民群众最关心、最直接、最现实的利益问题，不断满足人民日益增长的高质量物质文化需要和民主法治、公平正义等高层次需求。这营造了真实享有且充满希望的美好意象，满足了人民的现实诉求和心理期待。这种奠基于日常生活的获得感和幸福感发自肺腑，由此而来的对党和国家的感恩意识比观念和知识教导更为深沉，对党的执政地位和执政基础、中国特色社会主义发展道路的情感认同，也比观念和知识教导更为持久。

三是美好生活的思想引领更为有效。"历史没有终结，也不可能被终结。中国特色社会主义是不是好，要看事实。"[①] 以"民主"为例，全过程人民民主的鲜活实践表明，选举和选举之外的制度和方式让人民参与国家和社会生活的管理是十分重要、可行和成功的。西方票选制民主模式在理论层面的反思检讨早已有之，但迷信西方普世价值者依然不少，意味着彰显发展中国家移植民主的教训，联系大众日常生活呈现实现真实民主、维护人民利益、促进安定团结和发展进步的中国方案和鲜活案例，从中加以思想引领的效果会比纯粹的理论论证更胜一筹。

四是美好生活的社会传播更为深远。美好生活切近人民生活实际，能够有效调动社会参与，使不同阶层、群体及其传播方式不同程度地参与进来，不同生活方式、情感体验、利益诉求、价值追求得以有效表达，从而形成一个交流对话的场域，促进信息交换、观念碰撞和思想融合，扩大思想理论的社会传播，进而通过解释现象、回应关切、激发共鸣、思想引领，实现宣传思想工作的目标任务。

（三）新时代美好生活观的"解释张力"能丰富思想政治教育教学的资源

从解释学角度看，新时代美好生活观具有巨大的解释空间，使不同时期、不同文化传统、不同地域的文化资源得以融合汇聚到思想政治教育场域中，进而"以立为本、立破并举"，建构了融通中外、超越古今而具凝聚、引领、传播力的核心概念。

一是传统文化的创新发展为思想政治教育教学提供了文化滋养。传统文化所向往的美好生活，蕴含天下为公、选贤与能、仁政爱民、修己安人、安居乐业、和谐有序、关怀弱势、天人合一等价值理念。通过创造性转换与创新性发展，与现代社会系统相协调，与现代价值相融合，与现代制度相适应，传统文化所揭示的生存意义、生命情调、生活追求及其为之奠基的政治理想和制度建构，能够重新成为人伦日用的生活指南，化为人们喜闻乐见的生活方式，助力社会主义美好生活建构。

二是革命文化的继承发展增强了思想政治教育教学的红色基因。理想信

---

① 习近平. 习近平谈治国理政（第二卷）[M]. 北京：外文出版社，2017: 37.

念的矢志不渝、以身许国的昂扬斗志、独立自主的铁骨铮铮，为民服务的博大情怀、艰苦朴素的公仆本色、先人后己的奉献精神，是革命时期追求美好生活的宝贵精神财富。革命文化与当今建设实践相结合，将如上革命精神注入时代内涵，倡导坚守爱国报国之志，投身总结提炼中国方案和贡献中国价值的理论创新，投身增强核心竞争力的自主创新事业，投身为社会创造价值和满足人民高品质需求的创业实践，投身扶危济困、义务服务、助人为乐的慈善公益行动，将成为新时代实现美好生活的不竭动力。

三是西方文化的洋为中用体现了思想政治教育教学的广阔视野。我们既要看到自由主义对清除封建思想残余的批判意义，也要警惕沉溺于个人幸福享乐而淡忘人民整体美好生活的后果；既要看到西方社会吸收社会主义因素的积极进展，也要站在科学社会主义的高度确立美好生活的远大目标并论证社会主义道路优越性。以西方的美好生活理论为借鉴，将有效提升我国美好生活理论建构和制度实践的系统性和科学性。并且，马克思主义与中华优秀传统文化融合发展下的美好生活话语创新，根植于民族文化心理而具有更大的亲和力，有利于在保持思想文化包容性、开放性的同时更好彰显民族性，发挥维护我国政治安全和文化安全的"筑同心"作用。

四是不同学科专业的解读从不同层面提供了新时代美好生活的探索经验。经管法政社等社会科学提供美好生活的制度建构、政策设计、长效机制和实施方案，哲学、教育学、心理学提供体知美好生活的理解范式、教育内化和人格养成机制，传播学、心理学提供对内宣传和国际传播的理论方法。这些多角度多学科研究资源将整合利用到马克思主义学科研究中，继而立足治国理政实践加以升华提炼，完整呈现新时代美好生活观的思想内涵和治理方略，探究其铸魂育人功能及其作用机制。并且，马克思主义学科研究将反过来影响前述相关学科的研究，发挥主流意识形态的政治导向和思想引领作用。

（四）新时代美好生活观的"系统建构"能充实思想政治教育教学的内容

在前述三者的基础上，挖掘利用新时代美好生活观的丰富内涵，可以呈现其铸魂育人的重要功能。

一是在解释中理解发展历程。新时代美好生活观统摄各领域建设成就的叙事及其理论，勾勒从战乱、温饱到小康，再到更加美好的生活，解释从站起来、富起来、强起来的伟大飞跃，辩证分析发展不平衡不充分的社会矛盾，联系国际经验分析矛盾问题集中出现的客观性及其缘由，消除困惑和焦虑，培育人民的辩证思维和理性平和的社会心态，增强人民的历史自信、历史主动和历史担当。

二是在引导中强化目标共识。在娓娓道来的发展叙事中，"中国梦最根本的是实现中国人民的美好生活"，以实现美好生活和实现人生出彩之梦来充实中国梦的内涵，更能焕发人民对强国梦想和价值追求的理解认同，形成前进目标和方向的共识。

三是在论述中强化执政认同。在如上解释历史进程和发展目标中，展现了中国共产党的光辉历史和优良传统，彰显了中国共产党人为人民谋幸福、为民族谋复兴、为世界谋大同的初心和使命，阐明中国共产党的产生和执政地位是历史和人民的选择，带领全国各族人民不断取得辉煌成就并共享发展成果的事实是长期执政最雄辩的证明。

四是在凝聚改革发展路径中维护团结统一。理解不同国情和制度下存在美好生活实现方式、实现程度和惠及人群的差异性，接纳不同城乡、地域、阶层对美好生活的诉求的差异性并诉诸长远根本利益实现利益平衡，认同在满足利益的同时推进权利的实现和精神的提升之基本思路，支持在"五位一体"总体布局和"四个全面"战略布局中推进新时代美好生活的真实全面实现，能够维护中国人民的思想和行动统一，维护安定团结的局面。

五是在社会动员中激发创新创造。新时代美好生活是全体人民共享的，也是全体人民共同创造和奋斗出来的。美好生活观能有效调动"主人翁"意识，激发参与现代化建设的热情和不竭动力，在日常工作、学习、社交、管理中做出不平凡的成绩。

二、新时代美好生活观引领理想信念教育的案例设计

在如上关于新时代美好生活观提升思想政治教育教学实效性的指引下，本处选取一个典型案例，就新时代美好生活观引领青年大学生理想信念教育

作更深入的探讨。著者认为，新时代美好生活观能够让学生更加直观感受到党领导下国家发展进步的伟大变革和非凡成就，在古今中外的比较视野中更加珍惜新时代美好生活的来之不易，感受体悟到美好生活蕴含的共同富裕与全面发展的价值之"善"、基于生活需求与生产供给辩证规律的理论之"真"、党团结带领人民走中国特色社会主义道路的路径之"实"，最终激发肩负使命与实践行动的持久动力，从而有利于激发学生对中国共产党领导的政治认同、对党史国史的情感认同、对社会主义核心价值观的价值认同、对中国特色社会主义的"四个自信"。

（一）洋溢民生改善与民心所向的生活气息

习近平总书记早在十八届中央政治局常委第一次集体会见中外记者时就指出："我们的人民热爱生活，期盼有更好的教育、更稳定的工作、更满意的收入、更可靠的社会保障、更高水平的医疗卫生服务、更舒适的居住条件、更优美的环境，期盼孩子们能成长得更好、工作得更好、生活得更好。人民对美好生活的向往，就是我们的奋斗目标。"[1] 党的二十大报告指出："我们要实现好、维护好、发展好最广大人民根本利益，紧紧抓住人民最关心最直接最现实的利益问题，坚持尽力而为、量力而行，深入群众、深入基层，采取更多惠民生、暖民心举措，着力解决好人民群众急难愁盼问题。"[2] 习近平总书记站在人民的立场，想民之所想，急民之所急，话语亲切、清新自然、打动人心，同时全面概括了改善民生的举措，提出了党的宗旨使命，彰显了中国共产党人的崇高理想。与此同时，党的十八大以来，中国共产党深入践行保障和改善民生的郑重承诺，在扶贫、乡村振兴等诸多民生领域精准发力，极大提升了人民群众的幸福感与获得感。如此，亲切话语与生活实感，让新时代美好生活观在国内外得到了迅速传播，并赢得广泛赞誉。

以此为启发，紧密联系学生的日常学习生活，从"美好生活"的角度切入，站在学生立场思考他们的所思所想，紧扣学生的思维特点和情感需求，运用

---

① 习近平. 习近平谈治国理政（第一卷）[M]. 北京：外文出版社，2018：4.

② 习近平. 高举中国特色社会主义伟大旗帜 为全面建设社会主义现代化国家而团结奋斗：在中国共产党第二十次全国代表大会上的报告 [M]. 北京：人民出版社，2022：46.

幽默风趣的生活话语，选取恰当的鲜活案例，激发学生的美好生活体验，开展"体验式教学"，成了大学生理想信念教育的重要方式。

从素材利用来看，绿树成荫的校园、设施完备的校舍、学有所教的良师、精彩多姿的文娱、殷实富裕的物质生活，组成学生触手可及的美好生活。学生校内的实时情感，周边其他民生事业的发展及其对自身生活的影响，都是学生日常所见和易于理解的鲜活场景，能够让学生了解民生改善的来之不易，激发学生拥有美好生活的幸福感。家人、师生和身边群众对新时代中国共产党不断改善民生下的生活变好和鲜活叙说，能够让青年大学生感受到人民群众对中国共产党大政方针政策的衷心拥护，感受到中国共产党团结带领人民创造美好生活是大势所趋、民心所向。

从呈现形式来看，要利用思想政治理论课的主渠道作用，发挥党校、团校在党团课程和讲座中的教育功能；要营造良好的校园环境，以节日庆典、文化活动、宣传展览等为载体使青年大学生展现和感受新时代美好生活；要设置小组分享环节，讲述感人事迹，畅谈故乡新貌，感受时代进步，形成师生共同讲好身边美好生活故事的格局；要主动占领网络平台，在"学习强国"校园强国号、微博、微信群、朋友圈等呈现视频、动画、文章，向学生呈现喜闻乐见的美好生活蓝图。如此，才能拉近师生距离，吸引学生关注，让具体生动的叙事真切可信，以小见大、举一反三，让学生对新时代美好生活有更持久难忘的体验，为理想信念教育创造良好的语境氛围。

（二）勾勒纵横交织与真实全面的完整图景

感受和珍惜新时代美好生活，还需要引领学生从自身周边日常生活进入更宏大的领域，运用想象，整合知识，调动审美，延展学生的日常生活经验认知。

一方面，教师要引导学生从自身生活进入恢宏历史，在纵向维度中理解新时代美好生活，激发学生的社会责任感和历史使命感。一是可以引导学生阅读和观看经典文学影视作品和专题政论片，撰写心得并彼此分享，以生动鲜活的方式带入历史和现实场景，激发学生对生活变迁与社会发展的关注兴趣；二是引导学生开展社会调研，通过"三下乡"等形式多样的社会活动，立体化理解发展成就，对为民族复兴和人民幸福而鞠躬尽瘁的模范人物心怀感恩，引发学生对人生价值与奋斗目标的思考；三是从学生的问题意识、周边人事现象入手，了解国情、制度与文化，以发展的眼光看待社会问题，进而理解党和国家的大政方针政策深得民心的缘由及其针对性、实效性与前瞻性，激发学生在正确政治方向和社会发展轨道上创造美好生活；四是通过对新时代美好生活新期待的介绍，调动学生想象勾勒未来美好生活的蓝图，调动学生审美情趣，并使其深化对新时代美好生活的认识。

另一方面，教师也要引导学生在横向对比中珍惜新时代美好生活，激发学生对中国道路的认同。面对学生群体中存在对西方价值观、制度模式和社会生活存在偏差乃至错误想象的状况，一是要彰显每个民族都有追求美好生活的良好愿望，同时引导学生看到很多发展中国家移植西方模式付出惨痛代价的现实（如劣质民主下的贿选、社会撕裂、黑社会控制等），解释西方制度和价值观输出背后的险恶用心（扶持亲西方的反对派势力，造成内部撕裂，坐收渔翁之利）；二是要揭露西方社会发展面临的难题、困境乃至乱象，从西方的迷思中解放出来，了解更为真实和全面的西方世界；三是要从学理上回应"普世价值"的思想谬误（如阐发以程序民主定义"民主"的话语谬误，从良政治理、实质民主等角度阐发全过程人民民主的创新价值），揭示特殊性与普遍性关系。只有争取学生的情感共鸣和理性认识，全面审视全球发展经验，理性客观看待中西差异，珍惜中国发展成果的艰辛与不易，才能真正让学生增强"四个自信"，从中国国情与文化出发，感受中国人民对新时代美好生活的向往和追求，为引导学生理性了解中国道路、实现中国梦想提供坚实基础。

（三）彰显共同富裕与全面发展的价值追求

首先，我们要引导学生树立正确的价值追求。倘若要让学生认同新时代美好生活，并为之不懈奋斗，不仅要让学生在日常生活、宏大历史与国际环境中感受到具体之"美"，还要在价值层面感受价值之"善"，在哲学层面感受理论之"真"，在操作层面感受路径之"实"。就价值之"善"而言，"美好生活"从字面意义而言是古今中外的思想家和政治家共同追寻的人类梦想。

新时代美好生活观延续了人类发展的文脉与使命，更是在科学社会主义的指引下和中国特色社会主义实践语境下的理论阐发。

其次，我们要站在科学社会主义立场，引导学生认识到资本主义的发展难以真正实现人的美好生活。在自由资本主义阶段，工人出卖劳动力获得维持工人再生产的工资，厌恶和逃避缺乏创造的劳动，处于重度剥削下的贫困生活和不自由状态；而资本家则依靠生产资料的私有而获得工人的剩余价值，导致贫富分化。这是马克思当年就早已批判了的。而在垄断资本主义时期，虽然福利政策的推行试图一时缓和生产的相对过剩与需求严重不足的矛盾，但也导致企业税赋的增加而造成产业的空心化，而且这不能消除资本主义私有制的固有矛盾，生产相对过剩的局面终不能改观，剥削实质与贫富分化引爆社会危机。并且，仅仅注重物质需求的刺激手段也不能满足人的全方位需求，会产生消费主义、庸俗娱乐和精神空虚的弊端，难以实现"人的自由全面发展"。打着反凯恩斯主义而兴起的新自由主义，就缩小两极分化而言显得更为被动，金融资本的贪婪将加剧资本主义私有制的内在危机，把人引向金融市场的游戏也无助于人的真正的全方位需求的实现。

再次，我们要引导学生理解新时代美好生活观的近期目标与远期愿景。党的二十大报告指出："从现在起，中国共产党的中心任务就是团结带领全国各族人民全面建设社会主义现代化强国、实现第二个百年奋斗目标，以中国式现代化全面推进中华民族伟大复兴。"[①] "中国式现代化是全体人民共同富裕的现代化。共同富裕是中国特色社会主义的本质要求，也是一个长期的历史过程。我们坚持把实现人民对美好生活的向往作为现代化建设的出发点和落脚点，着力维护和促进社会公平正义，着力促进全体人民共同富裕。"[②] 科学社会主义理论指引下追求新时代美好生活，避免了资本主义发展的前车之鉴，在理论反思和理性鉴别中确立起了正确的价值目标。一是强调新时代美好生活的共享者并非特定的社会阶级和利益集团，而是追求全体人民的共同富裕。

---

① 习近平. 高举中国特色社会主义伟大旗帜 为全面建设社会主义现代化国家而团结奋斗：在中国共产党第二十次全国代表大会上的报告 [M]. 北京：人民出版社，2022：21.

② 习近平. 高举中国特色社会主义伟大旗帜 为全面建设社会主义现代化国家而团结奋斗：在中国共产党第二十次全国代表大会上的报告 [M]. 北京：人民出版社，2022：22.

只有坚持以人民为中心的发展理念，始终维护好最广大人民的根本利益，才是真实符合共同富裕的美好生活。马克思主义的人民立场永远不能丢也不会过时。二是强调满足人民日益增长的美好生活新期待，不仅通过平衡和充分的发展实现全民物质生活的充裕，而且强调政治、文化、社会与生态层面的需求得到充分实现。并且，这种需求是从人民美好生活的真实需要出发，稳步实现人民真实意愿、切实需要和美好愿景的多层次需求，而不是像资本主义国家那样为摆脱经济危机而过度刺激人的虚假需求。三是从人类社会发展趋势来看，要注重社会主义崇高理想与共产主义远大理想有机统一，将"自由人的联合体"①作为美好生活的远大目标。新时代美好生活的追求应当超越货币资本的束缚，在社会主义条件下不断追求生产力的高度发达，使自由创造的劳动成为人的第一需要，追求人的自由全面发展。

（四）遵循生活需求与生产供给的客观规律

思政课教师要引导学生从历史唯物主义原理出发，对新时代美好生活观的哲学根基加以解读。这将能够让学生理解追求新时代美好生活的真理力量，从人类发展的辩证规律和趋势把握中认同理想信念教育话语。

马克思立足人类基本活动，从人类生命展开的角度阐述人类生活与生产的逻辑起点——"任何人类历史的第一个前提无疑是有生命的个人的存在"②。生命的存在方式即是个体活动，进而构成人类的生活和生产活动。生命的维系需要"吃穿住用以及其他一些东西"，而这些物质生活需求又依赖于生产供给，即"生产满足这些需要的资料，即生产物质生活本身"③。随着生产供给的提升和生活需要得到满足，将形成更高层次的生活需求。"人的类特征恰恰就是自由的有意识的活动。"④"动物只是按照它所属的那个种的尺度和需要来构造，而人懂得按照任何一个种的尺度来进行生产，并且懂得处处都把内在的尺度运用于对象。"⑤与动物不同，人类自由的有意识的活动来源于人超越肉体

---

① 马克思恩格斯选集（第 1 卷）[M]. 北京：人民出版社，1995:294.

② 马克思恩格斯选集（第 1 卷）[M]. 北京：人民出版社，1995:67.

③ 马克思恩格斯选集（第 1 卷）[M]. 北京：人民出版社，1995:79.

④ 马克思恩格斯选集（第 1 卷）[M]. 北京：人民出版社，1995:46.

⑤ 马克思恩格斯选集（第 1 卷）[M]. 北京：人民出版社，1995:47.

的政治、社会与文化需求，需要由人类的劳动（智能劳动）、透过精神生产和"社会关系生产"来供给。"他们是什么样的（按：生活方式），这同他们的生产是一致的 —— 既和他们生产什么一致，又和他们怎样生产一致。"① 此外，人类生活需求还包含优美生态环境。马克思曾指出："所谓人的肉体生活和精神生活同自然界相联系，不外是说自然界同自身相联系。"② 优美生态环境是人类生活生产的客观前提，是人类赖以生存的物质与精神家园。综合来看，人类生命的外在支撑是生态环境，人类生命存在的展开形式是生活需求（从物质，到政治、经济、文化、生态需求等）与生产供给，两者统一于人的劳动实践，两者的互动推动着生产的发展与生活的提升，促成人类历史的发展进步。

党的二十大报告指出，中国特色社会主义进入新时代，我们党"明确我国社会主要矛盾是人民日益增长的美好生活需要和不平衡不充分的发展之间的矛盾，并紧紧围绕这个社会主要矛盾推进各项工作，不断丰富和发展人类文明新形态"③。"江山就是人民，人民就是江山。中国共产党领导人民打江山、守江山，守的是人民的心。治国有常，利民为本。为民造福是立党为公、执政为民的本质要求。必须坚持在发展中保障和改善民生，鼓励共同奋斗创造美好生活，不断实现人民对美好生活的向往"④。新时代美好生活观，以人的活动（劳动创造、艰苦奋斗）沟通"生活"与"生产"，以生产供给的提升说明时代的发展进步，以人的生活需求（全方位、高品位、多元化的美好生活需求）来评价生产供给的现状（不平衡不充分的发展），以生活需求的不断增长来设定生产供给的品质要求并促进其不断提升（平衡而充分的发展），以此反过来不断满足人的美好生活需求。在这里，生活需求与生产供给之间形成一种"矛盾"关系，依赖于"人"的创造与奋斗加以推动，促进新时代经济社会发展

① 马克思恩格斯选集（第 1 卷）[M]. 北京：人民出版社，1995：：68.

② 马克思恩格斯选集（第 1 卷）[M]. 北京：人民出版社，1995：45.

③ 习近平. 高举中国特色社会主义伟大旗帜 为全面建设社会主义现代化国家而团结奋斗：在中国共产党第二十次全国代表大会上的报告 [M]. 北京：人民出版社，2022：7.

④ 习近平. 高举中国特色社会主义伟大旗帜 为全面建设社会主义现代化国家而团结奋斗：在中国共产党第二十次全国代表大会上的报告 [M]. 北京：人民出版社，2022：46.

并服务于人的美好生活需要。

习近平总书记的如上论述彰显了马克思主义的生活生产理论，一是彰显了"生活"概念在历史唯物主义的重要地位，是对过去解读历史唯物主义时过度偏向"生产"的纠正；二是找回了历史发展中"人"的中心地位，揭示了人的生活需求与生产供给之间的协同发展关系；三是由此将人的生活需求与生产供给协同发展的辩证规律置于"生产力与生产关系"之前并作为其根基。可以说，这一论述更为契合马克思所揭示的历史发展的辩证规律，继承和发展了历史唯物主义观点。

向学生揭示历史唯物主义在中国的新发展和新应用，能够让学生感受到真理之"真"。

（五）描绘创造主体和实现路径的中国方案

要让学生认同新时代美好生活并为之不懈奋斗，不仅要引导学生从价值世界和哲学世界中重新回归生活实践，还要在操作层面阐明路径之"实"，才能让理想信念在学生心中持久扎根。

就创造主体而言，与历史发展中"人"的中心地位的论述相关，习近平总书记进一步继承和发展了"人民群众是历史的创造者"的历史唯物主义观点，将当前推动历史发展（中国特色社会主义进入新时代并迈出新征程）的"人"明确为"党团结带领人民""团结奋斗的人民"，明确指出"党性和人民性从来都是一致的、统一的"[①]。一方面，"团结奋斗是中国人民创造历史伟业的必由之路"。"团结就是力量，团结才能胜利。全面建设社会主义现代化国家，必须充分发挥亿万人民的创造伟力"[②]。作为人民群众的一员，我们要引导广大青年学生爱国爱党、心系民族、关怀社会，要勤奋创造、艰苦奋斗、扎实学习和工作，要团结协作、友善爱人、扶危济困、民主协商，在共同富裕中共建共享美好生活。另一方面，中国共产党始终"坚持人民至上"。"我们要站稳人民立场、把握人民愿望、尊重人民创造、

---

① 习近平. 论党的宣传思想工作 [M]. 北京：中央文献出版社，2020：15.

② 习近平. 高举中国特色社会主义伟大旗帜 为全面建设社会主义现代化国家而团结奋斗：在中国共产党第二十次全国代表大会上的报告 [M]. 北京：人民出版社，2022：70.

集中人民智慧，形成为人民所喜爱、所认同、所拥有的理论。"[①] "坚持以人民为中心的发展思想。维护人民根本利益，增进民生福祉，不断实现发展为了人民、发展依靠人民、发展成果由人民共享，让现代化建设成果更多更公平惠及全体人民。"[②] 践行立党为公、执政为民、勤勉工作的共产党人是"人民群众"的重要组成部分，来自人民、服务人民的英雄值得讴歌和向往。教师要积极引导学生思想上追求进步，积极向党组织靠拢，积极成为一名合格党员。

就实现路径而言，我们要从如下层面向学生阐发。一是坚持一般性与特殊性的有机统一。中国特色社会主义道路是实现社会主义现代化、创造人民美好生活的必由之路。坚持实事求是，一切从实际出发，立足国情，顺应社会主要矛盾的变化，继续推进马克思主义中国化时代化，在建设社会主义现代化强国中不断满足人民的美好生活需要。二是彰显系统思维和创新思维。既要满足人民的物质文化生活，也要满足人民日益增长的民主、法治、公平、正义、安全、环境等方面的需要，推进经济、政治、文化、社会、生态、国防、党建等各项事业协调发展。既要个体的艰苦奋斗、履行职责、弘扬道德，也要突出重点、完善制度、引导预期，完善公共服务体系，强化政府职责，建立公平正义的制度体系和供给保障。三是善于把握内因与外因的辩证关系。"美好生活"需要全国各族人民团结奋斗、顽强拼搏，坚持独立自主、自力更生的原则，在中国共产党的领导下全面深化改革，释放改革红利。也要处理好全面深化改革与扩大对外开放的关系，把握好国际和国内两个大局，为满足我国人民的美好生活需求创造良好的外部环境，也为维护人类和平与世界人民的美好生活贡献中国方案与中国智慧。

在讲授中，教师尤其要言之有物，把党的思想理论讲深讲透，宏观与微观有效衔接，让实现美好生活的路径变得更具体、更贴近中国实际、更易被理解接纳。例如，坚持社会主义公有制为主体，建立现代化经济体系，可结

①习近平.高举中国特色社会主义伟大旗帜 为全面建设社会主义现代化国家而团结奋斗：在中国共产党第二十次全国代表大会上的报告 [M].北京：人民出版社，2022：19.

②习近平.高举中国特色社会主义伟大旗帜 为全面建设社会主义现代化国家而团结奋斗：在中国共产党第二十次全国代表大会上的报告 [M].北京：人民出版社，2022：27.

合维护和发挥国有企业、集体土地制度、税制改革、宏观调控、国家投入创新等制度优势，阐发社会主义优越性。社会主义民主政治建设要"最广泛、最真实、最管用的民主"[①]，可以从程序民主与实质民主相统一的角度阐明全过程人民民主的内涵，从人民民主参与不断扩大、国家治理高效、社会和谐稳定、权力有效制约监督等角度阐明其优越性。建设社会主义文化强国，是"物质文明和精神文明相协调的现代化"的要求。只有大力发展社会主义先进文化，加强理想信念教育，传承中华文明，促进物的全面丰富和人的全面发展，才能实现人的物质富有和精神富足相统一，真正超越物质主义膨胀的现代化，实现人的美好生活。以加强和改善民生为重点回应人民群众最关心、最直接、最现实的利益问题，可以从促进公共服务均等化、通过精准扶贫补齐短板、构建共建共享发展新格局、扎实推进共同富裕的角度，激发学生的获得感、幸福感、安全感，增强学生的政治认同。

（六）激发肩负使命与实际行动的持久动力

理想信念教育，最终还需要从真、善、美的体认之知转化为强烈意志并持续行动，引导学生在广泛持久的参与共建社会中实现个人价值与社会价值的有机统一。

就提升学生的实践智慧而言，教师需要有意识地引导学生与时俱进，开拓创新，做好本职工作，贡献个人力量；引导学生诚信友善待人，扶助弱势群体，探索回馈社会之力所能及的途径与方式；引导学生正确认识改革发展中面临的困难、问题乃至不足，理性参与完善各项机制、道路、举措的全面深化改革进程，运用理论方略分析和解决实际问题；引导学生在改造回馈社会中进行价值反思与思想提炼，探索更具推广价值的对策方案，贡献更具原创性的理论解释，共同参与理论创新。

就方式方法而言，我们需要不断探索。例如，我们可以设置"快乐参与"的教学环节。让学生围绕着让自己快乐和社会国家受益的事情来设计方案、策划活动、畅谈感悟，引导学生参与宣传教育、心理救助、义捐义卖、助

---

① 习近平. 高举中国特色社会主义伟大旗帜 为全面建设社会主义现代化国家而团结奋斗：在中国共产党第二十次全国代表大会上的报告 [M]. 北京：人民出版社，2022：37.

老助残、抗震救灾、居民自治活动等，从而在力所能及的慈善服务行动中感受到共筑梦想之乐。并且，教师也要善于挖掘学生研究潜力，引导他们进行社会调查和理论研究，在学习理论方略中学以致用，探讨解决实际问题的思路方法，提炼具有普遍意义和推广价值的对策方案，甚至贡献更具原创性的思想观念和解释框架，让学生在思想进步和学术研究中感受到探索之乐。

第六章

活用地方特色资源，增强教学内容及方法亲和力和针对性

　　活用地方特色资源，打造优质精品课例，能够增强地方高校思政课教学内容的亲和力和针对性。本章分析地方特色资源融入思政课教学的显著优势和基本思路，进而以岭南文化资源、广东党史资源、新时代改革创新素材融入思政课教学为具体案例，在具体教学案例中呈现地方特色资源融入思政课的价值意义、教学目标、教学理念、内容设计、方法创新。

　　需要说明的是，为避免同质化的叙述，三个案例特地采取不同的叙述风格。岭南文化资源融入思政课教学，侧重理论阐述，突出岭南文化的传统形态、近代形态和当代创造性转换新形态的内在联系，概述其在思想政治各类专题教育中的价值意义和内容运用的基本思路；新民主主义革命时期的广东红色资源融入思政课教学，侧重展示如何将诸多的案例素材按照教材的理论框架以明确的主题主线加以组织；新时代改革创新素材融入思政课教学，采取教案的写法，力图勾勒地方实践、地方经验与宏观思想理论的内在联系。

第一节　活用地方特色资源拓展课程教学内容的整体审视

　　地方特色资源融入思政课教学具有显著优势，有助于推进思政课改革创新。地方特色资源融入思政课教学，需要了解地方特色资源的种类及其教学运用的主要方向，同时注意融入的方式方法，处理好融入过程中的实际问题，增强思政课的亲和力和针对性。

一、地方特色资源融入思政课教学的迫切需要与显著优势

就广东而言，地方特色资源融入思政课教学具有迫切性。广东作为经济第一强省，但仍需将自身建设成更高水平的文化强省；广东是改革开放先行先试的前沿阵地，深圳要建设中国特色社会主义先行示范区，但同时也是毗邻港澳、境外敌对势力渗透、意识形态斗争异常激烈的前沿阵地。高校思政课教学实效，直接关系广东改革发展稳定大局。改善思政课亲和力和针对性不足的现状，是时代发展与广东工作的迫切需要。

将广东本土资源融入思政课教学，具有显著优势。广东近代以来先后成为鸦片战争主战场、近代民主革命策源地、对外战略通道、改革开放前沿地与理论创新实验地。如今，"广东要使粤港澳大湾区成为新发展格局的战略支点、高质量发展的示范地、中国式现代化的引领地"[①]。这都足见广东（扩大点来说是粤港澳大湾区）在中国近现代史、新中国史、改革开放史中的独特地位。挖掘广东的历史文化资源和社会主义现代化各建设领域的鲜活实践资源，能够彰显广东的地方实践经验对马克思主义中国化时代化理论创新提供着源源不断的地方实践素材，也能够看到党的指导思想对经济社会发展具有巨大的指导意义，带动广东快速发展并成就了今天的幸福生活，从而打通学生理论联系实际的理解通道。广东本土资源具有特殊的思政课教学运用价值，对增强思政课亲和力和针对性大有裨益。

在教学内容上，思政课教师既要深入浅出诠释好宏观思想理论，为学生答疑解惑，强化思想和价值引领，也要结合广东在近现代革命历程、改革开放新时期、中国特色社会主义新时代中的独特地位，开发具有广东特点的课堂教学、实践教学和网络教学模块；要善于利用广府文化、潮汕文化、客家文化等地方历史文化资源，推进具有广东特点的教学话语创新；运用广东正在进行的中国特色社会主义鲜活实践素材尤其是先行示范案例，融入广东高

[①] 本报. 坚定不移全面深化改革扩大高水平对外开放 在推进中国式现代化建设中走在前列 [N]. 人民日报. 2023-4-14(01).

校思政课教学大纲之中，并启发学生理论联系实际，提升其善于分析和解决问题的能力。

应用地方素材，不仅仅是要突出其地方特色特点，更要从全国视野和宏观理论的角度来把握。建构地方特色、联系实际、自成体系又回归教材的广东高校思政课课程内容体系，既引导广东高校学生增强对广东历史文化与当代实践的了解，增强对乡土的归属感，更是进而引导学生从地方视角去理解国家发展走向和马克思主义中国化时代化的丰富内涵，树立家国情怀、全局观念、系统思维，实现铸魂育人的思政课教学目标。

二、用好地方特色资源增强思政课亲和力和针对性的思路

首先，从地方特色资源的种类及其运用上来说，我们主要可以从如下三个方面入手。

1. 彰显党的创新理论与地方实践探索的互动过程。在《习近平新时代中国特色社会主义思想概论》教学中，思政课教师要挖掘党的十八大以来南粤大地鲜活实践的案例素材，便于学生从地方看全局、更加真切地了解社会历史发展过程，理解当前取得的巨大成就和面临的风险挑战，把握新的历史方位和目标任务，明白思想理论提出的客观依据、实践来源、时代背景；二是要讲好习近平新时代中国特色社会主义思想指导地方实践取得巨大发展成就的鲜活故事，让学生理解党的创新理论的指导作用，彰显其真理性，增强对党的创新理论的深度认同；三是还可以从地方问题现状、创新实践、成功经验中引出有价值的研究课题，引导学生进行探究性学习，推出切合实际的对策建议。此外，在《毛泽东思想和中国特色社会主义理论体系概论》课程教学中，思政课教师也可以从特定历史时期党的创新理论与当时地方实践探索的互动来拓展教学内容。例如，围绕新民主主义革命理论与广东革命探索、邓小平理论与广东改革开放实践等视角，加以教学设计。

2. 坚持党史宏大叙事与地方叙事的有机统一。中央部委公布的第一批、第二批革命文物保护利用片区分县名单，分别涉及 20 个省区、110 个市、645个县和 31 个省区、228 个市、988 个县。红色资源遍布全国各地，共同构成

了中国共产党历史的物质载体，成为中国共产党人精神谱系的生动体现。在中国近现代史教学时，思政课教师要充分用好地方党史资源，一是由于学生对地方党史资源既有所了解又可能没有深入了解，能够激发学生的学习热情，也避免与中学历史课教学的简单重复，因而需要多使用地方的红色人物、重大历史事件、英雄事迹、场馆旧址作为教学案例素材；二是由于地方场馆旧址容易在日常生活中接触到，地方红色英雄事迹更能触动学生灵魂，使其坚定理想信念，因而需要依托地方红色资源构筑学生理解情境，激发学生情感共鸣，开展理想信念教育；三是将地方红色人物和历史事件置于党史的整体脉络，能够便于学生更真切理解党的历史，使教学中的宏大叙事有更接地气的史料素材支撑，因而需要从对地方党史资源的分析上升到对课本思想理论的诠释上，有利于打造地方特色、联系实际、自成体系又回归教材、彰显思想、突出主旨的课程内容体系，将其建设成具有地方特色的一流课程①。

3. 挖掘地方特色文化的思政元素和育人功能。中华优秀传统文化博大精深，文化育人是我们开展思想道德修养的相关专题教学时常用的手段。作为中华优秀传统文化的地方形态，地方历史文化（更为抽象的精神文化，或者更有生活气息并蕴含丰富理念的民俗文化）也是"日用而不觉"地存在于学生日常生活之中。思政课教师可以挖掘地方历史文化的思政元素，开展文化自信教育、爱国主义教育、职业道德教育、理想信念教育、时代精神教育、基本国情教育，等等。

其次，在地方特色资源融入思政课教学的方式方法上，要注意如下几个方面的问题。

1. 处理好地方特色资源与教学主体内容的关系。地方特色资源有利于学生更好地了解当地的风土人情，增强学生对家乡的归属感，但援引地方特色资源绝非仅仅为了满足学生的好奇心，而是要超越地方素材案例的碎片化，

---

①佛山科学技术学院吴新奇教授主持申报的《中国近现代史纲要》获批第二批国家级一流本科课程。在课程内容方面，该课程结合地方史研究，在课件制作、资源拓展方面融入了粤港澳地方历史文化，使课程内容具有地方特色，从而大大提高了思想政治理论课的亲和力。该新闻见学校官网新闻报道《佛科院2门课程获批第二批国家级一流本科课程》，http://www.fosu.edu.cn/jjgsp/79513.html。

从地方视角去理解国家发展走向和指导思想的丰富内涵，树立家国情怀、全局观念、系统思维，实现政治认同和铸魂育人的思政课教学目标。

2. 理性辩证地全面诠释地方特色资源。地方特色资源的选取应该注重取其精华、去其糟粕，既要联系民生实事、人民美好生活申述发展成就，同时也要直面历史和当下的问题、短板和不足，要善于结合当时的历史条件和社会环境去分析其中的原因，引导学生树立理性精神和辩证思维，用发展的眼光、长远利益的考量去审视社会现象，从而引导学生建立正确的政治认同。并且，也要激发学生从当下的问题痛点和理想社会的追求中凝聚价值共识，坚定发展目标，激发学生的历史担当和奉献精神，支持改革进程，探索改革发展路径，强化发展信心。

3. 处理好地方特色资源的教学占比问题。思政课有统一规范的教学安排，应控制好地方案例呈现与思想理论解说的比例，切忌喧宾夺主。在课堂教学中，要坚持地方特色、联系实际、自成体系又回归教材的基本思路。并且，借鉴和扩展革命老区干部学院运用自身优势，挖掘革命文化资源，开展现场教学、实践教学的经验，我们的思政课教学有必要推行网络资源共享库、实践教学、专题研讨、融入校园文化活动、翻转课堂以建构思政立体课堂，拓展思政课课堂教学的时空限制，实现课中控制比重与课前课后充分呈现。

4. 综合多种教学法用好用活广东素材。思政课教师可以结合学生的认知规律和接受特点，把地方特色资源运用于问题导引、话题探讨、思想理论的现实来源探寻、理论联系实际解决问题等教学环节，可以在案例教学法、启发式教学法、探究式教学法、课堂讨论法中加以运用，充分尊重学生的主体性，调动学生的积极性。

第二节　挖掘地方特色文化的思政元素和育人功能

岭南广府文化融入思想政治教育教学，有利于坚持马克思主义基本原理同中华优秀传统文化相结合，在弘扬中国价值中增强价值观自信，推进包括岭南广府文化在内的中华优秀传统文化创造性转换与创新性发展，增强思政课的文化含量，拓展教学内容，丰富教学形式，推进话语创新，增强思政课亲和力和针对性。岭南广府文化精神博大精深，援引岭南文明进程、家国情怀、工商文化、革命文化、改革文化、湾区文化等蕴含的丰富人文精神，积极融入文化自信教育、爱国主义教育、职业道德教育、理想信念教育、时代精神教育、基本国情教育等，对推进岭南地区的思想政治教育内容创新具有现实意义。岭南广府民俗文化异彩纷呈，也要系统整理陶艺、功夫、龙狮、粤剧、美食文化等蕴含的思政元素，实现文化育人的目标。

一、岭南广府文化融入广东高校思政课程的整体审视

（一）岭南广府文化的含义

学界普遍认为，岭南，即是五岭以南，包含从五岭至南海的广大地区。岭南文化是以这片地理空间为核心地带、从古至今所形成和发展的地域（地方）文化形态，包含广东文化、桂系文化、海南文化；其中广东文化又细分为广府文化、潮汕文化、客家文化等。广府，意为古代"广州府"所辖地区，属于岭南地区的组成部分之一。著者以为，岭南广府文化既跟广府的地理范围有关，但又不完全限于地理范围。本书将岭南广府文化理解为以现今广州和佛山地区为核心地带、在该地区孕育或周边地区流入并产生深远影响的、从古至今 脉相承的地方文化形态。从文化结构层次看，岭南广府文化最核心的是观念文化（精神文化），同时也包括制度层面和物质层面，体现于社会习俗和生活方式。本书探讨的岭南广府文化，首先是观念文化层面的岭南广府文化精神[①]。与此同时，具有地域特色的民俗文化，是蕴含特定观念文化的社会习俗和生活方式。

传统岭南广府文化，是中华优秀传统文化的重要组成部分。中华文明灿烂辉煌，是唯一一个从未中断过的文明。中华文化博大精深、兼收并蓄，形成儒释道互补的文化内核，并体现为中原文化、齐鲁文化、巴蜀文化、荆楚文化、吴越文化、岭南文化等地域文化形态，形成多元一体的文化格局。一方面，岭南广府文化共享着中华文化大传统的精神血脉，如其中蕴含的爱国主义传统，体现的伟大创造精神、伟大奋斗精神、伟大团结精神、伟大梦想

---

① 李宗桂 . 岭南文化的现代性阐扬 —— 以广东为例 [J]. 学术研究 . 2022（6）：36—37.

精神等；另一方面，岭南广府文化具有鲜明的地域特征和独特的精神气质，例如，由于岭南远离中原，但同时是中外文化交流和经贸活动的重镇，其不拘一格、博采众长、综合创新的人文精神更加彰显，务实低调、平等协作、勤奋刻苦的处世哲学更为鲜明，其崇商重利、内外开拓、精益求精的工商文化更为浓郁。

岭南广府文化的近代转型与不断发展，形成了岭南广府文化的现代形态。中华优秀传统文化是建设文化强国的历史文化支撑，需要在"两个结合"的视域下推进创造性转换与创新性发展，坚定文化自信，树立文化自觉，实现文化繁荣兴盛。岭南广府文化的传承发展与中华文化大传统的现代转型是一致的。近代以来，岭南广府地区逐步孕育出振兴中华、变革图强、发展实业的近代革新精神，后来在马克思主义指导下，在传统岭南精神滋养下，结合岭南实际和时代特征，形成不怕牺牲、英勇斗争、探寻新路的岭南革命文化，发展出敢闯敢试、敢为人先、埋头苦干的特区精神，践行着改革开放精神，日益形成开放包容、和而不同、熔为一炉的湾区文化，展现着敢为人先、务实进取、开放兼容、敬业奉献的广东人精神风貌。

具有岭南广府地域特色的民俗文化，是蕴含特定观念文化的社会习俗和生活方式。一般认为，广府文化的代表有广府山歌、桑园围、桑基鱼塘、广东音乐、岭南古琴、北帝诞庙会、波罗诞庙会、飘色、醒狮、龙舟、广绣、广彩、广雕、岭南画派、镬耳屋、岭南园林、粤剧、粤曲、南音、迎春花市、广府菜、广东早茶，等等。传承人民"日用而不觉"的民俗文化形式，挖掘其中的精神内涵和文化特质，对于弘扬广府民俗文化具有重要意义。

（二）岭南广府文化融入思想政治教育的价值意义

从巩固意识形态领导权要求来看，有利于坚持马克思主义基本原理同中华优秀传统文化相结合。党的二十大报告指出：推进马克思主义中国化要"把马克思主义思想精髓同中华优秀传统文化精华贯通起来、同人民群众日用而不觉的共同价值观念融通起来，不断赋予科学理论鲜明的中国特色"[1]。岭南广

---

① 习近平. 高举中国特色社会主义伟大旗帜 为全面建设社会主义现代化国家而团结奋斗：在中国共产党第二十次全国代表大会上的报告 [M]. 北京：人民出版社，2022:18.

府文化是中华优秀传统文化的重要组成部分，是中华优秀传统文化在岭南地区的具体呈现与发展样态。中华优秀传统文化是建设文化强国的历史文化支撑，有利于激发民族自尊自豪、坚定文化自信、树立文化自觉，而岭南广府文化能够支撑文化强省建设，有利于增强对广东人文精神的认同感和自豪感，珍视地方历史文化传统，树立自信而又开放包容的文化心态，推进岭南广府文化的创造性转换与创新性发展。另外，挖掘传统文化的思想基因来丰富马克思主义的重要论述，能够让主流意识形态话语更符合国人的思维方式，增进人们的情感认同与理性认知。岭南广府文化融入思想政治教育教学，有助于让学生以更加接地气的方式理解马克思主义理论内容与中华优秀传统文化在思维方式、精神追求、价值观念、道德情怀、人生态度等方面具有内在契合，更具体形象地理解"两个结合"的深刻内涵、方法指引和广阔前景。

从培育和践行社会主义核心价值观的层面而言，有利于坚守中国价值、增强政治认同。社会主义核心价值观蕴含着五千年文明传统的优秀文化基因，吸收了人类文明的优秀成果，更是立足国情和民族特征，回应西方价值，体现着社会主义核心价值体系的根本性质和基本特征，是建设社会主义现代化的价值引领。从文化传统的角度来说，传统岭南广府文化产生于古代但具有现代性，其人文精神、处世哲学、工商文化等，具有普遍意义，能够滋养社会主义核心价值观建设。从文化的近现代转型看，敢为人先、变革图强、天下为公、以人为本、崇文重德、通济和谐的思想，与富强、民主、文明、和谐的价值观相一致；怡然自得、平等博爱、天下一家、关注民生、结束战乱的观念，与自由、平等、公正、法治的价值观相协调；振兴中华、发展实业、开拓创新、精益求精、合作互利、平和待人的理念，与爱国、敬业、诚信、友善的价值观相契合。从面向未来的角度来说，岭南更是干事创业的一方热土，特区精神、改革开放精神、湾区文化成为爱国主义为核心的民族精神和改革创新为核心的时代精神的生动体现。可以看到，挖掘岭南广府文化蕴含的丰厚精神资源，有利于坚守中国价值，传承中华优秀生活方式，更加理性辩证看待西方文化，抵制西方普世价值论的错误论调，凝心聚力建设社会主义现代化、构建人类文明新形态。

就文化传承创新角度而论，有利于推进包括岭南广府文化在内的中华优秀传统文化创造性转换与创新性发展。传统文化融入主流意识形态、嵌入现代制度、重新进入民众日常生活、与社会主义核心价值观相协调、与社会发展需要相适应，成为传统文化在新时代传承发展的现实基础。岭南广府文化肇始于秦，发展于唐宋，繁荣于明清，并在近现代转型发展、在当代推陈出新。岭南广府文化融入思想政治教育体系，有利于依托教育制度，抓住青年群体，使岭南广府文化在岭南大地得到传承、宣传、推广和普及，也有利于在教育教学实践中探索包括岭南广府文化在内的传统文化批判继承、古为今用、推陈出新、与当代文化相适应、与现代社会相协调、实现创造性转换与创新性发展的路径与方法。

从思想政治教育学科发展来看，有利于增强思政课的文化含量，增强思政课亲和力和针对性。第一，岭南广府文化蕴含的家国情怀、变革图强、开放包容、开拓创新、合作互利、通济和谐、精益求精、务实高效等精神元素，与当前爱国主义教育、理想信念教育、基本国情教育、民族精神教育、时代精神教育、职业道德教育的内容具有相通性，有利于改变重政治性而轻文化性的倾向，从而以文化内涵辅翼政治理念的灌输。第二，岭南广府文化融入思想政治教育，能够改变单一化、呆板化的教学模式。比如说，用其中的名言警句、人物事迹感染和启发学生，有利于增强思政课的文化韵味，诠释思政课蕴含的大道理，推进思想政治教育话语创新，调动学生的学习兴趣；用岭南广府文化中的功夫、醒狮、龙舟、庙会、粤剧、粤菜等民俗文化形式作为载体，阐发其中蕴含的丰富思想内涵并与思政课内容相衔接，有利于拉动思想理论与学生所处生活环境与文化传统的距离，增强学生对思政课教学内容和形式的悦纳度。

（三）岭南广府文化融入广东高校思政课教学的影响因素

岭南广府文化融入广东高校思政课教学，积极因素主要有二。

一是广东高校大学生对岭南广府文化的感兴趣程度和了解程度较高。大学生科学文化素养整体较高，对历史文化类知识都有一定的兴趣。从课堂互动来看，大学生对岭南广府文化的了解虽然可能未达到系统完整和足够深刻的程度，但对岭南广府文化的基本精神有初步的了解，对民俗文化的外在呈现形式有着较多的关注，为岭南广府文化融入思政课教学提供了良好的生活素材支撑。

二是学生对岭南广府文化融入思政课持欢迎和肯定态度。思政课在大学课程设置中占有较大比重，很多学生都期待内容更精彩的课堂，从中学到更多知识、道理和思想，因而对热心从事教学研究和改革的做法持欢迎态度。如前所述，用岭南广府文化的名言警句启发学生，用其中的先进人物感召学生，以生动具体的故事诠释思政课蕴含的大道理，都是学生乐于接受的教学内容与方式。

岭南广府文化融入广东高校思政课教学的制约因素，主要体现在如下几个方面。

一是地方文化资源的教学运用没有明确硬性要求。思政课教师在选择教学素材时有许多时政资源、中华优秀传统文化等可供选择，而这些资源作为常规化、系统化的教学资源有丰富的课例可以直接借鉴，教师在使用时更得心应手。岭南广府文化作为地方教学资源，不仅没有明确要求必须运用，而且需要授课教师花更多的精力和时间，需要进行反复的选取和调整。

二是地方文化资源融入思政课教学的研究有待深化，相关教学教研培训也不足。关于地方文化（包括岭南广府文化）融入思政课教学，相关理论研究得到了一定重视，但相关研究成果的转化有待强化，教学实践层面也主要是在部分章节教学中相对随机松散地运用，围绕地方文化融入思政课教学的培训也不多。

三是岭南广府文化融入思政课教学的内容创新和方法创新本身存在挑战。在内容上，岭南广府文化的内涵丰富、形式多样，在从古至今的时间脉络中传承发展，在时代条件下创造性转化与创新性发展，其思想性、整体性、发展性等特征本身就需要深入探究才能把握。并且，岭南广府文化与具体的思想政治教育专题的内容契合，以及要转化为教学环节的深度融合，也需要做大量的教学探究。在教学形式上，岭南广府文化往往作为课堂教学的导入、生动鲜活的教学案例、构筑易于学生理解的情境、理论联系实际激发学生的探究意识等方面加以运用，这也需要教师具有扎实教学基本功并具备创新意识、潜心探究才能熟能生巧。

四是教学评价机制的制约。思政课教学时间紧凑、内容较多。岭南广府文化资源的开发不仅花费教师的时间和精力，而且相应的评价和激励机制也显得不足；学生也需要利用较多时间去了解地方文化，但在期末考试和日后考研升学等时也大概率不会直接出现。

二、传统岭南广府文化精神的思政元素及其融入策略

援引传统岭南广府文化蕴含的丰富精神资源，用好其中的思政元素，对推进岭南地区的思想政治教育内容创新具有重要价值。

（一）历史文化传统融入文化自信教育

岭南广府文化可以上溯到秦汉之际的古南越国，赵佗引入农耕技术与中原先进文化，同时又将异域海洋文化引进岭南地区，使之与当地古越族文化相融合，成为岭南广府文化兼收并蓄、和合包容的历史源头。隋唐以降，随着统一帝国的建立、经济重心的南移、南北交往的日趋频繁，中原文化与岭南本土文化、海丝文化进一步交融。由于岭南地区作为"化外之地"的地缘因素，岭南广府文化获得了更大的自主性和自由度，孕育了六祖禅宗文化和白沙心学。禅宗世俗化、平民化、简约化、人本化的特色，以"学贵知疑""自然为宗""体认于心"的白沙心学带来的思想解放，不仅形成了岭南广府文化不拘一格、博采众长、综合创新的地域特点，而且也从边缘走向中心，对佛教发展和心学兴起产生深远影响。清代广州十三行的设立，不仅密切了中国与亚洲、欧洲、美洲国家的商贸活动和人员往来，也形成了岭南时人的开阔视野、广博学识和开放包容的心态，促进了与海洋文明、商贸文化、科学技术的交流。及至近代，广东更是成为开眼看世界、向西方学习、变革图强、发展实业的前沿，其思想文化开风气之先，对中国近代发展历程产生了深刻影响[1]。

历史文化传统融入思想政治教育，能够培养学生的文化自信。我们可以从如下几个方面着力。一是让学生结合岭南广府文化发展脉络，由小见大，真切感受到中华文明悠久的历史、灿烂的文化，增强对包括岭南广府文化在

---

① 田丰. 岭南人文精神与人文湾区 [J]. 学术研究，2022（2）：44—46.

内的中华优秀传统文化的自豪感、归属感、认同感，形成对自身民族文化的情感共鸣和理性认知，更加珍视中华文明的生活方式，坚定文化自信；二是援引多元文化共融一炉、创造岭南特色文化的发展进程，让学生了解中华文化多元一体、兼收并蓄、传承发展的基本格局，理解包括岭南文化在内的中华文化博采众长、开放包容、综合创新的精神特质；三是要讲好岭南广府文化具有强大自主性和强悍同化力的鲜活故事，让学生感受到多元文化的交融或冲突，不仅仅是挑战，也可以化为机遇，引导学生在理解岭南广府文化在内的中华文化的强悍同化力中坚定历史自信和文化自信，以更加昂扬的精神状态推进对中华优秀传统文化的创造性转换和创新性发展的探索；四是结合当前国内外形势，引导学生在当今世界文明交流格局中保持文化自觉，坚守中华文化立场，博采众长、洋为中用，要在建设社会主义文化强国、实现中华文化的繁荣、推进中华文明的复兴中贡献力量。

（二）岭南家国情怀融入爱国主义教育

岭南广府文化的家国情怀，可以上溯到赵佗率领南越回归汉朝、为华夏一统作出贡献的历史故事。及至南北朝时期，北有花木兰代父出征，南有冼夫人威震岭南。被誉为"中国巾帼英雄第一人"的冼夫人身在可以偏安一隅的岭南，但一生矢志于反对分裂割据、平定叛乱、安民惠民、维护国家统一和民族团结、守护共有文化和核心价值，为岭南地区百余年的稳定和经济发展作出了重要历史贡献。及至近代，在外敌侵略、国家积贫积弱的背景下，自三元里抗英斗争开始，到郑观应提出"讲求学校，速立宪法，改良政治"以"振工商"，从而"致富""自强"以"攘外"的方略，再到康有为和梁启超发起戊戌变法维新运动、孙中山发起民主共和革命运动，岭南有识之士把忧患意识、救亡图存、振兴中华的爱国精神融入抵御外敌、变法改制、实业救国等具体行动之中。

面向青年学生开展爱国主义教育，既要晓之于理，也要动之以情。将岭南广府文化中源远流长的家国情怀融入当前的爱国主义教育，一是要通过岭南人物和丰富故事，增加爱国主义教育的历史文化厚重感，并使其更加具体生动和真切可感，以榜样的力量激励当代青年爱家爱乡并推广为爱国的情感共鸣，弘扬以爱国主义为核心的民族精神。二是通过人物事迹加以理论叙事，讲好爱国主义的大道理。包括岭南广府文化在内的中华优秀传统文化蕴含的爱国主义传统，维系着中华文明多元一体、延绵不绝、从未中断，维系着多民族国家的团结统一和长治久安，维系着中华民族在民族危难关头救亡图存、自强不息。三是引导学生把爱国情、强国志转化为报国行。从岭南爱国主义传统的讲述中，引导学生从历史文化中汲取智慧和力量，围绕中华民族伟大复兴的时代目标，坚守每一代青年应该扛起的使命担当。

（三）岭南工商文化融入职业道德教育

岭南工商业历史悠久，产生出独特的岭南工商文化。一方面，唐玄宗时，由张九龄主持开凿的大庾岭新道，使岭南与中原的商业贸易变得空前繁荣。明清时期，岭南地区的圩镇市场已形成规模，行业布局有序，佛山更是成为中国四大名镇之一；作为中国"三大商帮"之一，粤商足迹遍布全国。另一方面，广东是海上丝绸之路的发源地，尤其是清代十三行从垄断外贸特权中崛起，广东会馆随粤商漂洋过海而遍及世界各地。岭南广府文化形成了注重实效、追求实利、冒险进取、灵活应变、内外开拓的商业文化特质，体现出平民化、世俗化、商业化的思想倾向。岭南地区的工匠文化历史悠久，工匠们打造的产品，工艺精美，品类繁多，如广州的象牙雕刻、玉雕、木雕、广彩、广绣，佛山的石湾陶艺、剪纸、秋色等。这些产品主要服务于日常生产生活，制作流程分工精细，既体现出实用性、科学性，也讲究品位、注重细节，力图精益求精，不断打磨，追求卓越，从风格上注重融合中原文化、异域文化加以综合创新、形成自身特色。岭南地区的商业文化和工匠文化，在近代进一步受到西方工业文明和科学技术的影响，更加注重务实兴邦、发展贸易、壮大实业。有些实业家把商业贸易和工匠精神结合起来。例如，佛山的陈启沅，创办中国第一家机械缫丝厂，发展民族工商业。他不仅是一个成功的商人，也是一个高级技术人才，在考察南洋多地的缫丝技术后，结合珠三角的蚕丝特点改造法式缫丝机。

将岭南工商文化融入职业道德教育，一是要传承发展岭南广府文化蕴含的经济伦理。岭南广府文化的崇商重利，其平民化、世俗化倾向减少了以"义"

为"利"的道德说教色彩，但依然强调"诚信""合作""平等""互利"等价值规范，在粤商身上也具有灵活、敏锐、勤劳、刻苦、务实、低调的优秀品质。挖掘其中的价值内核，有利于激发广大青年的积极进取、拼搏奋斗的斗志，弘扬诚实守信、公平公正的职业操守，在社会主义市场经济活动中形成良性竞争、规范有序的经济环境。二是弘扬岭南广府文化的工匠精神，对于今天推进制造业转型升级、培育高新技术产业而言显得尤为重要，要引导广大学生爱岗敬业、勤奋刻苦为前提，脚踏实地投入创新创业的工作中去，引导学生在工作中要传承岭南工匠文化博采众长、综合创新、精益求精、追求卓越的精神，继承岭南工匠文化蕴含的实用性、科学性、有品位、重细节的基本追求，做到既要有创新意识，又要埋头苦干、逐步攻关，在每个具体的工艺、环节秉持精益求精的理念，在质量和设计上齐头并进，兼具实用和审美的价值，才能制造出具有特色、使人耳目一新的优质产品。三是要把崇商重利、平民化与世俗化特征与家国情怀、博施济众的精神结合起来，不仅要关注个人发展、捕捉商机，也要担负企业和个人的社会责任，以优质的产品和服务赢得消费者信赖、为社会创造价值，而且在力所能及的范围内积极投身公益慈善事业。

二、当代岭南广府文化精神的思政元素及其融入策略

当代岭南广府文化，是传统岭南广府文化的延续，也在新的社会条件下不断丰富岭南精神，对推进岭南地区的思想政治教育内容创新具有现实意义。

（一）岭南革命文化融入理想信念教育

中国共产党成立以后，在广东的中国共产党人在岭南沃土上延续了家国情怀、不拘一格、开拓创新的文化基因，发扬了近代民主革命敢为人先、振兴中华、变革图强的精神，在马克思主义早期传播及其中国化大众化、建立党的地方组织、发动工农运动、建立统一战线、独立领导城市武装起义、建立农村革命根据地、成为中央苏区南方战略屏障和战略缓冲地带、开辟华南抗日战场等方面进行了艰辛探索，创造了诸多全国意义上的"第一"，涌现出杨匏安、彭湃、"三谭"、张太雷、叶挺、阮啸仙、苏兆征、陈铁军和周文雍

等革命人物。在广东的共产党人以马克思主义为指导，会通共产主义理想与天下为公、追求大同的价值追求，将马克思主义人民立场与人人平等、天下共享的理念相结合，将"杀身成仁""舍身起义""苟利国家生死以，岂因祸福避趋之"汇入共产党人坚贞不屈、大义凛然、视死如归、英勇斗争的革命精神之中，深刻践行着为人民谋幸福、为民族谋复兴、为世界谋大同的初心使命，为国家独立、人民解放作出了不朽贡献。

鉴于广东拥有延续年代最长、序列最完整、种类最齐全的革命资源并对中国革命具有独特贡献[①]，运用岭南革命文化开展理想信念教育，就是要充分发挥革命旧址、英雄人物、革命故事及其背后的革命精神的育人功能。首先，自中央启动革命文物保护利用工程以来，广东重要机构和会议旧址、故居旧居、墓地、战斗遗址遗迹、红色纪念馆和博物馆等，日益得到整体规划、连片保护、统筹展示，同时将之加以数字化开发，打造网上红色展馆。我们要用好现场红色旧址资源和网络数字资源，引导学生现场参观和网上打卡，让文物旧址活起来，使学生重回革命现场，超越时空更好理解革命情境。其次，我们要讲好广东革命人物的鲜活故事，展现他们传播马克思主义、信仰共产主义、敢于与旧制度旧势力展开斗争、同情体恤劳苦大众、保守党的秘密、坚贞不屈、舍生取义的优秀品质，以英雄楷模的榜样力量感召青年学生不忘初心、牢记使命，坚定理想信念。此外，我们要把岭南文化精神、近代广东民主革命传统与广东共产党人的精神品质贯通起来，并将区域性的广东革命奋斗史汇入整个百年中国共产党党史的知识框架，引导学生弘扬岭南传统文化和革命文化，激发不怕困难、不惧风险、开拓创新的斗志，培育对党忠诚、不负人民的道德品质。

（二）岭南改革文化融入时代精神教育

改革开放以来，广东坚持党的领导，坚持尊重社会发展规律和人民历史主体地位相统一，充分利用中央赋予"先行一步"的特殊政策，狠抓历史机遇，建设经济特区，推进体制改革，实现了跨越式发展，取得了历史性成就。除此之外，从文化精神的层面而言，广东改革开放的成功也来源于岭南文化的

---

① 广东首亮革命文物家底，红色宝藏数居全国前列 [N]. 羊城晚报 . 2021-06-25(A8).

反哺。首先，岭南文化自古具有较大的自主性与自由度，并吸收了海洋文明的冒险精神，近代以来发展出敢为人先、振兴中华、变革图强、开拓创新的先进理念，这些岭南精神为改革开放时期广东充分开动脑筋、用好特殊政策、"杀出一条血路"提供了文化支撑，孕育出和平年代敢闯敢试、敢为人先、埋头苦干的特区精神。其次，近代工商业兴起之后，岭南不仅喊出了务实兴邦、实业救国的爱国主张，而且形成了日常生活中务实低调、平等协作、勤奋刻苦的处世态度。这些岭南精神在改革开放时期进一步滋养了"解放思想、实事求是"的思想主张，并在广东得到了很好的贯彻，进一步转化为"开拓创新、勇于担当"的务实行动，形成"开放包容、兼容并蓄"的社会心态。

在思想政治教育中，针对广东学生讲授以改革创新为核心的时代精神，要充分用好岭南改革文化的思想资源。第一，我们可以结合广东改革开放的鲜活案例，讲述改革开放精神和特区精神的具体内涵和现实表现，增强学生对党领导改革开放事业取得巨大成就的政治认同。第二，广东改革开放实践和特区精神，是岭南历史文化结合当今时代条件的新发展，是岭南文化的时代表达。我们要讲清楚广东改革开放实践经验和特区精神的岭南文化根源，揭示改革创新的时代精神与历史文化传统可以是继承发展、守正创新的关系。第三，新时代弘扬改革创新为核心的时代精神，我们要引导学生既要有标新立异、敢于突破的雄心壮志，要有紧跟时代潮流、捕捉发展机遇、迎接科技革命的意识，也要有吸收前人经验智慧，练就扎实过硬本领，辩证看待事物发展，循序渐进推进改革创新的智慧与方法。

（三）岭南湾区文化融入基本国情教育

粤港澳三地历史同根、文化同源，在语言、风俗、思维方式、处世态度等方面都深刻体现着岭南广府文化的特色，具有很强的相通性。然而，由于港澳曾遭殖民统治，与内地在不同的社会制度下发展，又表现出在政治制度、经济模式、社会治理等方面存在差异。粤港澳大湾区建设，对维护国家统一、巩固新时代爱国统一战线、促进经济文化融合具有战略意义。外国势力在湾区的介入，也反映了世界百年未有之大变局下我国面临的复杂的国际形势。

将岭南湾区文化融入基本国情教育，一是要依托岭南历史文化和当代岭南湾区文化共同具有的开放包容、和而不同、熔为一炉的特色，延续中华文化和多民族国家多元一体的优良传统，突出"和""融合""一体""共荣"的元素，巩固"一国"的文化根基与情感认同，倡导爱国爱乡、合作互利、美美与共、通济和谐的湾区精神。二是要立足"和而不同"之"不同"、"一体多元"之"多元"，依托"开放包容"之心态，尊重广东与港澳乃至全国不同地区不同省市之间的发展不平衡性、地域文化多样性和具体治理形式多元性，以理性平和的心态看待其差异性，以欣赏和借鉴的视角审视其特色，以自信自觉的心态认同自身发展模式，以实事求是的态度探讨化为己用的必要性和可行性。尤其对广东学生而言，要让学生看到港澳发展的成就和特色，也应引导学生看到社会主义制度和"一国两制"的优越性，认识包括广东在内的内地发展阶段，坚定发展信心，借鉴而不套用文明成果，为中华民族伟大复兴贡献智慧和力量。三是引导学生从香港一些黑暴事件中看到敌对势力渗透的险恶用心，在世界百年未有之大变局中保持清醒头脑，坚持伟大斗争，深化对国际形势和我国国际战略的认同。

四、岭南广府传统民俗文化的思政元素及其融入策略

岭南广府民俗文化异彩纷呈，要系统整理功夫、龙狮、陶艺、粤剧、美食文化等蕴含的内在精神，挖掘其思想政治教育资源。下文主要结合著者的教学经历，选取佛山的岭南广府传统民俗文化资源在教学中的运用加以说明。

（一）结合佛山岭南民俗文化，彰显传统文化的发展脉络、主要内容及其现代价值

思政课教师讲授中华优秀传统文化的发展脉络、主要内容及其现代价值，中观层面可以选择岭南广府文化的整体分析作为案例展开教学，这从前文"历史文化传统融入文化自信教育"中已经详细叙述，而在微观层面上，教师选用民俗文化的某个方面，都可以作为微观案例，用于讲述中华优秀传统文化的发展脉络、主要内容及其现代价值。本处以祖庙文化为例加以说明。

祖庙与佛山的命运休戚相关。千年祖庙，承载着大半部佛山历史。

佛山祖庙又名"北帝庙""灵应祠"，供奉道教真武玄天上帝，始建于北

宋元丰年间。由于佛山属于岭南水乡，易受台风和洪涝灾害影响，而北帝在道教中属于水神，故被百姓奉为保护神。南宋以后，佛山因中原人口南迁带来的文化和科技而进一步繁荣，供奉水神北帝的庙堂香火更旺。及至明初，祖庙成了当时南中国的第一大道教庙堂。

佛山祖庙，不仅是道教和岭南民间信仰的场所，也是乡绅耆老们举行庙议的地方。这也是祖庙因为"历岁久远，且为（佛山）诸庙首"而得名。这里成为佛山各宗祠公众议事的地方，成为联结各姓的纽带。灾荒年，祖庙内设的嘉会堂、大魁堂还要承担起开仓放粮、救助灾民的工作。每年地方官员也会亲临祖庙祭拜北帝，祈祷水神施水、风调雨顺、丰衣足食、国富民安。所以，祖庙不仅是道教文化和民间信仰的所在，也是宗族的象征和权力的中心。而整个祖庙古建筑群中年代最晚的庆真楼，以"各自为尊，以正伦理"为修建初衷，崇祀北帝父母，暗含了父母为尊之意，也是体现了道教、民间信仰和儒家文化的交融。

与之相关，祖庙在历史上形成了"新春拜北帝""三月三北帝诞"（祖庙庙会）"春秋谕祭""乡饮酒礼"等传统盛会，而清代祖庙里的万福台的修建，粤剧团外出表演前的北帝典阅，又进一步提升了祖庙的人气。并且，佛山祖庙以其独特的岭南古建风貌和所存的冶铸、漆朴、箔金、雕刻，反映了明清至民国本地高超的工艺技术水平，被誉为"东方民间艺术之宫"。

及至当代，祖庙依然是朝着兼容并蓄、贴近民众、繁荣文化的方向继续加以传承与发展。如今，孔庙、黄飞鸿纪念馆、叶问堂成了祖庙博物馆的组成部分。北帝诞万人空巷，开笔礼孩童齐聚，万福台上粤韵悠扬，岭南醒狮展演精彩绝伦，成为祖庙民俗文化的重要品牌。

教师在向学生展现佛山祖庙的悠久历史和当代创新中，一是不难让学生感受到佛山历史文化名城的深厚底蕴，在悠久的历史中增强学生的认同感和归属感；二是不难让学生感受到祖庙建筑文化、民俗文化及其背后的儒道观念和民间信仰的丰富内涵，真切理解岭南广府文化的博大精深、兼收并蓄、开放包容、和谐共生；三是从祖庙文化名片的打造，也能够让学生真切感受到悠久历史、灿烂文化依然能够古为今用、推陈出新，在新的时代背景下被人们所喜爱、所欣赏、所利用。

（二）以粤曲粤剧进校园为案例，引导学生参与岭南广府文化的"双创"

岭南广府文化的韵味，不能不说到"南国红豆"粤剧。佛山是粤剧的发源地，诞生了粤剧艺人的代称"红船子弟"和粤剧最早的戏行组织琼花会馆。民间自发组织的粤剧演唱"私伙局"是佛山文化的一大特色，至今长盛不衰。每年一度举办的琼花粤剧艺术节，使佛山呈现"红船泊晚纱，万人看琼花"的盛况。从粤剧内容上看，粤剧作品诠释着岭南风土人情、英杰传奇与小人物的平凡故事，有激情，有张力，展现了家国情怀、弘扬传统美德、传递价值观念和生活态度等。粤剧广泛吸收广东音乐、广绣、牙雕、陶瓷、灰塑等地方艺术形式，充分体现了广府民系群落的地域文化传统，辐射范围遍及全球各地，在世界华人中具有极强的文化凝聚力。然而，面对现代都市文化的猛烈冲击，粤剧的生存空间已大为收缩，处于濒危状态，必须尽快投入力量对之进行保护。

那么，粤剧如何才能实现传承与创新呢？其重要方式，就是粤曲粤剧进校园。南海区文化馆馆长郑艳芬老师，为粤曲粤剧进校园并实现传承创新作出了贡献。一方面，郑艳芬老师将粤剧的动作与学生平日的课间操相融合，在全省独创了适合师生学习的粤剧身段操，使全校几千名师生同时接受粤剧知识教育，让学生了解粤剧的基本知识，了解广府曲艺的独特魅力；另一方面，要让年轻人爱上粤剧粤曲，就必须创作他们喜闻乐见的原创作品。于是，从2012年起，郑艳芬老师便组织开设"南海区青年粤曲作者培训班"，每年都为学生创作至少2个符合青少年审美的粤剧粤曲原创作品，通过改编课本教材、历史故事等，用新颖有趣的方式让学生对粤剧产生兴趣，更易理解。其中，《穆桂英求将奇遇记》《桃园三结义》等作品，获得国家及省市殊荣，受到受众的好评。

在具体的教学过程中，教师可以用《穆桂英求将奇遇记》《桃园三结义》等作品选段为导入，通过历史穿越的趣味形式、说唱的形式，拉近与学生的心理距离，激发学生的兴趣，继而引导学生去分析粤剧的表现形式、主要的题材内容，讲述粤剧的发展历史、特点与内在精神；分析面对现代都市文化的猛烈冲击下的挑战，着重在如上背景下，讲述郑艳芬老师推进粤曲粤剧进校园并实现传承创新的故事；从粤剧进校园对传承创新的案例加以升华，让学生感受到中华优秀传统文化的创造性转化和创新性发展的意义重大，但是挑战不小、难度不小。业已有成功的案例，也应该激励我们要坚定文化自信，迎难而上、上下求索，感受中华优秀传统文化的独特魅力，结合现代生产生活实际实现内容的守正创新，探索人们喜闻乐见的载体和形式。

（三）讲好中国功夫走向世界的故事，在文明交流互鉴格局中坚守民族文化立场

一说起佛山，不少人会想到黄飞鸿、叶问、李小龙等身怀绝技的高手。功夫已经成了佛山最响亮的名片之一，助推佛山建设国际知名、影响广泛的"世界功夫之城"，而佛山功夫有今天的传播效果，得益于文学作品和影视作品等载体和形式的创新。

在思政课上讲述"文化的民族性与多样性"和"文化交流与文化交融"的相关内容时，讲好中国功夫走向世界的故事就是最为鲜活的案例，需要授课老师事论结合，实现理论叙事。

首先，教师可以通过提问和学生讲故事讲体会的方式，引导学生介绍李小龙、黄飞鸿、叶问等功夫人物，介绍《猛龙过江》等功夫电影的主要内容和显著特点，激发同学们对功夫、功夫人物、功夫电影的兴趣。在授课中，教师可以以黄飞鸿为例，从1949年上映的《黄飞鸿传上集之鞭风灭烛》开始，以黄飞鸿为题材创作的电影就不下百部，并且还有电视剧、粤剧、广播剧、动画片、动漫电影、小说等。从而引导学生意识到：功夫电影是中国电影的一张王牌。从佛山走出的黄飞鸿、叶问、李小龙等武术宗师，咏春、蔡李佛、洪拳等门派故事，为中国功夫电影提供了丰富的题材资源。

其次，启发同学们思考功夫电影国际传播取得成功的深层次原因。从以佛山功夫人物为题材的国产电影，以及更多功夫明星走向全国、走向世界，到后来国外电影中出现武术的色彩甚至以武术为主要元素所拍摄的电影已不在少数，这种从中国自己生产武术题材电影发展到国外自主学习拍摄的蜕变，不难看出功夫武术的文化传播是极其成功的。而从深层次来看，其原因就在于作为民族文化瑰宝的中国功夫，由于其民族性，跟异域文化的不同中彰显其特色，加之喜闻乐见的表现形式，能够吸纳更多的关注、学习、欣赏，足以诠释"越是民族的，越是世界的"的内涵。

再次，接着引导学生思考中国功夫国际传播的两条路径即竞技体育与文化传播的发展现状及其原因。一方面，我国武术申奥屡屡受阻，过分追求表演形式的竞技武术套路在国际上也没能取得预期效果；另一方面，功夫电影的国际化传播则抓住了"文化"的核心内涵，充分发挥电影叙事的功能，将中国传统文化、武术文化等镶嵌于传统武术的影视表现中。

最后，教师应该从中启示同学们形成理性认知——多元文化交融的国际格局下，我们要保持文化的民族性，尊重文化的多样性，中华文化的国际传播不是要比较文化的孰优孰劣，更不是要一决高下，而是要透过民族性来彰显特色，通过民族文化蕴含的丰富叙事和价值观念来打动异域文化环境下人们的关注、了解、学习和借鉴，从而增强中华文化的软实力。

（四）弘扬岭南功夫文化，促进学生德艺双修

佛山是武术之乡。从历史的角度看，岭南地区自明代以来常有倭寇之患，明清朝廷逐步建立卫所制度，推动了武术竞技的推广和普及。佛山是古代"四大名镇"之一，经济繁荣，人民生活富庶，但地处珠三角平原地带，天然防御条件差，加之明清时期朝廷派至佛山驻防的兵力甚少，当地民众逐步形成习武强身、自卫的传统。并且，富庶繁荣的佛山也吸引了很多外地的武术高手前来谋生，佛山成为各种武术门派和文化的大熔炉。从习武蕴含的内在精神来看，叶问曾说"处世树为模，本固任从枝叶动；立身钱做样，内方还要外圆""以力服人者霸，以德服人者仁"；黄飞鸿提倡习武之人应当注重修炼"武德仁勇"，为人应谦恭忍让、立身正直、见义勇为、顾全义气；李小龙概括截拳道的纲领和要义为"以无法为有法，以无限为有限"，刚柔并济。

佛山功夫文化促进学生成长成才教育，可供挖掘的资源主要有如下几个方面：一是发挥功夫文化对繁荣校园生活的作用，促进学生树立强身健体的意识，促进学生德、智、体、美、劳全面发展，助力身体和心理健康，促进人格健全。二是发挥功夫文化对磨炼人的心性和意志的功能，有助于学生从电子游戏的娱乐中解放出来，从浮躁不安的不良氛围中摆脱出来，培养学生静心、安神、专注的内在心境，有助于学生在勤学苦练的长期努力中磨炼意志，

形成不怕苦、不怕累、迎难而上、顽强拼搏、持之以恒的品质。这些心性和意志的磨炼，运用在学习、生活、工作等各种方面，有利于成长成才。三是发挥功夫文化"先德后艺"的优良传统，促进学生道德修养。佛山功夫给人的印象是"很能打"，但"能打"绝不是血气之勇，绝不用来打架斗殴，绝不是为了抢夺他人财物，而是要引导学生习武可以防身、可以自卫，且更重要的是路见不平拔刀相助、扶助弱势、乐于助人、匡扶正义、维护社会安定。如此，通过武德精神的讲解，有利于引导学生树立公平正义的观念，承担社会责任，修养个人的品德。

（五）依托岭南陶艺文化和美食文化，开展劳动教育

佛山是"南国陶都""中国陶瓷名都"，其制陶工艺源远流长，有 700 多年历史，自古有"石湾瓦，甲天下"的美誉。建于明代正德年间的南风古灶，是世界上现存最古老的柴烧龙窑，其薪火相传，已有 500 多年的历史，被誉为"陶瓷活化石"。从精神内涵上说，佛山石湾陶瓷具有人民性、适应性、实用性。人民性表现在为人民的需要生产，创作题材以人民生活和斗争为基础反映时代特点；适应性表现在会不断吸收其他艺术技巧，善于创作和模仿；实用性表现在作品多为日用品、炊饮器皿。

佛山是珠江三角洲的"美食之乡"，粤菜发源地之一。顺德更被联合国教科文组织授予世界"美食之都"称号。属粤菜之中的广府菜，用料丰富，选料精细，技艺精良，清而不淡，鲜而不俗，嫩而不生，油而不腻。通过饮食文化，能够看到佛山广府文化中蕴含的既讲求实用性、科学性又讲究品位、注重细节，力图精益求精，不断打磨，追求卓越的特点。广府菜擅长小炒，要求掌握火候和油温恰到好处，还兼容许多西菜做法，讲究菜的气势、档次。这展示出了思想开放、兼容博取、追求创新的精神。

佛山岭南陶艺文化和美食文化，不仅可以用来诠释岭南广府文化的内在精神特点（即前述的人民性、适应性、实用性；精益求精，不断打磨，追求卓越；思想开放、兼容博取、追求创新），而且，由于陶艺文化和美食文化具有很强的实操性，也是开展学生劳动教育的重要载体，有利于培养学生的动手能力，提高学生的技艺水平。并且，学生在美食文化的熏陶下，做得一手好饭，不仅是个人生活的基本技能，也有利于建立自己在家庭中的责任意识，感受劳动带来的收获和快乐，增进家庭成员之间的互动交流和亲密协作。学生参与陶艺的学习，则有助于学生关注日常生活物品的制作过程，热爱参与日常生产生活的实践活动，并把自身的想法和创意融入作品之中，在自身观念落实于具体作品中感受到手工制作带来的快乐。

（六）体验岭南广府节庆文化，传承中华文明生活方式

岭南广府节庆文化，主要有年宵花市、行通济、赛龙舟、佛山秋色、醒狮表演等。

"行花街"是珠江三角洲人民群众相沿已久的民间习俗。花市于春节前三日举行，除夕晚是花市的高潮，往往人山人海，游人买到鲜花，喻示大吉大利、大展宏图。每年的正月十六的"行通济"，走过通济河的通济桥，烧香、抛生菜和转风车，喻示"行通济，冇弊矣"（佛山方言，意即行通济无忧愁）。每年正月十六前后，通济桥人流络绎不绝，非常热闹。每年的端午节期间，各乡各村派出阵容鼎盛的龙舟队参与龙舟竞渡。漂亮醒目的龙舟在水乡的河网上力争上游，两岸站满观众，锣鼓声、呐喊声此起彼伏，热闹非凡。佛山秋色又名"秋宵""秋景"，是佛山独有的大型民间文化娱乐活动，多在秋收时节的晚上举行，表现形式上分为灯色、车色、马色、地色、水色、飘色、景色七大类。各种精美的工艺品，通过游行的形式来展出，并表演舞龙、舞狮、十番、锣鼓柜等助兴，让群众观赏评议。

此外，佛山是"狮艺之乡"，是南狮的发源地，是首个"中国龙狮龙舟运动名城"，禅城区是"中国龙狮运动之乡"，南海区西樵镇是中国唯一"中国龙狮名镇"。其中，黄飞鸿对民间传统艺术醒狮进行挖掘、整理、刻苦训练，在原有的南派醒狮技艺的基础上，吸收融入武术舞狮的技艺，由高桩醒狮、民间武术梅花桩与南派民间醒狮套路相融合，并汇入当地民间风格特色，技艺高难，编排巧妙，融舞蹈、武术、杂技、力度、美学于一体，形成新一派醒狮。从精神内涵上说，佛山醒狮将英雄崇拜和尚武精神融合在一起，采青中的娱乐喜庆、求吉求财和迎难而上的斗志凝结在一起，通过狮子不怕艰险、机智勇敢、永不退缩的精神来展现中华民族的勤劳勇敢和智慧。

在中西方文化交融的今天，传统节庆文化的复归和创新是实现中华文化复兴的重要路径。佛山岭南广府民俗文化，具有广泛的群众基础，也在不断宣传和呈现节庆的丰富内涵，组织相应的赛会，创新丰富多彩的表现形式，这为学生感悟岭南广府文化所蕴含的生活方式、情调、追求提供了鲜活的形式。这将有助于改变当下部分学生过度迷恋过洋节的倾向，增强文化自信，更好传承和发扬中华民族传承下来的生活方式。

第三节　坚持党史宏大叙事与地方叙事的有机统一

地方革命文化资源融入思想政治理论课教学，不仅有助于开展既有温度又有深度的党史学习教育，也有助于贴近地方实际、结合日常生活，扩充教学内容，增强教学亲和力和针对性。以新民主主义革命理论的教学设计为例，内容上依托广东近代革命实践讲述近代中国探索复兴之路的历程，围绕中国共产党在广东的建党活动和革命实践探究中国革命路线、纲领和道路的形成，从中呈现新民主主义革命理论的中国智慧和中国方案；形式上建构课堂教学、校园活动、网络互动、社会实践于一体的立体课堂；方法上采用理论讲授、知识抢答、话题讨论、直观演示、读书指导、参观走访、任务驱动、自主探究等教学法，从而构建地方特色、联系实际、自成体系又回归教材、彰显思想、突出主旨的课程内容体系，达成从知识学习到价值引领、实现铸魂育人的教学目标。

一、地方党史资源融入思政课的总体思路与教学理念

习近平总书记在学校思想政治理论课教师座谈会上指出："推动思想政治理论课改革创新，要不断增强思政课的思想性、理论性和亲和力、针对性。"[①]运用地方历史文化和新时代改革创新素材，尤其是地方党史资源以增强思想政治理论课教学的亲和力和针对性，是构筑生活情境、盘活思想理论存量、做大思想理论增量的关键环节，是思想政治理论课贴近学生、联系实际、深入浅出、因材施教，满足学生成长需求和期待的教改要求，是思想政治教育向日常生活世界回归，使之与理性思维和观念世界相互渗透和协同，实现意

---

① 习近平. 论党的宣传思想工作 [M]. 北京：中央文献出版社，2020: 382.

识形态柔性精准灌输的本质体现。

广东是中国民主革命的策源地，历来富有革命传统。从领导太平天国运动的洪秀全、到戊戌变法中的康有为、梁启超，再到领导辛亥革命的孙中山，广东仁人志士在近代中国的变革图强中扮演着重要角色。在旧民主主义革命屡遭失败后，在广东的中国共产党人在马克思主义早期传播及其中国化大众化、建立党的地方组织、发动工农运动、建立统一战线、独立领导城市武装起义、建立农村革命根据地、成为中央苏区南方战略屏障和战略缓冲地带、开辟华南抗日战场等方面进行了艰辛探索，创造了诸多全国意义上的"第一"。毛泽东同志在广州发表《中国社会各阶级的分析》，其成为新民主主义革命理论的重要思想源头，该篇文章后定为《毛泽东选集》开篇之作。鉴于广东拥有延续年代最长、序列最完整、种类最齐全的革命资源，并对中国革命具有独特贡献[①]，在庆祝建党百年的历史节点，各地各层次学校结合具体实际，依托广东党史资源，推进党史学习教育融入思想政治理论课教学。这不仅有助于开展既有温度又有深度的党史学习教育，达成学史明理、学史增信、学史崇德、学史力行的目标[②]，也有助于推进思想政治理论课教学的改革创新，扩充思想政治理论课的教学内容，使思想政治理论课更加贴近地方实际、结合日常生活，在构筑理解情境中深入浅出地讲授宏大理论的具体内涵，不断增强思想政治理论课的亲和力和针对性。

在教学形式上，高校要积极推广"学习强国"学习平台的使用并融入思想政治理论课教学，将"学习强国"广东学习平台作为重要教学资源来源，依托网络教学平台推进线上线下混合式教学，并建立课堂教学与校园文化活动（党日团日活动、图文展览、专题讲座、知识竞赛、主题演讲、辩论赛等）、社会实践（课后探究性学习实践和假期研学活动，红色征文、红色调研、红色专题研究等）的协同机制。在教学方法上，高校要坚持"让有信仰的人讲信仰"以提升教师亲和力，以理论讲授、知识抢答、话题讨论、直观演示、读书指导、参观走访、任务驱动、自主探究等方法，综合提升教学效果。

在课程内容上，高校要跳出思想政治理论课教学仅仅讲授理论知识以完

---

① 广东首亮革命文物家底，红色宝藏数居全国前列 [N].羊城晚报.2021-06-25(A8).
② 习近平.在党史学习教育动员大会上的讲话 [J].求是.2021(07):4—17.

成教学任务、应付考试评价的模式，应该意识到思想政治理论课应围绕铸魂育人目标、需要从知识学习上升到价值引领的教学特点，应该在思想政治理论课中培养学生善于思辨、联系实际、分析问题、巧用方法的能力。因此，课例将依托地方革命旧址资源以建构理解情境，分享地方红色故事以激发情感共鸣，梳理地方革命脉络以形成整体认知，进而从对地方党史资源的分析上升到对课本思想理论的诠释上，打造地方特色、联系实际、自成体系又回归教材、彰显思想、突出主旨的课程内容体系，从中深入阐述中国共产党人在伟大革命实践中矢志不渝坚守初心使命、不断总结经验教训、推进马克思主义中国化时代化、带领人民从胜利走向胜利的光辉历程，激励学生从党史学习教育中汲取智慧和力量，建功新时代，奋发新作为。

二、地方党史资源融入思政课的内容设计与组织实施

（一）依托广东近代革命实践，讲授近代中国探索复兴之路历程

首先，结合广东救亡图存的历次抗争，叙述中国逐步沦为半殖民地半封建社会的历程。课前分组，布置学生查阅资料，指引学生了解广东近代仁人志士参与中国近代历次救亡图存的艰辛探索及其失败原因。课堂上，以知识抢答的形式，辅以图片呈现，启发引导学生说出虎门销烟、三元里抗英、广东花县人洪秀全领导太平天国运动、第一家民族资本的近代工业企业南海继昌隆缫丝厂的诞生、广东康有为和梁启超领导戊戌变法、孙中山在广州的历次革命运动等史实，从中刻画从独立的封建国家逐步沦为半殖民地半封建社会的过程，进而引申并讲述广东作为近代民主革命策源地的独特地位和敢为人先的奋斗精神，激发广东学生的自豪感和学习热情。

其次，引导学生探究旧民主主义革命屡遭失败的原因，阐明亟需新的革命理论的时代呼唤。结合前述广东近代革命探索的历程，每组选派代表分别分析讲解太平天国运动、洋务运动、戊戌变法、义和团运动、清末新政、辛亥革命失败的深层次原因，其他小组加以补充完善。尤其重要的是，结合中共三大会址纪念馆、国民党"一大"旧址等场馆资源，分析孙中山领导的革命屡次失败和接受国共合作，事实上确立"联俄联共扶助农工"政策的心路

历程，揭示资产阶级领导的民主革命、照搬西方资本主义方案失败的原因。

再次，联系广东近代社会状况，讲解半殖民地半封建社会的具体内涵。结合前述广东近代民主革命实践，同时结合 20 世纪 20 年代广佛地区社会状况，采用历史照片展示的方式，讲述我国 100 年前遭受西方列强侵略、封建势力残余、落后的农业国现状、百姓生活极度贫困的悲惨面貌，进而阐述帝国主义和中华民族的矛盾、封建主义和人民大众的矛盾是当时中国社会的主要矛盾，引导学生理解反帝反封建的历史任务。同时，讲解帝国主义侵略是中华民族危机的总根源，帝国主义是中国革命的首要对象，从而说明"半殖民地""半封建"并非对应关系且不能随意调换的原因，让学生对半殖民地半封建社会的内涵有更加准确的认知。

（二）围绕中国共产党在广东的建党活动，探究中国革命路线的形成

首先结合广东红色人物故事，引导学生理解中国共产党的诞生是马克思列宁主义与中国工人运动相结合的必然结果。以建党百年开展党史学习教育为契机，布置学生课前参观"南粤沃土铸伟业 —— 中国共产党在广东图片展"专题展览，课堂上师生共同演绎（尽量调动学生主动乐意讲）如下党史故事：以陈铁军为案例说明"五四运动"对进步青年的思想影响，讲述有"南杨北李"之称的杨匏安在华南传播马克思主义的事迹，介绍广东继北京、上海后成立共产党地方组织的历程，讲解广东近代工业发展、第一代产业工人诞生、发动工人运动、工人阶级以独立的政治力量登上历史舞台的史实，继而总结提出中国共产党应运而生是历史的必然。

其次，结合毛泽东同志在广州发表的著作，阐明中国革命"两步走"的理论依据。引入毛泽东同志著作《中国社会各阶级的分析》（原载国民革命军第二军司令部 1925 年 12 月 1 日《革命》半月刊第四期，后成为《毛泽东选集》开篇之作），说明该文写作的背景和重大历史意义。在半殖民地半封建社会的国情下如何进行反帝反封建的革命活动，当时党内存在右倾机会主义和"左"倾错误两种倾向。前者看到了国民党在国民革命运动中的影响力，认为中国工人阶级的人数和力量显得不足，因而过度依赖资产阶级政党而妥协退让；后者对马克思主义的理解显得教条，认为只能发动工人运动，但看到农业国

现状也感到革命力量弱小而无所适从。毛泽东同志则敏锐地指出，两者错误的根本原因都是对中国各阶级力量的分析不准确不深入，脱离了人数最多的农民阶级。教师在讲述《中国社会各阶级的分析》思想主旨的基础上，引导学生理解中国革命既区别于旧民主主义革命，也区别于西方资产阶级民主革命的特点，理解中国革命基于农业国生产力水平、阶级力量对比和既定革命目标等现实国情，必须分为新民主主义革命和社会主义革命两个步骤的理由。新民主主义革命必须分清敌友，既要坚持无产阶级的领导权，又要认识到农民阶级、小资产阶级的革命热情和其作为工人阶级可靠同盟军的地位，并在认识到民族资产阶级"两面性"的基础上引导他们革命，又要提防他们叛变革命，从而才能实现推翻帝国主义和封建主义的革命目标。

（三）利用中国共产党领导的广东革命实践素材，刻画新民主主义革命道路的艰辛探索

结合大革命时期和土地革命时期的广东红色故事，展现新民主主义革命纲领和道路的实践探索。结合前述专题展览的素材，搜索并剪辑一些"学习强国"广东学习平台的短视频资源加入课件当中，以图文并茂、影音辅助的形式，师生共同讲述中国共产党领导香港海员罢工到省港大罢工的故事；讲述出身地主家庭的"农民运动大王"彭湃主动烧毁田契、在农民运动中推进马克思主义大众化、建立中国第一个农村苏维埃政权的故事；讲述六届农民运动讲习所培训学员并点燃全国农民运动燎原大火的故事；说明广州是前三次全国劳动大会召开地、共青团第一次全国代表大会召开地、中华全国总工会宣布成立地；讲述在共产党人的努力下建立第一所军事与政治并重的黄埔军校故事；讲述叶挺独立团率先出征、北伐从广东走向统一全国的故事；讲述广东讨蒋武装起义首开反抗国民党反动派先河的故事；讲述被称为"中国的巴黎公社"的广州起义，与南昌起义、秋收起义一起开创中国共产党独立领导革命战争和人民军队新纪元的故事；讲述中央南方局、中共广东省委协助开辟中央红色交通线、中央苏区南方战略屏障和战略缓冲地带的故事；讲述广东成为中央红军长征"万里征途第一站"的故事。

接着，结合华南敌后抗战和解放战争故事，呈现新民主主义革命理论的继续完善。继续采取如上图文并茂、影音辅助的形式，讲述东江纵队与琼崖纵队被称为"中国抗战的中流砥柱"之一、全国三大敌后抗日战场之一的华南战场的抗日故事；讲述中共中央、广东党组织及其领导的东江抗日游击队组织的堪称历史奇迹的香港"秘密大营救"的故事；讲述广东著名音乐家冼星海创作《黄河大合唱》的故事；讲述解放战争时期广东党组织开展游击战配合全国解放战争的故事。

如上所涉及的广东党史素材非常丰富，课堂讲述不一定能够让学生在短时间内完全消化，故可以引导学生以庆祝建党百年为契机，组织学生课后进一步开展专题探究活动，讲好红色故事，传承红色精神。课堂讲述引用如上史料，重点有二：一是重在勾勒从大革命时期、土地革命时期、抗日战争时期、解放战争时期的革命线索，让学生对新民主主义革命的演进历程有一个更具视觉冲击力、更接地气、更真切的了解；二是重在阐释中国革命从国共合作走向中国共产党独立领导革命、从工人运动转向工农联盟和土地革命、从城市暴动转向农村革命根据地建设、从盲动冒进和教条主义到有勇有谋开展武装斗争的探索历程，从而让学生对农村包围城市、武装夺取政权的革命道路有更加直观真切的认识。

（四）从实践探索上升到理论分析，呈现新民主主义革命理论的中国智慧和中国方案

一是对如上广东党史故事加以宏观整体的理论分析，助力学校开展党史学习教育。通过思想政治理论课教师总结讲授，展现中国共产党从新民主主义总路线的确立，到逐步形成和完善政治、经济、文化纲领和革命道路、军事战略的历程，从中刻画中国共产党人追求真理、保守秘密、坚贞不屈、舍生取义的英雄品格，缅怀他们牢记初心使命为国家独立、人民解放作出的不朽贡献，阐述中国共产党人在伟大革命实践中不断总结经验教训、推进马克思主义中国化时代化的理论品格，激励学生从广东党史学习教育中深入理解伟大建党精神，汲取智慧和力量，建功新时代，奋发新作为。

二是回应学生所思所想，增强思想政治理论课教学的思想性。课堂教学中应留出一定的时间供学生提问和互动交流。"中国共产党采用什么方法来分析中国国情""其他阶级也在探索近现代民族复兴之路，为什么只有中国共产党的理论分析方法才如此奏效""谁是我们的敌人，谁是我们的朋友""谁才能真正领导革命取得胜利""革命的前途是什么""为什么中国革命不能像十月革命那样攻打大城市""为什么枪杆子里才能出政权""中国共产党为什么能够赢得人民群众的拥护支持""为什么说没有共产党就没有新中国"……如上学生可能会提出的问题，其实不难从课程讲授中找到答案。教师应该及时引导学生回顾课堂的理论讲授知识，引导学生立足理论来分析问题，提升学生的理论思辨和理论联系实际的问题分析能力。

三是阐明新民主主义革命胜利的历史意义，增强历史自信和政治认同。授课末尾，教师阐述"新民主主义革命的胜利，建立了中华人民共和国"的伟大意义。①推进了马克思主义基本原理同中国具体实际相结合，产生了毛泽东思想，诞生了马克思主义中国化的伟大理论成果。②"彻底结束了旧中国半殖民地半封建社会的历史，彻底结束了旧中国一盘散沙的局面，彻底废除了列强强加给中国的不平等条约和帝国主义在中国的一切特权，为实现中华民族伟大复兴创造了根本社会条件。"① ③完成了中国共产党二大提出的"最低纲领"，向历史和人民交出了靓丽的成绩单。没有共产党，就没有新中国。中国共产党的领导，是历史和人民的选择。教师要引导学生珍惜中华人民共和国诞生来之不易的历史成果，引导学生热爱祖国、心系人民，为建设社会主义现代化强国贡献力量；引导学生认识到党团结带领人民所取得的历史性成就，听党话、跟党走，牢记党的初心与使命，努力成为勇担民族复兴大任的时代新人；引导学生学习马克思主义中国化时代化理论成果，吸收分析问题、探究问题、解决问题的方法论思想，理论联系实际、学以致用、开拓创新。

三、地方党史资源融入思政课的课外延展与形式创新

（一）师生共同参与，做足课前准备

做好课前准备，能够有效提升授课效果。课前准备采取任务拆分、小组合作、自主学习相结合的方法，并告知学生完成效果好的小组和个人能够获

---

① 习近平. 习近平谈治国理政（第四卷）[M]. 北京：外文出版社，2022: 5.

得表彰奖励，具体任务如下：（1）引导学生分小组梳理广东仁人志士在近代民主革命的历次探索，了解近代中国探索复兴之路的基本脉络，分析近代历次探索成败得失的深层次原因；（2）以党史常态化学习为契机，组织师生共同参观红色展览"南粤沃土铸伟业 —— 中国共产党在广东图片展"，搜集整理课程教学素材；（3）布置学生课前自主学习网络资源："学习强国"学习平台中的"初心粤迹 —— 中共广东百年史话"专题、广东党史网"百年征程 红途粤印"专题。并且，教师需要提示学生如上相关知识作为课堂知识抢答、课堂演讲、话题讨论的题目来源。

与此同时，为了增强学生的学习兴趣、提升学生的参与度和抬头率，教师也要做足课前功课，尤其是精心设计教学导引的相关问题，收集广东素材，制作图文并茂并含短视频的课件，在课件中有意识加入广东党史知识竞赛题目，要以全国性视野恰当准确诠释广东革命素材并回归课本章节内容。教师还要掌握学生的需求特点，打磨课堂教学语言，提升学生课前参与和课中互动的质量。

（二）鼓励课后探究，推出优质成果

一是进行课后问卷调查，测评授课效果。教师要收集学生对援引广东素材尤其是广东党史资源讲解思想政治理论课内容的评价、收获、意见和建议，不断丰富和完善教学内容与方法。师生共同探究，教学相长，不断提升教学实效。

二是引导学生寻访红色足迹，开展研学活动。教师要引导学生到部分革命旧址取景，同时借鉴利用现有"学习强国"等各种网络资源（纪录片，现场视频讲解），鼓励学生合成制作"我是红色讲解员"微视频。同时，按照课堂教学提到的诸多广东党史故事，将其筛选分类，按照主题线索加以串联，在讲解党史中彰显伟大建党精神。

三是引导学生阅读原文原著。在教师课堂上就《中国革命各阶级的分析》加以导读的基础上，激励学生在课后阅读该文，同时推荐《中国革命与中国共产党》等原著供学生阅读，并对学生阅读中的疑问加以答疑解惑，鼓励学生撰写读书心得。

四是引导学生尝试红色专题研究。教师还要引导学生参与"红色征文""红色演讲""红色研究"等活动，认真挖掘广东红色资源，深入开展调查研究，从地方性视角切入，以小见大讲好红色故事，凝练地方性的红色文化精神。

（三）建立协同机制，增强学习效果

以网络学习为载体，扩展思想政治教育内容。教师积极向学生提供"学习强国"广东学习平台的更多资源，例如"庆祝建党百年·党史学习教育"频道中"南粤红色印记·每日一学""广东党史故事""广东党史人物""南粤红色印记"等，供学生在课后、周末、寒暑假等时间进行自主学习、深度学习、探究性学习，弥补课堂教学时间的限制，更好拓展课程内容。

丰富校园文化活动，承载思想政治教育内容。各校可结合自身实际，以庆祝建党百年为契机，举办主题班会、主题党日团日活动、红色专题讲座、校园红色展览、知识竞答、辩论赛等活动。相关校园文化活动应当邀请思想政治理论课教师参加，积极促使将课程内容嵌入校园文化活动之中。

第四节　彰显党的创新理论与地方实践探索的互动

本节以佛山（全国制造业转型升级综合改革试点城市）在推进地方经济社会发展的实践探索和地方经验为素材[①]，就"新发展理念"的教学内容展开具体的教学设计，力图勾勒地方实践、地方经验与宏观思想理论的内在联系，呈现习近平新时代中国特色社会主义思想对地方经济社会发展的巨大指导作用，说明经济社会发展的客观实际和现实需要是思想理论创新的实践源头。

一、地方改革创新素材融入思政课程教学的总体目标

（一）更新教学理念

为讲好"新发展理念"的教学要点，本次课程将结合地方高校实际，用好佛山经济社会发展的鲜活案例，回应学生在教育、职业规划、人生选择等

---

①本节援引了较多佛山推进经济社会发展的规划部署和重要数据，主要来自佛山党代会报告、市委全会报告、政府工作报告、政府政务公开内容、官方媒体报道等。由于本书主要是将相关素材运用于教学，重点不在于对佛山发展规划的研究。故相关规划部署和数据出处，下文恕不一一标明。

方面的所思所想，扩充思想政治理论课的教学内容，打造地方特色、联系实际、自成体系又回归教材、彰显思想、突出主旨的课程内容体系，从而在构筑理解情境中深入浅出地讲授"新发展理念"的提出依据和具体内涵，在马克思主义的中国化和本土化中讲好佛山故事、总结佛山经验。

（二）明确教学目的

一是立足地方高校教学实际，挖掘地方改革创新的鲜活素材，紧扣学生对经济社会发展所带来的机遇与挑战的了解意愿，从而联系实际、贴近生活、深入浅出讲好"新发展理念"的提出依据、丰富内涵、光明前景。

二是挖掘和提炼佛山在创新驱动发展、制造业转型升级、城乡融合发展、打造一流营商环境、产城融合、建设"民心工程"等方面的实践探索和成功经验，增强佛山青年学生的荣誉感、自豪感和认同感，同时拉近思想理论与现实生活的距离，激发学生的学习兴趣。

三是探索思政课教学改革的方式方法，增加思政课教学的亲和力和针对性。

（三）厘清重点难点

本内容教学的重点有三。

一是联系佛山的历史与现状，揭示新发展理念的提出依据。

二是结合佛山的鲜活实践经验，讲述新发展理念的丰富内涵。

三是结合佛山的城市发展蓝图，勾勒贯彻新发展理念的光明前景。

本内容教学难点有二。

一是选取和总结佛山经济社会发展的成功经验，关注佛山在制造业转型升级、城乡融合发展等方面结合地方特点所作出的成功探索。

二是找到新发展理念的提出依据、丰富内涵等思想理论与具体鲜活的佛山故事的内在关联，通过讲好佛山故事来深入浅出地阐发"新发展理念"的教学要点。

二、地方改革创新素材融入思政课程教学的基本方法

一是理论讲授法。思政课改革创新的前提，还是要坚持教师为主导，课堂理论教学为主渠道。思政课教师应该学懂弄透"新发展理念"的理论体系，进而结合教学实际，转换话语体系，深入浅出地讲述"新发展理念"。

二是案例教学法。为了实现课堂教学以情动人、以理服人、生动形象、深入浅出，其重要方式就是通过案例教学法，摆事实、讲证据，梳理佛山发展的历史事件和历史成就，结合佛山政府、企业、个人在贯彻新发展理念中的具体措施和鲜活案例，讲述新时代佛山改革创新的实践探索，说明"新发展理念"的提出依据和具体内涵。

三是互动交流法。在梳理佛山岭南文化发展史、佛山改革开放史、佛山新时代改革创新历程时，思政课教师会涉及诸多的历史事件、人物、精神，可以尊重学生的主体地位，通过提出何为"中国四大名镇""天下四大聚""珠三角改革开放的具体模式""佛山是第几个进入万亿俱乐部城市""佛山何时评为中国最具幸福感城市""佛山上市公司和知名品牌有哪些"等知识性问题，让学生进行知识抢答；或者提出"在贯彻新发展理念过程中佛山各级政府如何做好规划""你了解佛山企业推动创新驱动发展、绿色发展的具体案例吗""你有没有到政府部门办事的经历，你知道佛山有哪些便民措施吗"等开放性问题，让学生展开讨论乃至辩论，最后由教师进行点评总结，从而在师生互动交流中增强教学实效性。

四是体验式学习法。为了让学生在体验中学习，教师可以在课前集体组织或建议学生自行前往（依托亲友、村居链接资源）佛山重要经济片区和相关企业，展开实地参观走访，并在走访前后查阅相关文献资料，丰富对相关区域、行业、企业的了解，对如何实现创新、协调、绿色、开放和共享发展有更深入的体验式理解。

五是自主探究法。鼓励学生展开课后探究。第一，鼓励学生在参观走访和资料查阅中，能够整理总结相关案例，在第二课堂等途径加以展示，或者拍摄成理论慕课进行网络展示。第二，感兴趣的同学可结合"三下乡"活动，

围绕"佛山产业转型升级之路与未来展望""佛山智能制造融入粤港澳大湾区建设的机遇与举措""佛山民心工程的配套措施与实践路径"等专题，从地方性视角切入、基于实证调研，提出对策建议。

六是问卷评估法。进行课后问卷调查，选取 2 个（组）班级（宏大叙事式的理论教学、引入地方素材展开教学）展开对比测评，测评授课效果。教师还可在实验班级中收集学生对援引佛山经济社会发展案例素材讲解思想政治理论课内容的评价、收获、意见和建议，不断丰富和完善教学内容与方法。师生共同探究，教学相长，不断提升教学实效。

三、地方改革创新素材融入思政课程教学的实施过程

（一）课前参观走访和资料查找

思政课教师可以在课前集体组织或建议学生自行前往（依托亲友、村居链接资源）"佛山三龙湾高端创新集聚区"（中国机器人谷、季华实验室、中德工业服务区、三山新城片区等）、佛北战新产业园、南海桂城千灯湖片区、顺德村级工业园改造项目、佛山龙头企业等，展开实地参观走访，并在走访前后查阅相关文献资料，丰富对相关区域、行业、企业的了解，为开展本专题教学进行铺垫。

（二）精心设计课堂导入

展示"佛山三龙湾高端创新集聚区"的 2 张平面图（内部规划图、粤港澳大湾区下的三龙湾），根据广东省推进粤港澳大湾区建设领导小组印发的《佛山三龙湾高端创新集聚区发展总体规划（2020—2035 年）》，介绍佛山三龙湾高端创新集聚区提出的背景、现有基础、发展目标。

该规划显示，佛山三龙湾高端创新集聚区位于广佛接壤区域，与广州南站仅一河之隔。三龙湾规划范围包括禅城区石湾街道、南海区桂城街道、顺德区北滘镇、陈村镇、乐从镇部分区域，覆盖中德工业服务区和粤港澳合作高端服务示范区，已逐渐显现出创新要素集聚、产城融合发展的态势，是佛山推进粤港澳大湾区建设的核心平台，是做大做强广佛极点、推进两地深度融合发展的重要支撑区，是粤港澳大湾区建设国际科技创新中心的重点创新

平台。

接着，向学生提出问题：《发展规划》贯彻了什么样的发展理念？

佛山认真学习领会贯彻习近平总书记提出的新发展理念，贯彻新发展理念的案例还有很多。这节课，我们将结合这些鲜活案例来讲解"新发展理念"的教学要点。

（三）联系佛山的历史与现状，揭示新发展理念的提出依据

新发展理念的提出依据，主要有三：理论依据、历史依据、现实依据。

一是理论依据。中国特色社会主义进入新时代，虽然社会主义初级阶段的国情没有变，但社会主义初级阶段是一个阶梯式递进、不断发展进步的过程。随着我国社会主要矛盾转变为人民日益增长的美好生活需要和不平衡不充分的发展之间的矛盾，我国在全面建成小康社会的基础上，迈向了全面建设社会主义现代化国家新征程。就佛山而言，在这个新发展阶段，佛山经济社会发展取得巨大成就，但发展不平衡不充分的问题依然突出。比如，佛山产业结构偏传统，"四新"经济发展不足，科技创新能力总体偏弱，支撑经济高质量发展的新动能还不强劲。面对这些问题，我们要牢记嘱托，"继续走在改革开放前列，做改革开放的示范"，围绕社会主要矛盾的变化，继续把改革创新作为动力源泉，将制造业推向中高端作为强市之基，以新发展理念为引领，在新发展阶段实现高质量发展。

二是历史依据。佛山工商业发端早、名气大，明清时期，佛山镇与汉口镇、景德镇、朱仙镇，并称为"中国四大名镇"；清代也有"天下四大聚"的说法，也就是人才和财富的集聚地，北有京师、南有佛山、东有苏州，西有汉口。佛山作为中国古代的四个"一线城市"之一，历史何其辉煌！我们再看改革开放后的佛山。作为改革开放的前沿地，珠江三角洲出现了发展经济的四种主要模式，即顺德模式、南海模式、东莞模式、深圳模式。广东四小虎，佛山占其二。富有经商头脑的南海农民，得改革开放的天时地利，率先洗脚上田，从事贸易活动，赚得第一桶金后，投身工业制造，后又在工业中加入技术研发。顺德则是县镇村大办乡镇工业，从金融机构获得资本支持，20世纪90年代国有企业转制后，形成了民营经济为主的经济格局。面对顺德取得

的辉煌成就，邓小平同志 1992 年南方视察的时候，在顺德视察以"容声冰箱"闻名遐迩的原珠江冰箱厂（今海信科龙电器有限公司）时，提出了"发展才是硬道理"的著名论述，充分肯定了佛山的历史经验和历史成就。脚踏实地，久久为功。2019 年，佛山成为第 17 个 GDP 超万亿元的城市。2021 年，佛山入选"中国最具幸福感城市"。改革开放 40 年发展的佛山，实现了经济发展与人民幸福的双提升。回顾历史，佛山应当具有历史自信 —— 对佛山发展成就的自信，对实践经验的自信，对奋斗精神的自信。佛山要思变求新，重振"敢饮头啖汤"的改革雄风，落实省委要求佛山争当地级市高质量发展领头羊的部署。佛山必将凝心聚力再出发，不断创造伟大历史荣光。

三是现实依据。佛山藏富于民，依靠内生发展动力，发展出了规模可观的民营经济；截至 2022 年年底，佛山累计培育出 76 家境内外上市公司，总市值达 1.3 万亿元；佛山深入推进国家制造业转型升级综合改革试点；佛山 2022 年全社会研发经费投入占 GDP 的 2.88%；国家高新技术企业达到 8,700 家，居全国地级市前列；中国驰名商标数量居全国地级市首位，例如，佛山拥有美的和碧桂园两家世界 500 强企业，海天、格兰仕、海信科龙、万和等众多品牌也驰名海内外；"富裕家庭"和"高净值家庭"数量排名全国地级市第一……这些靓丽的成绩单，是佛山在新发展阶段的底气之所在。佛山拥有开启新征程、实现新的更高目标的雄厚物质基础。只要我们以新发展理念为引领，抓住发展机遇，直面发展瓶颈，锐意改革，拼搏奋进，就一定能够续写佛山发展的新的辉煌。

（四）结合佛山的鲜活实践经验，讲述新发展理念的丰富内涵

在理解了新发展理念的提出依据后，我们接着看新发展理念的丰富内涵。

思政课教师可以先设置师生互动环节。教师提出"在贯彻新发展理念过程中佛山各级政府如何做好规划""你了解佛山企业推动创新驱动发展、绿色发展的具体案例吗""你有没有到政府部门办事的经历，你知道佛山有哪些便民措施吗"等开放性问题，让学生展开讨论乃至辩论，最后由教师进行点评总结。

接着进入教师理论讲授环节。

"新发展理念"，是在党的十八届五中全会研究制定"十三五"规划的时候提出的，要求我们坚定不移贯彻创新、协调、绿色、开放、共享的新发展理念。如今，"新发展理念"是习近平经济思想的重要内容，明确坚持新发展理念是我国经济发展的指导原则。那么，新发展理念针对什么具体问题，佛山又是如何落实新发展理念的呢？

第一，创新是引领发展的第一动力，注重的是解决发展动力问题。

以佛山为例，佛山提出"十四五"期间要实现 1.5 万亿 GDP 的发展目标，其路径是要坚守制造业不动摇。然而，佛山制造也面临着新的挑战：产业结构偏传统，"四新"经济发展不足，科技创新能力总体偏弱，支撑经济高质量发展的新动能还不强劲。面对这些问题，佛山以创新发展进行破局。

一是强调政府引领，瞄准战略性新兴产业集群，引进高端人才和创新团队落户佛山，高标准建设"一区一园一城"科技创新高地。一区一园一城，分别是佛山国家高新区、佛中人才创新灯塔产业园、三龙湾科技城。佛山国家高新区：突出"高"和"新"，发展壮大高新技术企业群体，引进培育若干战略性新兴产业集群；佛中人才创新灯塔产业园：突出"智"和"创"，吸引集聚各类高层次人才和高水平创新创业团队，推进技术成果产业化，打造创新创业平台；三龙湾科技城：突出"聚"和"领"，集聚高端创新创意资源要素，加强创新策源能力建设，在知识产权、科技创新、产业创新等方面发挥引领作用。

二是激发不同主体创新活力，实现集体创新和协同创新。佛山发挥季华实验室、仙湖实验室等科技创新平台以及佛山科学技术学院高水平大学建设的引领作用，强化关键核心技术攻关；尊重企业创新主体地位，支持大中型企业建设技术创新中心和重点实验室，加大科技企业孵化育成体系建设，推动高新技术企业提档晋级。在官产学研协同创新下，佛山的创新发展，使机器人、电子信息、新能源等新产业茁壮成长。2022 年 1 月，佛山通过科技部成果转化与区域创新司的评估，成功创建创新型城市。

三是持续推动产业转型升级。"有家就有佛山造"形象地展现了佛山制造的"江湖地位"，也说明了传统产业在佛山经济中的占比和分量的重要性。2015 年 12 月，佛山获批成为全国唯一的制造业转型升级综合改革试点城市。在政府层面，佛山出台推进制造业数字化智能化转型发展 25 项措施，设立总规模 300 亿元、首期 100 亿元的制造业转型发展基金。党建引领，顺德攻坚。顺德在村级工业园改造的成功经验，赢得了很多兄弟城市前来考察学习。在企业层面，佛山持续推动家居制造业与互联网深度融合发展。佛山的产业转型之路，得到了国家级媒体的密集报道。

第二，协调是持续健康发展的内在要求，注重的是解决发展不平衡问题。

目前，佛山在许多方面都是"一条腿长、一条腿短"，经济总量上的大区、小区对比落差大。佛山以南海带动三水，顺德带动高明，实现区域协调发展。以南三协作为例，横跨两区九镇街的佛北战新产业园是主平台，是广东省七大大型产业集聚区之一。核心打造生物医药产业，重点引进高端装备、新一代电子信息、新能源汽车等战略性新兴产业。这次两区合作的广度更广、深度更深，探索优势互补、资源共享、互惠共赢，对双方发展均有破局意义，一方面有利于支持三水加快发展；另一方面助力南海转型发展，为全市高质量发展打造新的增长极。佛山围绕打造一流营商环境，从空间重构、土地供给、园区建设，到政务服务、法治环境、招商机制，六箭齐发推进"一号改革工程"。这将有利于推动有为政府与有效市场的更好结合，实现了经济与社会协调发展。

第三，绿色是永续发展的必要条件和人民对美好生活追求的重要体现，注重的是解决人与自然和谐共生问题。

佛山规划先行，推进绿色发展，产城融合。以三龙湾建设规划为例，作为高质量发展的"试验田"，三龙湾已诞生一个产城融合的成功案例：三山新城。过去十年间，经过大力引入高精尖产业，同步建设宜居宜业的生态之城，三山新城板块面貌天翻地覆。三龙湾还有一匹超级黑马，打造世界顶尖的产城融合样本，它就是——中国机器人谷。中国机器人谷将成为中国智能机器人最新技术的发源地，推动中国智能制造产业的发展，成为我国高精尖技术行业的领头羊。可以看到，三山新城、中国机器人谷，高楼林立又绿树成荫，宜居宜业的环境吸引了高端人才落户佛山、建设佛山。

绿色发展，佛山的企业、社会、市民在行动。佛山本土品牌蒙娜丽莎瓷砖坚持自主创新，通过改造生产线，增加环保设施，不断引进先进的窑炉节能系统、无尘化抛光设备、废水循环系统等系列减排设施，为蒙娜丽莎的绿色制造奠定了坚实的基础。与杭州亚运会"绿色、智能、节俭、文明"的办会理念相契合,成为杭州第 19 届亚运官方独家指定供应商。再比如,顺德区提出"以水美城、以水兴城"战略,党员干部带头,组建护水先锋队、志愿队,积极探索共治共享的河涌治理新模式,对周边的环境进行系统治理和长效监管,辅以宣传教育、组织培育、参事议事等方式,取得了良好的效果。

第四,开放是国家繁荣发展的必由之路,注重的是解决发展内外联动问题。

佛山三龙湾高端创新集聚区,发挥禅城、南海、顺德"强强联合"的合力,不仅瞄准国家、省重大战略需求,坚守以先进制造业为主体的实体经济,强化科技创新和制度创新,以智能制造为主攻方向,加快集聚国际国内创新资源。而且,佛山三龙湾高端创新集聚区坚持开放合作、互利共赢。一是立足广佛十年同城发展良好基础,积极探索"制度共建、要素共享"的发展模式,携手推动城市功能、生态体系、交通体系、产业布局四个一体化,以广佛都市圈支撑粤港澳大湾区世界级城市群建设,有利于落实广佛极点带动示范要求,推进同城化体制机制创新,为跨行政区域高质量深层次融合发展探路。二是依托 500 余家港澳企业,全面加强与珠三角兄弟城市协调联动发展,融入粤港澳大湾区建设的国家战略,有利于在"一国两制"框架下探索粤港澳合作体制机制创新,推动粤港澳高端服务与民生领域合作,为内地与港澳更紧密合作提供案例。三是坚持对内对外开放并举,发挥中德工业服务区、中德工业城市联盟的基础,一批对接德国工业 4.0 的重大产业与科技项目陆续落地,以德国为重点拓展与欧美发达国家合作领域,融入"一带一路"国际合作,形成多层次全方位开放新格局。

第五,共享是中国特色社会主义的本质要求,注重的是解决社会公平正义问题。

人间烟火味,最动凡人心。佛山党委政府始终把老百姓的身边事、烦心事,当作自己的心头事。推出了"十项民心工程"。比如,养育成本减负工程、基础教育提升工程、居民收入提升工程、暖心安居工程,对接我们青年大学生关心的就业、购房、结婚生子、家庭教育等现实期待,将极大提升我们青年大学生的获得感和幸福感,鼓励更多的年轻人落户和建设佛山。

（五）结合佛山的城市发展蓝图，勾勒贯彻新发展理念的光明前景

佛山第十三次党代会指出，新时代，新征程，站上 GDP 超过万亿元起点再出发的佛山，最广共识、最重任务、最急议程就是：坚定不移贯彻新发展理念，塑造佛山发展新形态，奋力争当地级市高质量发展领头羊，意气风发向着第二个百年奋斗目标大踏步前进。

坚定不移贯彻新发展理念，有利于塑造佛山发展新形态，塑造一个经济实力更加强大的新佛山，创新生态更加优良的新佛山，城市形象更加现代的新佛山，文明素养更加厚实的新佛山，生活品质更加美好的新佛山，治理效能更加彰显的新佛山。

当我们实现"515"战略目标，五个方面发展向高质量快速跃升、十五项重点工作成为领头羊时，定会展现一个不一样的佛山。

推而广之，从国家层面而言，如今我们迈向了全面建设社会主义现代化国家新征程。贯彻新发展理念，实现高质量发展，有利于中国经济的"二次变轨"，超越"中等收入陷阱"，朝着社会主义现代化强国的第二个百年奋斗目标前进。

（六）课后总结和学生探究

任课教师进行课后问卷调查，选取 2 个（组）班级（宏大叙事式的理论教学、引入地方素材展开教学）展开对比测评，测评授课效果。教师还可在实验班级中收集学生对援引佛山经济社会发展案例素材讲解思想政治理论课内容的评价、收获、意见和建议，不断丰富和完善教学内容与方法。师生共同探究，教学相长，不断提升教学实效。

与此同时，任课教师鼓励学生展开课后探究。鼓励学生在参观走访和资料查阅中，能够整理总结相关案例，在第二课堂等途径加以展示，或者拍摄成微课小视频进行网络展示。感兴趣的同学还可以结合"三下乡"活动，围绕"佛山产业转型升级之路与未来展望""佛山制造融入粤港澳大湾区建设的机遇与举措""佛山民心工程的配套措施与实践路径"等专题，从地方性视角切入、基于实证调研，提出对策建议。

第七章

丰富网络生活空间，增强教学载体亲和力和针对性

引导网络生活空间，推进网络思政教育，实现常态长效学习，能够增强地方高校思政课教学载体的亲和力和针对性。网络信息时代，依托"学习强国"学习平台常态化网络学习，恰逢其时，非常必要。依托超星学习通等平台建设网络思政课程，推动线上线下混合式教学，是思政课改革创新的重要方面。

第一节 善用"学习强国"学习平台资源推进思政课教学创新

习近平总书记在全国高校思想政治工作会议上强调："要运用新媒体新技术使工作活起来，推动思想政治教育工作传统优势同信息技术高度融合，增强时代感和吸引力。"[①] "学习强国"学习平台是立足党内、面向社会开展网络思想政治教育的重要创新载体，融中央、省、市、"强国号"各级平台于一体，集权威资源优势和地方特色资源优势于一身。网络信息时代，依托"学习强国"学习平台推进多样化、自主化、便捷化的思想政治学习，潜移默化提升学习者的思想觉悟、理论水平、文明素养、科学思维，恰逢其时，非常必要。

一、依托全国学习平台的权威资源优势，增强思政课教学思想性和理论性

思政课教师要利用"学习强国"全国学习平台的权威资源优势，增强思

---

① 习近平.论党的宣传思想工作 [M].北京：中央文献出版社，2020:278.

政课教学思想性、学理性、价值性、知识性、批判性。

主平台以强化政治引导、实现价值引领、创新学习形式为目标，以学习贯彻习近平新时代中国特色社会主义思想为核心内容，设置"二十大时间""习近平文汇""学习理论""红色中国"等板块，开设"重要新闻""学习时评""综合新闻""中宣部发布""经济""县级融媒""新闻发布厅""强国征文""实播平台""身边的感动"等栏目 ①。

思政课堂中用好主平台的权威资源，就是要援引情境再现的讲话实录和最新最快的时政要闻来丰富理论教学内容，摘录深入浅出的理论解读和简洁明快的史论时评来诠释思想体系，采用简洁明快的视听影像、绚丽多姿的鲜活图片、直观丰富的图表数据来创新课堂教学形式，活用意蕴深远的典故名言和真实可感的人物故事来创新教学话语体系。

地处意识形态斗争前沿的高等学校，思政课教学既要正面传导主流意识形态，也要善于答疑解惑，直面和批判"普世价值""历史虚无主义"等错误思潮。学习平台中理论文章的剖析和批判，更加权威、全面、系统和精准，有助于思政课教师更好掌握批判的武器，引导学生辩证看待社会现象，理性分析现实问题，辨明大是大非，悟透思想真理。此外，思政课教师要积极引导学生在课外常态化阅读主平台的权威资源，在学理论、听故事、讲历史、观察时代中进行深度学习，从中提高政治觉悟、增强理论修养、提升思想境界、激励使命担当。

二、挖掘地方学习平台的特色资源优势，增强思政课教学亲和力和针对性

思政课教师要挖掘地方学习平台的特色资源优势，打造多样性、针对性、生动性的思政课堂，增强思政课教学亲和力和针对性。

省级平台、市级平台、县级融媒、"强国号"等各级平台，会围绕"践行新思想"的核心主题而打造地方特色频道。以广东学习平台为例，开设了"新

---

① 网络学习平台会不定期更新改版，对一些板块和栏目的题目和内容进行调整（当然，其功能定位和主体内容保持连贯性）。本处以2023年6月在线内容为例加以说明。

思想在广东""高质量发展""大湾区建设""制造业当家""县域振兴""绿美广东""岭南文化""活力广东""美好生活""理论园地""党史党建"等板块，将习近平新时代中国特色社会主义思想指导广东一切工作和习近平总书记视察广东重要讲话和指示批示精神为核心，将岭南文化、广东革命文化、广东现代化建设、广东先行示范经验与理论创新等作为广东平台建设的特色内容，既保持了与主平台主题主旨的一致性，又彰显了新思想在广东的地方实践与特色创新，勾勒了中国共产党在广东的光辉历程。

基于地方应用型本科高校学生的思维特点和接受规律，思政课教师把地方特色资源融入教育教学之中，就是要有针对性地调动学生对所在省市的关注度，用活"接地气"的地方素材和"有烟火味"的生活叙事，阐明思想理论对地方实践的有力指导及其创造性运用，实现在"故事"中讲好"道理"的效果。

一方面，广东学习平台本身的稿件报送和审核机制，保证了关于广东地方素材的严肃性、准确性，不仅极大便利了思政课教师对地方素材的获取渠道，也保证了援引地方特色资源融入思政课教学的政治性和理论性。援引平台中的地方特色资源，能够让学生真切感受包括岭南文化在内的中华优秀传统文化的悠久历史，身临其境地倾听广东革命、建设、改革的奋进故事，体会广东发展成就和人民幸福生活的来之不易，从而增强感党恩、听党话、跟党走的情感共鸣，增强身为广东学子和中国公民的自豪感和归属感。

另一方面，能够让学生感受到习近平总书记的高瞻远瞩和殷殷嘱托，理解习近平新时代中国特色社会主义思想以及习近平总书记视察广东重要讲话和指示批示精神对广东抢抓机遇、化解风险挑战、推进实践创造、取得改革成效的巨大指导作用，能够让学生了解地方经济社会发展动态、时代机遇与未来前景，感悟思想理论源于生活、贴近实际、指导实践、解决问题的特点与功能，从而在理解思政课的价值功用中增强学生的学习动力。

此外，还能够让学生了解改革先行、走在全国前列、做先行示范的广东经验，激发学生的探索精神和创新思维，培养脚踏实地、攻坚克难的品质，增强热爱家乡、服务广东、投身民族复兴伟业的斗志和信心。

三、彰显网络学习平台的线上教育优势，增强思政课教学互动性和渗透性

网络思政教育要坚持主导性与主体性相统一，在提升大学生学习自主性中增强思政课教学的互动性。"学习强国"学习平台的重要特点是信息经过了严格的审核、过滤和精选，同时又坚持以学习者为中心，根据学习者兴趣和浏览记录进行精准信息推送，支持订阅不同平台和不同类型资讯，满足短时间阅读和短视频观看的需要，鼓励学生参与各种类型的答题活动和挑战赛，具备发表观点、参与征文、建立群聊、分享链接等互动功能。平台契合了互联网时代成长起来的大学生思维特点和使用习惯，有效实现了思想政治教育从课堂向课外和网络延伸的目标，达成了在推送学习、常态学习、游戏学习、互动学习、自律学习中进行思想引领的良好效果。

网络思政教育还要坚持显性教育与隐性教育相统一。平台设置了"县级融媒""身边的感动""实播中国""教育与培训""技能中国""健康中国""美丽中国""镜头里的中国"等板块，结合大学生文体娱乐、身心健康、旅游观光、摄影直播、志愿服务等兴趣爱好，贴近大学生日常学习、校园生活、教育培训、技能提升、升学就业、社会实践、就业创业，有利于激励大学生持续使用"学习强国"PC端和手机客户端。在这些板块和栏目融入思想政治教育元素，让学生在感受祖国大好河山中增强民族自豪感，在红色旅游、爱国主义教育基地参观打卡中坚定理想信念，在欣赏文艺作品中增强文化自信，在身边好人榜样激励下涵养人格修养，较好实现了润物细无声的隐性思想政治教育。

四、努力推进思政课线上线下有机融合，实现理论性和实践性的有机统一

当前，一些地方高校在学习平台中开设了"强国号"，使理论研讨、校园文化、社会调研、志愿服务等学生活动得以报道，"挑战杯"等学生获奖作品得以展示。这一做法有效调动了学生对"强国号"乃至各级学习平台的关注、

参与、学习、互动的热情。大学生是思维非常活跃的群体，网络学习是主动的思维建构和交互的信息传播过程。平台展示的内容一旦引发他们的情感共鸣和价值认同，就会依托网络互动空间、线下体验空间和日常学习生活场域加以群体传播，在互动交流中相互启发，共同讲述中国故事，弘扬中国精神，阐明思想真理。

另外，同伴在网络平台的活动报道和作品展示，也有助于激发大学生学以致用、自主探究的意识，激励他们在线下社会实践活动中运用理论分析典型案例，剖析社会现象，总结发展成就，提炼实践经验，探索解决问题的可行性方案；有利于激励大学生积极投身创新创业、参与志愿服务、共建美好生活的实际行动，在生产生活实践中实现人生出彩之梦。

第二节　勤用"学习强国"全国平台推进有深度的线上党史学习教育

利用"学习强国"学习平台开展网络学习教育，是推进大学生常态化开展有深度的网络思政学习教育的重要载体。为了探讨的深入，本章剩余两节，以开展党史学习教育为例加以阐述。

2021年开展党史学习教育以来，各级党组织和广大高校师生在遵循党史学习教育的一般规律和特点、在做好集中学习和规定动作的基础上，也积极推进自主学习，探索自选动作，实现了党史学习教育的常态化开展。著者认为，大学生群体具有过硬的政治素质和良好的科学文化素质，只要内容丰富、形式新颖、方法得当，使党史学习教育更具亲和力和针对性，党史学习教育的实效性是可以得到保证的。而从路径选择上说，"学习强国"学习平台是立足党内、面向社会开展网络思想政治教育的重要创新载体。在移动互联网时代，常态化开展线上党史学习教育正当其时、十分必要。

一、发挥权威时政资源的优势，增强党史学习教育内容亲和力

"学习强国"网络学习平台是集权威政治理论知识和海量优质信息资讯于一体的思想政治教育资源库，在思想政治教育中具有学习、育人、鉴别、凝

聚等功能①。我们首先要发挥其内容优势，提升大学生党员思想政治教育实效。以下从三个方面就内容层面展开论述。

一是从内容主题主旨上坚持政治性与学理性相统一，有助于在混合式教学改革中推进党史融入思政课教学。

"学习强国"学习平台以《习近平新时代中国特色社会主义思想学习问答》《论中国共产党历史》《党史动员大会上的讲话》《庆祝中国共产党成立100周年庆祝大会上的讲话》等思想深邃的原文原著为基本遵循。在框架体系上，平台在"学习"板块中专辟"党史"频道，设置"党史故事""党史知识""党史研究""红色映象""中国精神研究""文献纪录片"等栏目，贯穿着从图文影像到分析论说、从讲好人物史事到领悟精神、从理解知识到研究思想、从生动讲述老故事到续写新时代华章的深层用意，无不具有严密的逻辑层次性。并且，平台在"学习"板块中不仅专辟"党史"频道，还在其他频道嵌入党史学习教育的内容，如"人物"中的"'双百'人物""共和国荣光""时代楷模""道德模范""身边的感动"等，既讲述了共产党人创造历史、感天动地的英模故事，也讲述了共产党员在平凡的岗位上无私奉献做出不凡成绩的故事。"理论"中的"党史研究""理论著作导读""思想理论研究""理论与实践"，也是对"党史"频道的有力补充，能够引领大学生把学党史悟思想引向深入。"影视"中的"影视档案"、"军事"中的"学习军史"等，能够让大学生了解更多专题式的党史知识。

平台的框架设计与内容设计，契合大学生具有良好的政治素质和科学文化水平、同时又喜欢求变求新的思维特点。从宏观上看，引导大学生进入"学习强国"学习平台进行自主学习，既有效克服课堂教学时间的限制，极大丰富思政课教学内容，培养学生的自主学习能力和常态化生活化学习习惯，推进混合式教学改革，又能够充分发挥党史以史鉴今、资政育人的作用，有助于落实学史明理、学史增信、学史崇德、学史力行的目标要求，完成学党史、悟思想、办实事、开新局的突出任务，达成以党史为重点的将"四史"融入思政课教学的目的。

---

① 张莉，徐秦法，赖远妮. "学习强国"的思想政治教育功能研究 [J]. 中国高等教育 .2020(Z1)：33—35.

二是在内容设计上坚持价值性与知识性相统一，与在知识传导中进行价值灌输的思政课教学相向而行。

高校思政课教学，是一个由呈现基本知识到宣讲思想理论、从记忆理解到价值引领的教育过程。"学习强国"学习平台"党史"频道下设栏目，包括党史故事、知识、理论研究与精神阐释等的专题内容，与思政课教学内容高度吻合，与由浅及深的教育规律相衔接，与思政课在知识传导中进行价值灌输的方式相一致。

具体而言，在"党史故事"栏目，"习近平总书记讲述的红色故事""永远的丰碑""英雄烈士谱""红色档案故事"等专题，有助于大学生准确理解并讲好红色经典故事。"巾帼心向党——大学生讲述党史故事""建党百年讲好博物馆藏品故事""红色文物·百年百宝"等专题，以记者、大学生、档案讲解员、普通参观者的视角讲述红色故事，实现了政治话语与生活话语的良性互动，宏大叙事与细节呈现的统一，有助于引导大学生在情感共鸣中增强价值认同。在"党史知识"栏目，《习近平新时代中国特色社会主义思想学习问答》《中国共产党简史》《中国共产党百科》及其导读，有助于大学生从整体上把握百年党史的主题主线、主流本质。《中国共产党的"十万个为什么"》和"名师大家讲党史"，以精辟的提问引发思考，以准确的解答串联起百年党史线索，以精彩的讲解诠释百年党史的重点、难点知识，能够满足大学生探究性学习的需要。"党史百年·天天读""每日党史知识答题""党史回眸"等专题，能够强化大学生党史学习教育，达成在日积月累的趣味学习中增进了解与感悟的效果。

而后再提升到"党史研究"和"红色精神研究"层面。在"党史研究"栏目，"党史百年·重要论述"专题，准确并系统梳理习近平总书记关于党史的重要论述，有助于大学生正确认识重大党史事件和重要理论成果；"光辉足迹"专题，有助于大学生从百年党史的视角阐释历次重大历史事件的历史意义；"从创建共产党到成立新中国""红色金融史"等年代史、专门史题材，有助于大学生用党的奋斗历程和伟大成就鼓舞斗志、明确方向；"抉择关头见初心"专题，彰显中国共产党矢志践行初心使命的百年历程，有助于大学生用党的光荣传统和优良作风坚定信念、凝聚力量；"古田会议永放光芒""定都记""革命纪念碑碑文敬读""中国青年坚定跟党走的百年征程及历史必然"等深度解读系列文章，有助于大学生用党的实践创造和历史经验启迪智慧、砥砺品格。而在"中国精神研究"栏目，相关丰富内容充分呈现了中国共产党带领全国各族人民在不同的历史时期、不同的地域行业涌现的近百种伟大精神，充分诠释了中国共产党的伟大建党精神，有助于大学生吸收爱党爱国、担当尽责、勤勉刻苦、拼搏奋斗、团结协作、开拓创新、无私奉献、务实笃行等精神财富，传承党的崇高理想、坚定信念、根本宗旨、优良作风，为迈进新征程、奋进新时代提供不竭精神动力。

三是在内容层次上坚持建设性与批判性相统一，在正向引导与批判辨析中弘扬正确党史观。

高校思政课担负着"传道"与"解惑"的职责，引导大学生阅读"学习强国"的真切历史和理论文章，契合大学生思维活跃、易受不同社会思潮影响的特点，需要激发大学生学思并举、辩证审视、在多元社会思潮中明辨是非的潜能，在常态化的阅读学习中达成坚定国家观、历史观、价值观的效果。

一方面，"学习强国"学习平台对线上党史学习教育的鲜明主题和内容设计，充分做到了在历史长河、时代大潮、全球风云中分析演变机理、探究历史规律，提出相应的战略策略，做到了"准确把握党的历史发展的主题主线、主流本质，正确认识和科学评价党史上的重大事件、重要会议、重要人物"[①]，有利于正面引导大学生树立大历史观，形成正确党史观。另一方面，互联网日益成为新的舆论传播场域，也是意识形态斗争的主阵地和最前沿。以所谓西方"普世价值"丑化历史，以碎片化史实甚至虚构史实重新编造历史，恶意诋毁英雄人物，尽管在互联网上日益遭到抵制，但历史虚无主义的声音还是时有流传。"学习强国"学习平台有意识地在勾勒历史脉络的同时刻画微观细节，以丰富的人物、故事、文物素材讲述有血有肉的历史，能够引导大学生了解历史的真实、人物的伟大、精神的可贵；有意识发表"树立正确党史观"等理论文章，能够加强思想引导和理论辨析，引导大学生理解党史和社会主义发展史的历史逻辑与理论逻辑，可谓是正本清源、固本培元。

---

① 习近平. 在党史学习教育动员大会上的讲话 [J]. 求是，2021(7)：4—17.

二、推进线下运用和地方延伸，增强党史学习教育形式亲和力

在形式方面，坚持理论性与实践性相统一，有助于大学生理论联系实际、做到知行合一。在线下援引更加丰富的资源开展党史学习教育，其前提是选材合适，评论中肯，引导得当，尤其是地方红色资源的内容、发展脉络、全国性意义和影响必须准确。在缺乏"学习强国"学习平台的过去，如果思政工作者理论功底不够，研究不深，容易出现偏差。而如今，"学习强国"各级学习平台，在各级宣传部门的监管下建立了层层把关审核制度，这为开展党史学习教育提供了便利，从保证学习教育内容的权威性上说更有运用的必要性。

具体来说，将"学习强国"线上平台的鲜活素材尤其是喜闻乐见的地方素材应用在组织生活、理论宣讲、专题讲座、课堂教学等学习场合，能够拉近学习内容与日常生活的距离，保证党史学习教育选材严肃又不失活泼。将线上专题应用于组织党史知识竞赛、新思想学习问答、联系地方实践的主题演讲、地方红色文化普及等活动，保证党史学习教育活动题材严谨又不失趣味。选取线上视频在外出参观交流、志愿服务、社会调研中播放，后期也可将图文报道、剪辑视频择优录入"强国号"和地方平台中，可以提升大学生的学习实践热情。大学生铭记初心的党史故事，能够坚定坚持以人民为中心的价值追求，积极投身"我为群众办实事"实践活动，以更大的热情开展"三下乡""返家乡"、团员向社区（村）报到等社会实践和志愿服务。大学生在把握历史发展进程中明晰当今时代的历史方位，能够不断提高大学生把握新发展阶段、贯彻新发展理念、构建新发展格局的战略智慧与思维能力，进而在地方社会政治生活中思索学以致用、知行合一的具体路径，将党史学习教育落到实处，不负重托，不辱使命，砥砺前行，做出实绩。

坚持统一性与多样性相统一，有助于大学生在地方素材学习与丰富呈现方式中增强学习兴趣。"学习强国"中央平台是推进线上党史学习教育的主渠道、主阵地，非常注重内容的可读性。与此同时，在省市平台、县级融媒层面，地方红色资源、仁人志士、百姓心声、发展成就、实践探索、经验总结，则

能够打造成为地方宣传阵地、理论高地、文化园地。而从两者的良性互动来看，地方平台从地方视角切入而不断推出优秀党史作品，保证了作品具有地方特色又不失全局视野和中心主题，逐级遴选至中央平台之中，也能拓宽中央平台的资料来源渠道。

引导大学生关注多级平台尤其是所在省市平台的丰富内容，有助于向大学生呈现更为亲切可感的地方素材，更大程度激发学生的党史学习兴趣；能够深化大学生对所在省市的认识，激发爱乡爱国热情，形成情感共鸣；能够拉近百年党史、思想理论与自身生活环境的距离，调动生活经验加强体验式理解，增强学习内容的悦纳度。更为重要的是，讲述地方党史人物、故事、案例之时以小见大，能够引导大学生恰如其分理解其全国性影响、经验和意义。在建立地方红色资源库之后推送整体分析的理论文章与视听资源，能够引导大学生梳理其中的历史脉络，并将区域发展史汇入中国现当代史的知识框架。

此外，平台不仅注重内容的多样性，还注重内容呈现上的多样性。学习强国 App 为用户提供了海量共享的图文、音频、视频学习资源，确保学习的多样化、个性化、智能化与便捷化。[①] 而具体的党史学习教育领域，则能够极大提升大学生党史学习教育的生动性与趣味性。平台在"百灵"板块中开设"党史"，在"电视台"板块中开设"看党史"，增加了"党史"的视频、音频节目呈现等模式。平台在"党史"频道，采用最新最快的学习要闻、情境再现的党史故事、内容丰富的党史知识、简洁明快的史论时评、深入浅出的理论文章、切近生活的采访纪实为主体内容，嵌入意蕴深远的典故名言、弥足珍贵的红色文物、简洁明快的视听影像、绚丽多姿的鲜活图片、直观丰富的图表数据，具有极强的可读性和说服力。

三、借助网络交互学习的优势，增强党史学习教育方法亲和力

在方法方面，一是坚持主导性与主体性相统一，保障线上党史学习教育的持久运行。"学习强国"学习平台由中宣部主管，由各级宣传部门、党政机

---

① 叶婷. 基于"学习强国"App 的高校思政课教学创新 [J]. 学校党建与思想教育. 2019(14)：43—45.

关、媒体、学校等主导建设、协同建设，保证了党史学习教育的正确政治方向和崇高价值目标，而且取材丰富、资料可信、视角立体、更新及时、传播迅速，构成了权威、全面、立体的党史资源库。与此同时，"学习强国"学习平台以学习者为中心，强化泛在学习、体验学习、互动学习、自律学习、游戏学习和推荐学习[①]，初步具备了基于主体参与的互动功能——具有订阅、推荐、消息通知功能，在大数据技术支撑下能根据用户学习兴趣和习惯进行阅读推送；具有征集（如"Ta 改变了我"主题征文、"党史知识题目专项征集活动"，或者珍藏图片、短视频的征集）功能，可以调动参与热情；具备发表观点、搜索、分享功能，可以主动获取、分享、反馈信息；具备建群功能，可以实现工作协同、通知发布、群内互动，提升党史学习教育的工作部署效率。引导大学生进入"学习强国"学习平台学习，满足了大学生在移动互联网时代交互式学习、碎片化学习的需要，同时又重视知识整合与价值引领，促进大学生形成宏观整体、系统全面的视野。

二是坚持灌输性与启发性相统一，激发线上党史学习教育的钻研精神。党史学习教育是自上而下开展的、贯穿 2021 年整年的重要政治活动，也是高校党团组织和广大学生需要认真贯彻落实的重要政治任务。它离不开进行正面系统的理论传授，用党的光辉历史和思想理论武装头脑。但是，党史学习教育中的灌输，不是"填鸭式"的硬灌输，而应当是启发式的软灌输。"学习强国"学习平台的"党史故事""党史知识"内容，用严肃而不失活泼的形式调动学习者的学习兴趣，用感人肺腑的红色故事激发情感共鸣，并促使大学生举一反三，积极发现身边党史资源，讲好身边红色故事、传承红色精神、牢记初心使命。而前述"党史研究"栏目下设的若干专题，更是尊重学习者的主体地位，有助于引导大学生用党的实践创造和历史经验启迪智慧、砥砺品格，在认清历史规律中迈向全面建设社会主义现代化国家新征程，有助于激发大学生自主学习和深入探究的意识，积极参与"挑战杯"等研究型比赛，在一定理论高度下生动挖掘和诠释地方红色故事、总结提炼地方红色精神。

---

① 刘和海，等. 自主学习何以可能"学习强国"启示下的平台学习之策 [J]. 电化教育研究 . 2021 (4)：61—67.

三是坚持显性教育与隐形教育相统一，拓宽线上党史学习教育的多元路径。平台提供的实用课程、技能课堂，贯彻"课程思政"的理念，在潜移默化中实现铸魂育人的效果。"快闪"中的"历史瞬间"、"旅游"中的"红色旅游"、"实播中国"中的爱国主义教育基地实地走访，实现了日常生活维度的思想政治教育功能。"青春中国"中的"学史"、"农民丰收"中的"中央 1 号文件"，区分青年党员、农村党员等不同群体的学习偏好，增强了传播针对性实效性。平台提供的政务服务和实用资讯，能够使大学生在享受便捷服务中增强获得感和幸福感。手机阅读的便利性、常态化学习机制，能够培养大学生良好的学习习惯，在移动互联网时代下更好获取有效有益信息，汲取党史的丰厚精神食粮，立志建功新时代。此外，平台采用每日答题、专项答题手段检验学习效果，采用挑战答题、四人赛、双人对战激励学习。尝试将平台学习的年度积分纳入党员、学生的考核指标，探索学习积分在线下兑换学习礼物的形式，能够激励大学生的自主学习行为。

忆往昔峥嵘岁月，看今朝逐梦同行。拓网络教育渠道，强铸魂育人工程。在移动互联网时代，开展线上党史学习教育活动正当其时、十分必要。发挥"学习强国"学习平台的权威内容优势、特色资源优势、网络思想政治教育优势，丰富线上党史学习教育的内容与形式，并推进线上线下协同，能够更好增强大学生党史学习教育的亲和力，提升党史学习教育的针对性和实效性。

第三节 活用"学习强国"地方平台开展接地气的线上党史学习教育

"学习强国"学习平台是推动建设马克思主义学习型政党和学习型社会而建设的融媒体平台。"学习强国"学习平台由中央宣传部主管，各级宣传部门、新闻媒体、企事业单位协同建设，融中央、省区、市、"强国号"各级平台和媒体于一体。作为地方平台，既要利用好网络思想政治教育的普遍优势，也要善于挖掘地方特色资源优势，还要回归全局视野和中心主题，从而实现错位发展、特色发展、协同发展。本书以广东学习平台"党史学习教育"内容建设及其在青年学生群体的教育运用为例，探索运用"学习强国"地方平台增强线上党史学习教育亲和力的思路。

一、获取地方党史素材，在生动叙事中激发共鸣和认同

线上党史学习教育，首先要善于挖掘地方红色旧址、英雄人物、党史故事等红色资源，用亲切可感的地方素材激发青年学生了解所在省区市的兴趣，从青年学生知、情、意的维度调动其主动性和积极性，在爱乡进而爱党爱国的思维结构中增进理解认同。

（一）瞻仰地方红色旧址，构筑理解情境

线上党史学习教育要找准立足点，构筑积极主动学习、易于直观理解的情境。中央部委公布的第一批、第二批革命文物保护利用片区分县名单，分别涉及 20 个省区、110 个市、645 个县和 31 个省区、228 个市、988 个县，足见中国共产党带领全国各族人民的革命历程之漫长艰辛。鉴于此，各省区、各市（县）完全可以因地制宜，用好用足红色资源，不仅在线下组织走近红色旧址，也要善用"学习强国"地方学习平台，利用虚拟仿真技术等推进线上党史场馆建设，通过新闻采写等多种手段在网络上宣传报道红色场馆。

以广东为例，其在 2021 年开展党史学习教育之初就推出"粤学党史·粤爱党——打卡广东红"小程序，提供云游展馆、党史精读、预约参观等多种功能和服务。"学习强国"广东学习平台当时不仅将这些资源引入其中，也开设了"南粤红色印记"专题和"（广东）红色文物故事"专题，介绍全省各地的红色旧址和红色文物。2022 年党史学习教育常态化开展后，平台也继续在"红色广东"栏目中更新内容，继续报道各地建设和用好红色纪念墙、展览馆、作品展的情况，将阅读者带入参观情境之中。

思政课教师布置青年学生在课外学习如上专题内容，在课堂教学中引用如上内容，能够引导青年学生身临其境走入中共三大会址纪念馆、毛泽东同志主办农民运动讲习所旧址纪念馆、黄埔军校旧址纪念馆、广东省立宣讲员养成所遗址、杨家祠、中国共产党广东区委员会旧址、叶挺纪念馆、广州起义纪念馆等重要革命旧址。追求真理的热烈讨论、忧国忧民的奋笔疾书、白色恐怖下的地下工作、宣传人才的教育培训、工人罢工的指挥联络、重要会

议的组织筹备、官兵团结的红色武装、视死如归的壮烈场景等，能够透过文字、图片、视频深深扎入青年学生的脑海中，在重回历史现场中激发其学习兴趣和学习热情。平台还讲述榨油坊里藏着的兵工厂、作为省港秘密大营救中转站的旅店、打响南路革命西征第一枪的风朗村等细小历史场景，走访团一大广场志愿驿站、广州 623 路、海丰县空心村焕"红"颜等贴近日常生活的场景。引导学生去学习和关注这些微观历史场景，则能够增强其党史学习教育的真实感、真切感，培养主动捕获党史素材的意识和能力。

（二）追忆地方英雄人物，激发情感共鸣

建党百年来，无论是革命、建设、改革各个历史时期，还是中国特色社会主义新时代，全国各地都涌现出一大批优秀共产党员，他们前赴后继、无私奉献、顽强拼搏，矢志不渝为实现人民幸福和民族复兴奋斗终身。中国共产党人的初心和使命，并不是抽象的，而是具体的，是作为榜样的力量在具体的历史长河中流传着的，并在具体的生活世界中影响着一代代人。

作为民主革命策源地、改革开放先行地的广东，涌现出一大批不忘初心、牢记使命的英雄人物。在新民主主义革命时期，华南地区最早系统介绍马克思主义、曾有"北李南杨"之说的杨匏安，出身大地主家庭却主动烧毁田契、建立中国第一个农村苏维埃政权的彭湃，广州起义总指挥、"愿化作震碎旧世界惊雷"的张太雷，人民解放军的创建者之一叶挺，广东青年运动的先驱、大革命时期著名的农民运动领袖阮啸仙，中国工人运动的先驱和著名领袖苏兆征，"刑场上的婚礼"主人公陈铁军和周文雍，创作《黄河大合唱》的著名音乐家冼星海，他们追求真理、保守秘密、坚贞不屈、舍生取义，为国家独立、人民解放作出了卓越贡献。在社会主义革命和建设时期，舍身救火的巾帼豪杰向秀丽、"钢铁战士"麦贤得、新中国第一个世界冠军获得者容国团，也无不为社会主义建设事业奉献了全部心血。改革开放以来，广东改革开放的主要开创者和重要奠基人习仲勋等领导人，以及钟南山、何享健、袁庚、胡小燕、禹国刚等"改革先锋"称号获得者，在广东大地锐意改革，为实现国家富强、人民小康作出了贡献。

基于此，"学习强国"广东学习平台不仅在"岭南人物"频道下设"南粤

先贤"，嵌入不少红色元素，在"县级融媒"频道开设"基层人物"专题，还专门在"庆祝建党百年·党史学习教育"频道专辟"广东党史人物"专题，在"红色广东"专题中讲述广东党史人物，更是在"微党课"专题邀请优秀共产党员授课，讲述发生在他们身上或者身边的感人事迹。

因此，在党史学习教育中重温百年初心，其重要方式就是追忆耳熟能详的英模人物，在情感共鸣中达到价值认同的目的。鉴于全国各地都有丰富的党史人物故事，思政课教师引导青年学生在网络平台学习中搜索和关注当地的红色人物，关注亲历者自述、后人讲述、红色演讲、纪录片等文字或视频资源，感受当地革命建设中涌现的优秀共产党员的理想信念、精神品格、道德情操、优良作风，往往能够让当地学生亲切感受红色人物，为家乡曾经出过这些英雄人物而感到自豪。如此，能更加触动学生灵魂，潜移默化使学生得到红色文化的精神洗礼。

（三）梳理地方党史脉络，增进理性认同

红色故事，依托于对红色旧址的保护与英雄人物的传颂，使之存在于丰富的理论叙事之中。在 2021 年开展党史学习教育之初，广东省委党史研究室指导推出"百年初心 南粤印记"展览进公园，广东广播电视台制作推出"红色热土 百年初心——广东红色故事汇"，羊城晚报社推出"初心粤迹——中共广东百年史话"专题。"学习强国"广东学习平台对如上报道有所推送，同时也专门开设"广东党史故事"专题，使"红色广东"品牌在移动互联网时代日益彰显。

思政课教师引导青年学生在课外通过网络手段学习地方红色故事，一方面要引导学生了解具体的历史事件、人物事迹，准确理解其发生背景、具体过程和经验教训；另一方面又要注重从全国视野评述广东党史的全国性意义和影响，例如，讲述第一代产业工人诞生地、近代革命思潮传播较早地区、继北京和上海后最早的六个地方党组织之一建立地等对中国共产党建立的意义；讲述被称为"中国的巴黎公社"的广州起义，其与南昌起义、秋收起义一起开创中国共产党独立领导革命战争和人民军队的新纪元的故事；讲述毛泽东于 1961 年在广州主持召开中央工作会议，全党兴起调查研究之风的故事；

讲述习仲勋同志代表广东省委向中央请求"放权"，广东启动改革开放"先走一步"，肩负起为全国探路的历史责任的故事。

放眼全国，从石库门到南湖，从井冈山、遵义、延安到西柏坡，从大寨、大庆、红旗渠、兰考到深圳、浦东，从两弹一星、载人航天到抗洪、抗震救灾、抗疫，全国各地、各行各业都有立足自身实际讲述党史故事的丰富素材。地方视角和宏观视野的交织，能够引导学生以小见大、举一反三、融会贯通，将区域性的党的奋斗历程汇入整个百年中国共产党党史的知识框架，才能使党史故事的两个层面相得益彰，使党史脉络清晰又有血有肉，在宏大叙事中不失具体真实，增强党史叙事内容的悦纳度。

二、探究地方红色文化，在历史传承中汲取智慧和力量

在了解党史中的人、事、物和历程脉络的基础上，党史学习教育还要提升到对实践经验、精神谱系、理论创新的思想高度加以宏观把握，在理解百年党史主题主线中领悟思想。

（一）贯彻重要指示批示，感悟思想伟力

"广东不仅是马克思主义中国化最初成果的诞生地，而且为中国特色社会主义理论体系的形成提供了重要的实践素养和宝贵经验。""学习强国"广东学习平台的"红色广东"历史叙事，分析了杨匏安介绍传播马克思主义、彭湃结合乡村特点推进马克思主义大众化的历史贡献，讲述了《毛泽东选集》开篇之作《中国社会各阶级分析》关于中国革命的理论与道路问题的丰富内涵与思想根源。广东是中国特色社会主义现代化建设的理论沃土，回应改革前沿实践的"南方谈话"，使邓小平理论走向成熟；江泽民同志视察广东，首次提出"三个代表"重要思想；胡锦涛同志勉励广东"加快发展、率先发展、协调发展""坚持全面的发展观"，成为"科学发展观"的重要源头。更重要的是，"学习强国"广东学习平台专门开设"新思想在广东"频道，深入阐发习近平总书记四次视察广东、多次对广东工作做出指示批示。

思政课教师在课堂上要引导学生关注中央领导对各地的重要指示批示精神，关注各地在推进马克思主义中国化的艰辛探索，在网络学习环节则是要

引导学生进行深度学习，阅读省委省政府的贯彻落实方案和权威专家学者的深度理论文章。这既能够让学生感受到地方实践和理论创新对推进党的思想理论创新的独特贡献，也能够看到党的思想理论对全国和各地的革命、建设和改革实践具有巨大的指导意义，真切理解今天的美好生活来之不易，从而打通思想理论与鲜活实践、生活变迁的理解通道。用好各地的实践和理论创新探索素材，能够让较为抽象的思想理论更"接地气"，提升党史学习教育的亲和力和针对性，并激发有兴趣的学生以此为突破口尝试进行理论研究，参与挑战杯"红色专项"等赛会。

（二）承续地方优良传统，凝聚精神力量

作为经济社会发展走在全国前列的广东，社会氛围总体上积极向上、开拓创新，但也有一些青年学生思想上懒散懈怠、麻痹大意，生活上满足于现状、贪图安逸享乐。基于此，"学习强国"广东学习平台注重在广东百年党史叙事中呈现地方精神传统，鲜活呈现优秀共产党人不畏强敌、不惧风险、敢于斗争、勇于胜利的风骨和品质，深入剖析解放思想、实事求是、敢闯敢试、勇于创新、互利合作、命运与共的改革开放精神，大力弘扬"敢为人先、务实进取、开放兼容、敬业奉献"的广东人精神。思政课教师引导学生在网络上深度学习广东精神传统，将有利于广东青年学生克服精神懈怠的思想倾向，传承红色广东精神，激发开拓创新的斗志，为全面深化改革、推进"双区"建设贡献青春力量。

纵览百年党史，中国共产党带领全国各族人民在不同的历史时期、不同的地域行业都涌现了近百种伟大精神。这些具体精神往往都蕴含着爱党爱国、担当尽责、勤勉刻苦、拼搏奋斗、团结协作、开拓创新、无私奉献、务实笃行等精神基因。思政课教师引导学生学习百年党史精神，突破口就是从承续地方优良传统中认识中国共产党人的精神谱系，从中吸收精神养料，引导青年学生发扬党的崇高理想、坚定信念、根本宗旨、优良作风，为奋进新征程、建功新时代提供不竭精神动力。

（三）总结地方实践经验，增强智慧能力

广东不仅第一次开创了城乡配合、工农联合举行武装起义的先例，第一次公开打出"工农红军"的旗号，建立第一个专门纪律检查的地方党组织，为新民主主义革命的胜利积累了宝贵经验。广东在侨务政策、知识分子政策、农村生产责任制的艰辛探索，为社会主义建设提供了经验①。广东在改革开放、建立完善社会主义市场经济体制、构建高质量发展体制机制、推进社会治理创新等方面及其具体的诸多领域，继续为新时代中国特色社会主义道路探路。

鉴于此，"学习强国"广东学习平台不仅在红色故事叙事中总结历史经验，更是在"新思想在广东"频道开设"学思践悟"专题，在"粤论粤明"频道开设"权威访谈""智库报告""南方时论""珠江观澜"等专题总结历史经验。这些探讨既有宏观探讨，总结党的领导、维护中央权威、坚持马克思主义、人民为中心、中国特色社会主义道路、实事求是推进改革创新、用于自我革命等宝贵经验，更多的文章则是非常"接地气"，紧扣各地市的具体实际、各行各业的具体情况又面向时代发展趋势，叙述解决新问题的探索历程，总结其中的宝贵经验。例如，可持续发展的先行示范经验、国家高新区高质量发展新标杆、"一带一路"枢纽城市的广州样本、协商民主建设的"深圳样板"、课后服务先行一步、广州建设全国市域社会治理现代化示范城市等，读来深受启发。

拓展来看，我国幅员辽阔，经济社会发展仍不平衡。在中央的统一部署下因地制宜进行地方探索，是实现地方经济社会持续发展并为国家决策提供试点经验的重要路径，也是党领导中国特色社会主义现代化建设的宝贵经验。思政课教师既要在课堂教学中引导学生深刻认识我国国情、历史文化传统、经济社会发展水平决定了我们的治理方式有着中国特色，也要通过课外网络学习的辅助手段，推送相关的专题报道和深度总结文章，让学生看到结合当地实际、注重当地工作的连续性、发挥地方的积极性和创造性的宝贵探索的

---

① 中共广东省委党史研究室理论学习中心组. 中国共产党在广东100年的光辉实践[N]. 南方日报. 2021—3—15(A12).

重要性，增强学生总结凝练中国特色、地方特点的成功经验的意识，不断提高青年学生应对风险挑战和解决实际问题的能力。

三、把握地方发展大势，在开创新局中坚定信念和意志

习近平总书记强调："要把学习党史同总结经验、观照现实、推动工作结合起来，把学习成效转化为工作动力和成效，防止学习和工作'两张皮'。"①学习百年党史，不仅要追本溯源，坚守初心，感悟思想，汲取经验智慧和精神力量，更要继往开来，学以致用，践行思想理论，批判错误思潮，抓党建、办实事、开新局。

（一）扎实做强地方党建，加强党的领导

学习百年党的建设史，要观照现实，推进新时代党建工作，加强和完善党的领导。鉴于此，"学习强国"广东学习平台在"党史学习教育"频道下开设"广东党建"专题。其中的系列文章介绍了广东党建引领基层治理新模式、党建引领培育文明乡风、互联互通共建共享"党建+N"模式，以高质量党建推进高质量发展，不断加强和改善党的领导的经验做法，介绍了建立基层党建学院、盘活场地开辟党史园地、党员民营企业家宣讲的思想建设创新路径，推进建设基层党组织规范化建设实训中心、建设社区党群服务中心、建立"共产党员店档"巩固基层阵地、依托党建网格办实事的组织建设创新路径。

学习广东党建的经验做法和活动内容，能够让青年学生理解我们党保持"赶考"的清醒，狠抓全面从严治党不放松，提出"抓好党建作为最大的政绩""奋力走好新时代赶考之路"的战略眼光，认识到高质量党建对坚强党的领导、推进地方经济社会发展的重大意义，在实际工作学习生活中认同和拥护党的集中统一领导和全面领导，不断提高政治判断力、政治领悟力、政治执行力，为全面建设社会主义现代化继续走在前列提供坚强的政治保障。

（二）关注地方发展动态，明确目标任务

学习党史，要做到以史鉴今，继往开来，明确历史方位，继续乘势而为。

---

① 习近平. 在党史学习教育动员大会上的讲话 [J]. 求是，2021(07)：4—17.

我们党能够从胜利走向胜利，秘诀在于能够在洞察历史发展规律中把握历史大势，抓住历史机遇，顺势而为、奋发有为。广东改革开放能够走在全国前列，在于广东不断解放思想、实事求是，抓住中央赋予的特殊政策，发挥自身区位优势，顺应时代发展趋势，融入经济全球化浪潮，抓住转瞬即逝的机遇，开拓创新、开放发展。习近平总书记四次视察广东、四次对广东工作做出指示批示，就是习近平总书记从历史长河、时代大潮、全球风云中分析演变机理、探究历史规律，提出相应的战略、策略的生动写照。

联系广东实际学习党史，就是要吸收历史智慧、分析时代发展，按照习近平总书记的讲话和指示批示精神来为广东工作举旗定向，"锚定强国建设、民族复兴目标，围绕高质量发展这个首要任务和构建新发展格局这个战略任务，在全面深化改革、扩大高水平对外开放、提升科技自立自强能力、建设现代化产业体系、促进城乡区域协调发展等方面继续走在全国前列，在推进中国式现代化建设中走在前列"①。为此，"学习强国"广东学习平台专门推出"新思想在广东""改革开放再出发""双区建设"等频道，下设"牢记嘱托""学思践悟""打造新发展格局战略支点""高质量发展""文明创建""社会治理""一流湾区""先行示范区""双城联动""自贸区建设""湾区追梦"等专题，密切呼应习近平总书记的殷切期望，紧扣广东发展趋势和中心工作，能够让党员群众在线上学习中领悟时代发展趋势，凝聚目标共识，明晰广东发展机遇，主动开创广东发展新局。

思政课教师引导学生在日常网络学习中多阅读如上专题内容，就是要引导学生紧密结合习近平总书记的殷切期望，吸收历史智慧，分析时代趋势，凝聚目标共识，坚定发展信心，结合广东实际捕捉时代发展机遇，既在奉献广东发展新局中贡献力量，也在其中实现青春梦想和个人人生价值。

（三）关切地方群众需求，积极办好实事

党的性质宗旨、初心使命、根基血脉、力量源泉，决定了我们必须坚持人民立场、公仆意识和为民情怀。学习党与人民心连心、同呼吸、共命运的

---

① 本报. 坚定不移全面深化改革扩大高水平对外开放 在推进中国式现代化建设中走在前列 [N]. 人民日报, 2023-4-14(01).

百年党史，需要继续牢记新时代共产党人的初心使命，转化为实际行动，与实际工作相结合，解决实际问题。

"学习强国"广东学习平台在"党史学习教育"频道专门推出"我为群众办实事"专题，讲述各地将党史学习教育成果转化为工作动力，形成用心用情干事业的良好氛围；转化为工作实效，推动高质量司法实践、推进政协工作提质增效、统战工作高质量发展、改革发展更多更公平惠及人民群众等工作创新；介绍了各地围绕"我为群众办实事"开展的丰富活动，例如开展"问计于民、问需于民"调研活动、关爱妇女儿童、保障师生出行安全、整治农村人居环境、开展撂荒弃耕地整治、打造"快人一步"营商环境、召开社会组织党组织"三亮三树"工作现场会、开展办好100件民生实事集中行动等。

在网络学习中让学生看到这些具体鲜活的民生实事，能够更加真切地看到新时代奋斗在各条战线的共产党员牢记初心使命、践行全心全意为人民服务的宗旨、始终把人民对美好生活的向往作为奋斗目标、解决群众急难愁盼的现实问题的鲜活案例，有利于增强学生对党的情感认同，始终感党恩，听党话、跟党走。

（四）坚守意识形态阵地，批判错误思潮

以所谓西方"普世价值"丑化历史，以碎片化史实甚至虚构史实重新编造历史，恶意诋毁英雄人物，尽管在互联网上日益遭到多数网民的抵制，但历史虚无主义的声音还是时有流传。广东毗邻港澳，是意识形态斗争的前沿阵地。思政课教师要引导青年学生在网络学习中坚持"建设性与批判性相统一"，既坚持在正确历史观指导下开展学习工作，又要勇于跟错误历史观展开斗争。

"学习强国"广东学习平台的红色广东叙事，注重讲述社会主义革命和建设时期创办"中国第一展"打开对外贸易之门，中央工作会议在穗召开后全党兴起调查研究之风，自力更生建立比较完整的工业和国民经济体系等故事，有利于青年学生辩证全面地看清历史真相，在不回避失误、呈现曲折发展中彰显历史成就，坚定维护党的领导。

"学习强国"广东学习平台彰显广东革命和改革开放的光辉历程、辉煌成

就、经验探索、宝贵精神和理论创新，既避免过度理论化、学术化的晦涩难懂而导致传播效果不佳，也避免庸俗化、娱乐化、碎片化提及党史故事。学习其中的丰富党史素材，一是有利于激发青年学生学习"正史"、摒弃道听途说；二是有利于重回历史现场体认英雄人物的感人事迹和崇高人格精神，从历史发展中理解历史事件和历史人物的重要贡献和伟大价值，从大历史观中宏观把握百年党史的发展脉络，消除历史虚无主义的不良影响；三是有利于更好地以史为鉴、资政育人，凝聚发展共识，传承伟大精神，续写新时代党带领人民启航新征程的壮丽篇章。

参考文献

[1] 毛泽东选集 [M]. 北京：人民出版社，1991.

[2] 邓小平文选 [M]. 北京：人民出版社，1994.

[3] 沈壮海. 思想政治教育有效性研究 [M]. 武汉：武汉大学出版社，2001.

[4] 张耀灿，郑永廷. 现代思想政治教育学 [M]. 北京：人民出版社，2001.

[5] 高德胜. 生活德育论 [M]. 北京：教育科学出版社，2005.

[6] 衣俊卿. 现代化与日常生活批判 [M]. 北京：人民出版社，2005.

[7] 江泽民文选 [M]. 北京：人民出版社，2006.

[8] 吕达，刘立德，邹海燕. 杜威教育文集 [M]. 北京：人民教育出版社，2008.

[9] ［英］本·海默尔. 日常生活与文化理论导论 [M]. 王志宏，译. 北京：商务印书馆，2008.

[10] 杨楹，王福明，蒋海怒. 马克思生活哲学引论 —— 生活世界的哲学审视 [M]. 北京：人民出版社，2008.

[11] 马克思恩格斯文集 [M]. 北京：人民出版社，2009.

[12] 董杰. 思想政治教育情境论 [M]. 武汉：湖北人民出版社，2013.

[13] 吴学琴. 当代中国日常生活维度的意识形态研究 [M]. 北京：人民出版社，2014.

[14] 孙其昂. 思想政治教育现代转型研究 [M]. 北京：学习出版社，2015.

[15] 陈万柏，张耀灿．思想政治教育学原理 [M]．北京：高等教育出版社，2015．

[16] 董宝良，喻本伐，周洪宇．陶行知教育论著选 [M]．北京：人民教育出版社，2015．

[17] 胡锦涛文选 [M]．北京：人民出版社，2016．

[18] 习近平谈治国理政（第二卷）[M]．北京：外文出版社，2017．

[19] 人民日报评论部．习近平讲故事 [M]．北京：人民出版社，2017．

[20] 习近平谈治国理政（第一卷）[M]．北京：外文出版社，2018（第 2 版）．

[21] 人民日报评论部．习近平用典（第一、二辑）[M]．北京：人民日报出版社，2018．

[22] 吴潜涛．思想政治教育教学与研究 [M]．北京：中国人民大学出版社，2018．

[23] 王易．传统文化与思想政治教育创新 [M]．北京：中国人民大学出版社，2018．

[24] 中共中央宣传部．平语近人 —— 习近平总书记用典 [M]．北京：人民出版社，2019．

[25] 冯刚．理直气壮开好思政课 —— 把握新时代思政课建设规律 [M]．北京：人民出版社，2019．

[26] 习近平谈治国理政（第三卷）[M]．北京：外文出版社，2020．

[27] 习近平．论党的宣传思想工作 [M]．北京：中央文献出版社，2020．

[28] 习近平．论中国共产党历史 [M]．北京：中央文献出版社，2021．

[29] 人民日报评论部．习近平讲党史故事 [M]．北京：人民出版社，2021．

[30] 王学俭．新时代思想政治教育基本问题研究 [M]．北京：人民出版社，2021．

[31] 中共中央宣传部．平语近人 —— 习近平喜欢的典故 [M]．北京：人民出版社，2021．

[32] 李腊生．高等教育基本规律视阈下的思政课教学改革与创新 [M]．武汉：武汉大学出版社，2021．

[33] 冯刚，彭庆红，佘双好，白显良．新时代高校思想政治教育学原理 [M]．北京：人民出版社，2021．

[34] 中共中央宣传部．习近平新时代中国特色社会主义思想学习问答 [M]．北京：学习出版社，人民出版社，2021．

[35] 习近平谈治国理政（第四卷）[M]．北京：外文出版社，2022．

[36] 李双印．高校思政课教学改革的思与行 [M]．青岛：中国海洋大学出版社，2022．

[37] 习近平．高举中国特色社会主义伟大旗帜　为全面建设社会主义现代化国家而团结奋斗：在中国共产党第二十次全国代表大会上的报告 [M]．北京：人民出版社，2022．

[38] 中共中央文献编辑委员会．习近平著作选读 [M]．北京：人民出版社，2023．

[39] 蒲清平，高微．新时代高校思政课教学规律研究 [M]．北京：人民出版社，2023．

[40] 刘建军，张智．马克思主义经典作家论思想政治教育 [M]．北京：人民出版社，2023．

[41] 周小李．高校思想政治教育"情商"——亲和力研究 [M]．北京：人民出版社，2023．

[42] 中共中央宣传部．习近平新时代中国特色社会主义思想学习纲要 [M]．北京：学习出版社，人民出版社，2023．

[43] 中共中央党史和文献研究院、中央学习贯彻习近平新时代中国特色社会主义思想主题教育领导小组办公室．习近平新时代中国特色社会主义思想专题摘编 [M]．北京：党建读物出版社，中央文献出版社，2023．

[44] 杜向民．论高校思想政治理论课教育教学生活化 [J]．思想教育研究，2010(06)：30—33．

[45] 孔祥云．组织学生"课前调研"提高教学针对性和实效性 [J]．思想理论教育导刊，2011(02)：71—74．

[46] 刘博．思想政治理论课教学的生活化路径 [J]．教育评论，2011(05)：93—95．

[47] 宇文利. 论马克思主义中国化教育的基本经验 [J]. 马克思主义与现实，2011(05):140—143.

[48] 习近平论中国传统文化 —— 十八大以来重要论述选编 [J]. 党建，2014(03):7—9.

[49] 孙婧. 生活世界：思想政治教育的真实承载 [J]. 东南大学学报（哲学社会科学版），2014(02):27—30+134.

[50] 王学俭，刘珂. 融入日常生活：思想政治教育的微观建构 [J]. 思想教育研究，2015(02):18—22.

[51] 刘世华. 社会思潮激荡下大学生面临的思想问题及思想政治理论课建设的针对性论析 [J]. 思想教育研究，2015(09):49—52.

[52] 邓卫. 推进教学模式改革与创新 提升思政课针对性和实效性 [J]. 中国高等教育，2015(21):18—20.

[53] 纪亚光，刘芳. 增强研究生思想政治理论课教学针对性与实效性的思考 [J]. 思想理论教育导刊，2016(02):116—118.

[54] 郝保权，王艳杰. 思想政治教育回归日常生活的意识形态逻辑 [J]. 理论与改革，2017(01):177—183.

[55] 杨红星，梁燕. 生活化·生态化·叙事化：高校思想政治理论课教学探索的三个维度 [J]. 河北师范大学学报（教育科学版），2017(01):86—90.

[56] 冯培. 审时度势 借"式"化事提升思想政治教育的针对性与亲和力 [J]. 思想理论教育导刊，2017(01):35—38.

[57] 袁祖社."万象共生"并"美美与共"——"发展价值观"的嬗变与"美好生活"的实践逻辑 [J]. 河北学刊，2017(01):141—147.

[58] 吴潜涛，王维国. 增强亲和力、针对性，在改进中加强思想政治理论课 [J]. 思想理论教育导刊，2017(02):7—9.

[59] 吴宏亮. 在改进中加强，着力提升思想政治理论课的亲和力和针对性 [J]. 思想理论教育导刊，2017(02):18—21.

[60] 张根福，朱坚. 亲和力和针对性：提升高校思想政治理论课质量与水平的重要途径 [J]. 思想理论教育导刊，2017(03):18—22.

[61] 管新华，许煜华．高校思想政治理论课基于"05方案"的教学针对性研究成果综述［J］．思想政治教育研究，2017(04)：52—55.

[62] 白显良．论高校思想政治理论课教学亲和力的逻辑生成［J］．思想理论教育导刊，2017(04)：93—98.

[63] 庞桂甲．论思想政治教育亲和力［J］．思想教育研究，2017(05)：15—18.

[64] 王小满，张泽一．供给侧改革视域下的高校思政课"亲和力"提升策略［J］．社会科学家，2017(05)：114—118.

[65] 林立涛．新形势下提升大学生网络思想政治教育针对性的思考［J］．思想教育研究，2017(06)：88—90.

[66] 张青．亲和力：提升高校思想政治理论课教学质量的重要维度［J］．思想教育研究，2017(09)：80—84.

[67] 刘洁．接受视角下提升"概论"课亲和力和针对性的对策思考［J］．思想理论教育导刊，2017(09)：136—138+146.

[68] 李建．思想政治教育亲和力构成要素及形成机理研究［J］．思想教育研究，2017(03)：36-39.

[69] 罗会德．提升思想政治理论课亲和力的路径分析［J］．思想理论教育，2017(10)：68—72.

[70] 谢加书．美好生活建设的中国道路［J］．马克思主义研究，2017(10)：32—39+159.

[71] 韩庆祥，陈曙光．中国特色社会主义新时代的理论阐释［J］．中国社会科学，2018(01)：5—16.

[72] 沈斐．"美好生活"与"共同富裕"的新时代内涵［J］．毛泽东邓小平理论研究，2018(01)：28—35+107.

[73] 邢云文，张瑾怡．构建面向"日常生活"的大学生思想政治教育［J］．思想理论教育导刊，2018(02)：121—124.

[74] 刘川生．以习近平新时代中国特色社会主义思想为指导努力提升高校思想政治理论课亲和力与针对性［J］．中国高教研究，2018(02)：1—6.

[75] 冯文艳，戴艳军．弹幕语言对提升高校思想政治理论课话语亲和力

的启示 [J]. 思想教育研究，2018(02):97—101.

[76] 雷骥. 提升思想政治理论课亲和力应着重培养教师四种魅力 [J]. 思想政治教育研究，2018(02):54—57.

[77] 张三元. 论美好生活与人的全面发展 [J]. 理论探讨，2018(02):22—28.

[78] 涂刚鹏. 提升思想政治理论课亲和力的四个着力点 [J]. 学校党建与思想教育，2018(03):69—72.

[79] 邵西梅. 主体间性视角下高校思想政治理论课亲和力提升 [J]. 思想政治教育研究，2018(03):101—104.

[80] 张三元. 论美好生活的价值逻辑与实践指引 [J]. 马克思主义研究，2018(05):83—92+160.

[81] 沈湘平，刘志洪. 正确理解和引导人民的美好生活需要 [J]. 马克思主义研究，2018(08):125—132+160.

[82] 佘远富，李亿. 以提升亲和力为导向的高校思政课教学创新与实践 [J]. 江苏高教，2018(09):99—102.

[83] 周洲. 高校思想政治理论课亲和力提升路径探析 [J]. 思想理论教育导刊，2018(10):107—110.

[84] 梁纯雪，眭依凡. 课程体系重构：基于增强思政理论课针对性和亲和力的调查和思考 [J]. 中国高教研究，2018(11):63—70+77.

[85] 周琳娜，王仁姣. 以思政课情景剧教学法提升社会主义核心价值观教育亲和力 [J]. 思想政治教育研究，2019(01):87—90.

[86] 叶方兴. 从"悬浮"走向"融合"—— 论现代性语境下思想政治教育与日常生活的关系 [J]. 探索，2019(06):152—159.

[87] 罗红杰. 提升思想政治理论课亲和力的再思考 —— 基于马克思主义"灌输理论"的审思 [J]. 理论月刊，2019(08):32—37.

[88] 陈义. 价值观教育视阈下思想政治理论课教学生活化的探索 [J]. 中国大学教学，2019(11):56—60.

[89] 陈妍，洪雁. 高校思想政治理论课亲和力影响因素分析及其对策 [J]. 学校党建与思想教育，2019(11):61—63.

[90] 周浒 . "学习强国"App：新时代主流意识形态传播的实践创新 [J]. 传媒，2019(12)：49—51.

[91] 叶婷 . 基于"学习强国"App 的高校思政课教学创新 [J]. 学校党建与思想教育，2019(14)：43—45.

[92] 李进荣，朱瑛 . 日常生活维度思想政治教育亲和力的三重逻辑生成 [J]. 思想政治教育研究，2020(01)：129—132.

[93] 王梅，李真 . "学习强国"高教平台混合教学干预机制研究 [J]. 黑龙江高教研究，2020(04)：156—160.

[94] 王智腾 . 新时代高校思政课亲和力提升的体验路径研究 [J]. 中国高等教育，2020(07)：45—47.

[95] 宋俭，廖玉洁 . 将"四史"教育融入高校思想政治理论课教学体系的思考 [J]. 思想理论教育，2020(07)：24—29.

[96] 张莉，徐秦法，赖远妮 . "学习强国"的思想政治教育功能研究 [J]. 中国高等教育，2020(Z1)：33—35.

[97] 骆郁廷，余晚霞 . 科学家精神融入思想政治教育刍议 [J]. 思想理论教育，2021(01)：98—102.

[98] 李丹，徐晓风 . "四史"教育与高校思想政治理论课实效性研究 [J]. 思想政治教育研究，2021(01)：84—89.

[99] 冯霞，刘进龙 . "四史"教育融入高校思想政治理论课的三维审视 [J]. 思想政治教育研究，2021(01)：118—122.

[100] 王玉 . 高校思想政治理论课"四史"教学的整体性及其实践路径 [J]. 思想教育研究，2021(01)：123—127.

[101] 胡博成，朱忆天 . 中国共产党历史教育实践的演进历程与现实启示 [J]. 广西社会科学，2021(03)：172—177.

[102] 黄延敏，刘新月 . 中共党史学习教育要树立科学的历史观和方法论 [J]. 思想理论教育导刊，2021(03)：63—70.

[103] 陈荣武 . 党史学习教育的历史考察与发展路向 [J]. 思想理论教育，2021(03)：76—82.

[104] 潘玉腾，彭陈 . 党史学习教育融入高校立德树人的逻辑理路 [J].

国家教育行政学院学报，2021(03)：9—15.

[105] 叶福林．新时代强化大学生党史学习教育的若干思考 [J]．思想理论教育，2021(03)：83—87.

[106] 宋学勤，罗丁紫．论"四史"教育融入大中小学思想政治理论课一体化建设 [J]．思想教育研究，2021(03)：73—79.

[107] 张楠．"四史"学习教育与高校思想政治理论课教学改革深度融合的探索 [J]．思想教育研究，2021(03)：80—84.

[108] 项久雨，欧丹．马克思主义视域下"四史"教育的价值逻辑与深刻意蕴 [J]．马克思主义理论学科研究，2021(04)：107—115.

[109] 姜辉．"两个结合"是马克思主义中国化的必然途径 [J]．当代中国史研究，2021(05)：4—9+150.

[110] 丁俊萍，赵翀．中国共产党百年党史学习教育的历程和经验 [J]．思想理论教育，2021(05)：37—34.

[111] 林雅华，郭萌萌．新时代中国共产党的文化使命与文明视野 —— 学习"两个结合"重要论述 [J]．北京航空航天大学学报（社会科学版），2021(06)：8—15.

[112] 辛世俊，王丹．试论人民精神生活共同富裕的内涵与实践路径 [J]．社会主义核心价值观研究，2021(06)：5—14.

[113] 习近平．在党史学习教育动员大会上的讲话 [J]．求是．2021(07)：4—17.

[114] 张允熠，张弛．从"一个结合"到"两个结合"：马克思主义中国化的新叙事 [J]．思想理论教育，2021(09)：10—16.

[115] 田心铭．以彻底的思想理论说服学生 —— 学习习近平《思政课是落实立德树人根本任务的关键课程》[J]．马克思主义研究，2021(09)：1—10+155.

[116] 刘书林．习近平总书记"七一"重要讲话与高校思政课教学新要点 [J]．马克思主义研究，2021(09)：52—59+160.

[117] 韩庆祥．全面深入理解"两个结合"的核心要义和思想精髓 [J]．马克思主义研究，2021(10)：93—105+164.

[118] 王淑芹．深化对精神生活共同富裕的认识 [J]．思想理论教育导刊，2022(01)：72—78.

[119] 陈金龙．新时代马克思主义中国化实现新飞跃的内在逻辑 [J]．华南理工大学学报（社会科学版），2022(01)：1—6.

[120] 陈曙光．文化精神与马克思主义的生存逻辑 —— 理解"两个结合"的另一个视角 [J]．天津社会科学，2022(01)：11—16.

[121] 陆卫明，曹芳．论马克思主义和中华优秀传统文化的契合性 —— 以五四时期先进知识分子接受马克思主义为例 [J]．理论学刊，2022(01)：54—63.

[122] 柏路．精神生活共同富裕的时代意涵与价值遵循 [J]．马克思主义研究，2022(02)：64—75+156.

[123] 刘东超．精神生活共同富裕是共同富裕的重要内容 [J]．党建，2022(02)：35—37.

[124] 田丰．岭南人文精神与人文湾区 [J]．学术研究，2022(02)：44—46.

[125] 教育部高校思想政治理论课教学指导委员会．党的十九届六中全会精神融入"马克思主义基本原理"课的教学建议 [J]．思想理论教育导刊，2022(03)：4—13.

[126] 教育部高校思想政治理论课教学指导委员会．党的十九届六中全会精神融入"毛泽东思想和中国特色社会主义理论体系概论"课的教学建议 [J]．思想理论教育导刊，2022(03)：14—26.

[127] 教育部高校思想政治理论课教学指导委员会．党的十九届六中全会精神融入"中国近现代史纲要"课的教学建议 [J]．思想理论教育导刊，2022(03)：27—35.

[128] 教育部高校思想政治理论课教学指导委员会．党的十九届六中全会精神融入"思想道德与法治"课的教学建议 [J]．思想理论教育导刊，2022(03)：36—46.

[129] 教育部高校思想政治理论课教学指导委员会．党的十九届六中全会精神融入"习近平新时代中国特色社会主义思想概论"课的教学建议 [J]．

思想理论教育导刊，2022(03)：47—75.

[130] 教育部高校思想政治理论课教学指导委员会．党的十九届六中全会精神融入"新时代中国特色社会主义理论与实践"课的教学建议 [J]．思想理论教育导刊，2022(03)：76—87.

[131] 教育部高校思想政治理论课教学指导委员会．党的十九届六中全会精神融入"中国马克思主义与当代"课的教学建议 [J]．思想理论教育导刊，2022(03)：88—99.

[132] 王易．马克思主义基本原理同中华优秀传统文化相结合的历史考察与时代要求 [J]．马克思主义研究，2022(03)：120—127+156.

[133] 肖贵清，李云峰．实现"两个结合"与创新发展 21 世纪马克思主义 [J]．思想理论教育导刊，2022(04)：15—23.

[134] 黄凯锋．"两个结合"与习近平新时代中国特色社会主义思想的原创性贡献 [J]．社会科学，2022(04)：3—14.

[135] 王易．中国共产党精神谱系有机融入思政课教学研究 [J]．教学与研究，2022(05)：13—18.

[136] 李宗桂．岭南文化的现代性阐扬 —— 以广东为例 [J]．学术研究．2022(06)：36—37.

[137] 项久雨，马亚军．人民精神生活共同富裕的时代内涵、层次结构与实现进路 [J]．思想理论教育，2022(06)：11—16.

[138] 王习胜，狄瑞．"促进人民精神生活共同富裕"的思想政治教育意蕴 [J]．思想理论教育导刊，2022(07)：131—138.

[139] 刘建军．《马克思主义基本原理（2023 年版）》修订说明和教学建议 [J]．思想理论教育导刊，2023(03)：4—9.

[140] 秦宣．《毛泽东思想和中国特色社会主义理论体系概论（2023 年版）》修订说明和教学建议 [J]．思想理论教育导刊，2023(03)：10—16.

[141] 仝华，傅颐．《中国近现代史纲要（2023 年版）》修订说明和教学建议 [J]．思想理论教育导刊，2023(03)：17—24.

[142] 沈壮海，邢国忠，谢玉进．《思想道德与法治（2023 年版）》修订说明和教学建议 [J]．思想理论教育导刊，2023(03)：25—30.

[143] 新华社．习近平会见清华大学经济管理学院顾问委员会海外委员和中方企业家委员 [N]．人民日报，2017-10-31(01)．

[144] 本报．以更大魄力在更高起点上推进改革开放 在全面建设社会主义现代化国家新征程中走在全国前列创造新的辉煌 [N]．人民日报，2020-10-16(01)．

[145] 本报．学党史 悟思想 办实事 开新局 以优异成绩迎接建党100周年 [N]．人民日报，2021-2-21(01)．

[146] 共青团中央关于在全团开展"学党史、强信念、跟党走"学习教育的通知 [N]．中国青年报，2021-3-5(01)．

[147] 中共广东省委党史研究室理论学习中心组．中国共产党在广东100年的光辉实践 [N]．南方日报，2021-3-15(A12)．

[148] 新华社．坚持中国特色世界一流大学建设目标方向 为服务国家富强民族复兴人民幸福贡献力量 [N]．人民日报，2021-4-20(01)．

[149] 新华社．中办印发《通知》在全社会开展党史、新中国史、改革开放史、社会主义发展史宣传教育 [N]．人民日报，2021-5-26(01)．

[150] 本报．广东首亮革命文物家底，红色宝藏数居全国前列 [N]．羊城晚报．2021-6-25(A8)．

[151] 中共中央、国务院印发《关于新时代加强和改进思想政治工作的意见》[N]．人民日报．2021-7-13(01)．

[152] 新华社．中国共产党人精神谱系第一批伟大精神正式发布 [N]．人民日报，2021-9-30(01)．

[153] 中共中央关于党的百年奋斗重大成就和历史经验的决议 [N]．人民日报，2021-11-17(01+05-08)．

[154] 新华社．坚持党的领导传承红色基因扎根中国大地 走出一条建设中国特色世界一流大学新路 [N]．人民日报，2022-4-26(01)．

[155] 本报．坚定不移全面深化改革扩大高水平对外开放 在推进中国式现代化建设中走在前列 [N]．人民日报，2023-4-14(01)．

[156] 新华社．加快建设教育强国 为中华民族伟大复兴提供有力支撑 [N]．人民日报，2023-5-30(01)．

［157］ 本报．担负起新的文化使命 努力建设中华民族现代文明［N］．人民日报，2023-6-3（01）．

［158］ 胡凯．思想政治教育生活化研究［D］．复旦大学，2007.

［159］ 王灵伦．日常生活理论视域下大学生思想政治教育研究［D］．北京交通大学，2015.

［160］ 韩一凡．社会主义核心价值观生活化研究［D］．郑州大学，2017.

［161］ 蔡健．马克思日常生活思想对高校思想政治教育的启示［D］．南京师范大学，2020.